M. R. Kopmeyer

PERSÖNLICHKEITSBILDUNG

DAS SCHLÜSSELWERK
BEWÄHRTER
ERFOLGSMETHODEN

M. R. Kopmeyer

PERSÖNLICHKEITS-BILDUNG

So werden Sie,
was Sie sein möchten

Ariston Verlag · Genf

Andere Werke aus unserem Verlagsprogramm
finden Sie am Schluß dieses Buches verzeichnet.

Aus dem Amerikanischen übersetzt
von Doris und Helga Contzen

Titel der amerikanischen Originalausgabe
»Thoughts to build on«

Erstauflage Oktober 1982
Zweite Auflage April 1983

Printed in Germany 1983

ISBN 3 7205 1233 9

Kapitel 1

Gerade und groß – ein erstes Konzept

Eine der wichtigsten, hilfreichsten und einträglichsten Lektionen, die ich im Laufe meines ziemlich langen und bewegten Lebens gemacht habe, läßt sich in den knappen Worten zusammenfassen: Halte dich gerade! Nur so bist du groß!

Wenn ich Sie nun auffordere, eine gerade Haltung anzustreben, meine ich nicht nur, daß Sie sich körperlich aufrecht, also ungebeugt halten sollen, obwohl auch das dazu gehört. Ich meine vielmehr, daß Sie Ihre GESAMTE PERSÖNLICHKEIT gerade und groß halten sollen.

Gerade sollen sein:

1. Ihre Körperhaltung,
2. Ihre Geisteshaltung,
3. Ihre seelische Haltung.

Wenn in dieser Hinsicht Ihre Gesamtpersönlichkeit gerade und aufrecht und deshalb groß ist, werden Sie jeder Lebenssituation, in die Sie kommen, gewachsen sein. Sie werden mit einer inneren und äußeren Ruhe und Überlegenheit, die Ausdruck Ihres Selbstvertrauens und Ihrer Sicherheit sind, Ihr Leben meistern. Zwangsläufig fällt einer geraden Persönlichkeit der Erfolg zu.

Wenn Sie nun tatsächlich selbstbewußt und erfolgreich durchs Leben gehen wollen, gilt es vor allem einmal, daß Sie sich einiges aneignen, das Ihnen zu einer geraden und aufrechten Haltung verhilft. Das Ziel wird erreicht sein, wenn Sie sich niemals wieder Menschen oder Umständen beugen, sondern vielmehr eigenständig, selbstbewußt und zielstrebig in Ihrem

Leben das verwirklichen, was Sie sich wünschen – als Persönlichkeit, die den Erfolg wie ein Magnet anzieht.

Ein Merkmal einer Persönlichkeit – ein wichtiges, obgleich bei weitem nicht das wichtigste – ist die KÖRPERLICHE HALTUNG. *Eine gerade Körperhaltung kann sich jedermann, der von deren Wert überzeugt ist, angewöhnen.* Wenn Sie damit beginnen, werden Sie schon bald ein Gefühl heiterer Gelassenheit und eine selbstsichere Entschlossenheit, mit Ihrem Leben fertig zu werden, empfinden. Das ist, wie Sie noch sehen werden, nicht zuviel gesagt.

Eine aufrechte Haltung beginnt damit, daß Sie aufrecht stehen. Nicht schlacksig, nicht in sich zusammengesunken, nicht gebeugt, aber auch nicht steif oder gespannt – einfach aufrecht sollen Sie stehen. Dann recken Sie sich in die Höhe und konzentrieren sich darauf, mit ihrem Scheitel noch höher hinauf zu gelangen. Erheben Sie sich also; *der Scheitel Ihres Kopfes muß ganz oben sein.* Sie brauchen sich dabei nicht zu sehr anzustrengen. Recken Sie sich einfach, bis Sie spüren, wie Ihr Scheitel Ihr Gewicht von den Füßen nach oben zieht und Sie leichtfüßig, fast gewichtslos stehen.

Leichtfüßig sollen Sie auch gehen. Vermeiden Sie zu stapfen, zu stampfen oder ängstlich und zögernd Ihre Schritte zu setzen. Schreiten Sie leicht aus. Lassen Sie Ihre Beine dabei gleichmäßig vor- und zurückschwingen wie das Pendel einer Uhr.

Dabei sollen Sie Ihre Schultern weder mit Gewalt hochziehen noch verkrampft zurückwerfen. Halten Sie sie entspannt. Sie kontrollieren die Haltung Ihrer Schultern durch Ihren Brustkorb. Ja, Sie haben richtig gelesen: Dehnen Sie Ihren Brustkorb aus. Treiben Sie ihn weit nach vorn und nach oben hin aus.

Heben Sie dabei aber nicht das Kinn, denn das würde anmaßend und selbstherrlich wirken. Halten Sie Ihr Kinn nur ruhig und waagerecht. Das Emporrecken besorgt allein der Scheitel Ihres Kopfes. Doch beachten Sie: All das hat auf natürliche und leichte Weise zu geschehen. Verrenken oder verkrampfen Sie sich nicht. Bleiben Sie im ganzen entspannt.

Ruhig und sicher im Gleichgewicht stehen Sie; schwungvoll und leicht, als ob Sie auf Luftkissen wandelten, gehen Sie!

Sie werden erstaunt sein, wie sehr Sie allein schon aufgrund einer geraden Körperhaltung an Gleichgewicht, an Selbstvertrauen und Sicherheit in Ihrem Auftreten anderen gegenüber gewinnen. Sie werden den Zugewinn an Persönlichkeitsmacht unmittelbar am Verhalten Ihrer Mitmenschen erkennen können: *Sie reagieren auf Ihr gestiegenes Selbstvertrauen, Ihr sicheres Auftreten, auf Ihre gleichsam vom Scheitel ausgehende Geradheit.* Die Menschen kommen Ihnen viel leichter entgegen!

Gerade Körperhaltung verjüngt das Erscheinungsbild älterer Menschen um Jahre. Die besonderen Merkmale des Alters sind ja vor allem ein gebeugter Rücken, nach vorne herabhängende Schultern, ein eingefallenes Gesicht. Das auffallendste Zeichen fortschreitenden Alters und fortschreitenden körperlichen Verfalls wird jedoch augenblicklich verschwinden, wenn ein älterer Mensch sich körperlich geradehält, indem er sich die vorstehend angeführten Kriterien zur Gewohnheit macht. Allein der gesundheitliche Nutzen ist vielfacher Lohn für die Mühe (falls es eine ist), die das Einüben einer jugendlichen Körperhaltung erfordert: Die Nerven werden nicht mehr eingeklemmt, die Muskeln werden sich nicht mehr verkrampfen, das Blut fließt frei, und die Brust dehnt sich aus und kann größere Mengen des Körper und Geist regenerierenden Sauerstoffs aufnehmen.

Ältere Menschen, die sich körperlich geradehalten, *sehen nicht nur um Jahre jünger aus; sie fühlen sich auch um Jahre jünger.*

Aber gleichgültig, wie alt Sie sind, eine aufrechte Körperhaltung ist nur der erste Schritt auf Ihrem Weg zur Stärkung Ihrer Persönlichkeit. Der zweite Schritt verändert Ihre GEISTIGE HALTUNG.

Es gibt eine erprobte Verhaltensmaxime, die besagt: Reisen Sie immer erster Klasse. Ich möchte sie in einem für Ihren Erfolg viel wichtigeren Sinne modifizieren: Denken Sie immer erster Klasse!

Stopfen Sie Ihren Geist nicht mit »zweitklassigen« Gedanken voll! Es ist ebenso leicht, groß zu denken wie klein zu denken. Ihr Denken ist maßgebend für das, was Sie sind. Wie ein Mensch tagtäglich denkt, so ist er. Sie können nicht größer, besser, edler oder erfolgreicher werden, als es in Ihrem Denken vorweggenommen ist. *Denken Sie also groß! Und groß denken heißt unter anderem, geistig eine gerade Haltung anzustreben.*

Seien Sie ehrlich: Wenn Sie – ungeachtet Ihrer finanziellen Mittel – die Wahl hätten, erster Klasse oder zweiter Klasse zu reisen, würden Sie nicht jedesmal die erste Klasse wählen? Was aber sollte Sie dann hindern, immer »erster Klasse« zu denken?

Das Leben gibt Ihnen nicht mehr, als Sie von ihm fordern. Die Manager von Agenturen für Stellenvermittlung versichern, daß die Mehrzahl der Stellensuchenden sich um niedrigbezahlte Jobs bewerben; nur wenige bewerben sich um höherbezahlte Stellungen. Fast niemand meldet sich für Posten mit Spitzengehalt. Warum? Vielleicht erraten Sie es bereits? Es ist ganz einfach so: *Fast niemand denkt groß!*

Wenn Sie aus der Menge herausragen wollen, wenn Sie wünschen, daß man zu Ihnen aufblickt, dann müssen Sie eine aufrechte Haltung anstreben.

Ihr Denken steckt die Ziele und liefert auch die Energie für Ihre Leistungen. Es würde Ihnen sicherlich nicht einfallen, eine Handvoll Abfall in den Benzintank Ihres Wagens zu werfen. Abfall, Denkabfall aber schadet auch Ihrem Geist. Und Abfallstoffe sind vor allem Gedanken und Gefühle des Zweifels, des Versagens, der Angst und des Hasses. Das ist das Gegenteil dessen, was Sie groß und stark macht. Groß denken heißt vor allem auch, sich von destruktiven Anwandlungen freizumachen.

Klammern Sie sich nicht an die Gegenwart. Wie immer ungünstig Ihre Gegenwartssituation auch sein mag – *denken Sie groß über Ihre Zukunft.* Ihr Denken gestaltet kreativ Ihre Zukunft. Ich werde das noch ausführlich erörtern und begründen.

Im Augenblick sollten Sie auch denken: Wie kann ich besser werden (qualitative Zunahme)? Und: Wie kann ich mehr tun (quantitative Zunahme)? Im Augenblick sollten Sie also bereit sein, zu lernen und neue Kenntnisse zu erwerben. Sie können nichts bauen, wenn Sie kein Material haben. Dieses *»Schlüsselwerk bewährter Erfolgsmethoden«* wird Ihnen das Lernen leichtmachen und Ihnen auch zeigen, wie Sie das Gelernte benutzen können, um groß zu denken. *Erst wenn Sie groß denken, werden Sie auch geistig groß werden.*

Der dritte Schritt zur großen Persönlichkeit wird durch die Aneignung einer geraden und großen SEELISCHEN HALTUNG vollzogen.

Im Urteil seiner Umwelt und sogar vor sich selbst steht der Mensch nicht groß da, wenn er nicht geistig-seelische Weite in sich entdeckt hat, durch die er *Zugang zu jener höheren Realität des unendlichen Geistes hat, die gläubige Menschen Gott nennen.* Aus dieser Quelle erwächst dem Menschen eine Kraft, die auf keine andere Weise erlangt werden kann, und obwohl sie den Menschen sozusagen über die Dinge hinaushebt, gibt sie ihm eine unerschütterliche Standfestigkeit gegenüber allen Wechselfällen des Lebens.

Von »der Seele her groß zu denken« ist eher eine Folge der Erfahrung als die Frucht eines Lernprozesses. Dennoch ist unsere bewußte Einstellung auf die höhere Realität des Geistes, auf das Unendliche, auf Gott, von maßgebender Wichtigkeit für unser Leben. Erst das Bewußtsein, daß der Mensch am Unendlichen über alle Grenzen hinaus, zeitlos und ewig, Anteil hat und ein Teil des Unendlichen oder Göttlichen ist, verhilft ihm zu jener seelischen Haltung, die gerade und groß ist – *die den ganzen Menschen gerade und groß in seiner Gesamthaltung macht und somit als große Persönlichkeit erweist.*

Wenn Sie also das Leben voll ausschöpfen wollen, streben Sie eine gerade Haltung an, die Sie groß macht, und zwar

- ○ körperlich: um Selbstvertrauen zu gewinnen;
- ○ geistig: um erfolgreich zu sein;
- ○ seelisch: um Weisheit und echte Größe zu erlangen.

In diesem ersten Kapitel haben Sie das Konzept kennengelernt, das sich jedem Menschen, der eine große Persönlichkeit werden will, aufdrängt. Vieles konnte vorerst nur angedeutet werden. Sie können zu Recht erwarten, daß alles das, was hier nur angeklungen ist, im vorliegenden Buch in allen Einzelheiten erörtert werden wird. Lesen Sie weiter.

Kapitel 2

Teile und herrsche!

Ständig bemerken wir, daß unsere erklärten oder heimlichen Gegner nach dem Grundsatz »Teile und herrsche!« vorzugehen bestrebt sind.

Läßt eine Nation, eine Gemeinschaft, eine Organisation zu, daß ihre Einheit zerbrochen wird, so verliert sie unweigerlich ihren Willen zur Behauptung ihrer Daseinsberechtigung und in ihrer Verwirrung und Uneinigkeit oft sogar ihre Fähigkeit zum Überleben.

Die Wirksamkeit des Prinzips »Teile und herrsche!« ist unbezweifelbar. *Machen Sie es sich selbst zunutze.* Sie können es in zwei sehr wichtigen Bereichen anwenden. Arbeits- bzw. Lastenteilung und zweckmäßige Steuerung sind wichtig einerseits für Ihre Gesundheit und andererseits für Ihr Erfolgsstreben, und zwar in körperlicher, geistiger und emotioneller Hinsicht.

Für beides – Gesundheit und Erfolg – ist das beste Rezept der Imperativ: *Kümmern Sie sich nur um das Heute!* Der Stärkste strauchelt, wenn er heute zugleich die Last von gestern und morgen trägt. Die Konsequenz, die sich hieraus für Sie ergibt, ist einfach und klar: Wenn Sie versuchen, zu viele Lasten auf einmal zu tragen, werden Sie sich körperlich, geistig und emotionell übernehmen.

Die meisten Menschen jedoch tragen unnötigerweise die Last von morgen in ihrer Vorstellung bereits heute mit sich herum. »Was werde ich in dieser Sache tun?« ... »Wird diese Affäre nicht schiefgehen?« ... »Wie werde ich Zeit finden, all die

Dinge zu erledigen?« . . . »Wie soll ich nur sämtliche Termine wahrnehmen?« und so fort.

In ihrer Vorstellung erleben sie schon heute die Arbeit, die morgen auf sie zukommt, und vermehren so die Arbeitslast von heute um die Arbeitslast von morgen, und nicht nur von morgen, sondern auch von übermorgen und überübermorgen.

Dann überdenken sie noch einmal die Arbeit von gestern. »Hätte ich nicht besser so statt so handeln sollen?« . . . »Vielleicht hätte ich es ganz anders machen müssen?« . . . »Warum habe ich nicht daran gedacht?« . . . und das Ganze immer wieder von vorn.

Sie wiederholen heute die ganze Arbeit von gestern und fügen diese Last der vorgestellten Arbeitslast von morgen hinzu; und nicht nur die Arbeit von gestern wiederholen sie, sondern meistens auch noch die von vorgestern und vorvorgestern.

Aber es ist die Arbeit von heute, die diese Menschen leisten müssen – während sie im Geiste die Arbeit von zahllosen vergangenen Tagen und in ihrer Vorstellung die Arbeit und die Gefahren von zahllosen kommenden Tagen durchleben. Kein Wunder, daß Männer und Frauen an solcher Überforderung oftmals zerbrechen!

Versuchen Sie, es besser zu machen: Kümmern Sie sich nur um das Heute! Das ZAUBERWORT heißt: *»Teile und herrsche!«*

Teilen Sie Ihr Leben in Abschnitte von jeweils einem Tag ein. Schließen Sie alle »Gestern« und »Morgen« aus. Leben Sie nur diesem einzigen Tag: heute! *Dann brauchen Sie nur die Probleme dieses einen Tages zu lösen, und das kann jedermann.*

Dieser nützlichen Regel tragen zum Beispiel die »Anonymen Alkoholiker« voll Rechnung. Diese äußerst erfolgreiche gemeinnützige Organisation lehrt: »Nimm dir nicht vor, das Trinken für immer aufzugeben. Nimm dir nur vor, heute nicht zu trinken.« Plane nicht für immer, plane nur für einen Tag. Teile und herrsche!

Den Wert dieser Verhaltensregel erkannte schon der englische Schriftsteller ROBERT LOUIS STEVENSON. Er schrieb: »Jeder kann seine Bürde tragen, wie schwer sie auch sein mag, bis zum Einbruch der Nacht. Jeder kann seine Arbeit tun, wie hart sie auch sein mag, für einen Tag. Jeder kann wohlgefällig, geduldig, liebevoll und rein leben, vierundzwanzig Stunden lang.«

Treiben Sie die Teilung möglichst noch weiter, so daß Sie noch mehr das beherrschen können, was Sie gerade tun. *Teilen Sie jeden Tag in einzelne zu erledigende Aufgaben auf.* Konzentrieren Sie sich dann auf die Aufgabe, mit der Sie jetzt beschäftigt sind. Nur diese Aufgabe ... die, welche Sie jetzt gerade ausführen!

Denken Sie nicht mehr nach über die Aufgaben, die Sie vor kurzem erledigt haben. Folgen Sie dem Rat des großen amerikanischen Psychologen WILLIAM JAMES: »Wenn Sie Ihre Entscheidung gefällt und in Handeln umgesetzt haben, grübeln Sie nicht weiter über den Ausgang nach.«

Denken Sie auch nicht vorzeitig über Aufgaben nach, die noch in der Zukunft liegen. Lassen Sie sie in Ihrer Vorstellung nicht alle gleichzeitig auf sich einstürzen wie eine Lawine. Lassen Sie sie auf sich zukommen, jede zu ihrer Zeit, so wie die Sandkörner der Sanduhr, die, eines nach dem anderen, in das Stundenglas fallen.

Auf diese Weise teilen Sie Ihre tägliche Arbeit in Einzelaufgaben auf und beherrschen sie deshalb viel besser. Zugleich mit dem so viel besser abgesicherten Erfolg *erlangen Sie Ruhe, Ausgeglichenheit, heitere Gelassenheit* – lauter Voraussetzungen, die auch Ihrer Gesundheit zugute kommen –, und in diesem in körperlicher, geistiger und emotioneller Hinsicht wünschenswerten Zustand sind Sie wiederum fähig, mit jener ruhigen Sicherheit zu arbeiten, die man gewinnt, wenn man sich einzig und allein auf die jeweils vorliegende Arbeit konzentriert.

So sind Sie bei Ihrer Arbeit nicht verwirrt durch die Aufgaben von gestern oder von morgen oder durch die noch unerledigten Aufgaben von heute. Sie können Ihr Denken in Freiheit für die Findung der besten Lösung eines jeden anstehenden Problems einsetzen und können die Lösung – da Sie nicht zerstreut sind – schnell und sicher finden.

Wer so vorgeht, befindet sich bereits auf dem Weg zum Erfolg. Das aber war immer schon der Weg großer Denker und erfolgreicher Tatmenschen. Innere Ausgeglichenheit ist die Quelle klaren Denkens und großer Kraft.

Viele Menschen werden den in dem Schlagwort »Teile und herrsche!« zum Ausdruck kommenden Grundsatz billigen – aber wie wenige Menschen wenden diese Erfolgstechnik auf ihr Alltagsleben an, auf ihre eigenen täglichen Aufgaben! Wenn sie nur anfangen würden, diesen Grundsatz zunächst ganz schlicht auf ihre Arbeitszeit und dann auf ihre Aufgaben anzuwenden, dann wären sie schon keine Durchschnittsmenschen mehr.

Halten wir fest: *Ruhe und Ausgeglichenheit sind Attribute jeder großen Persönlichkeit.* Dem Bewußtsein ihrer Sicherheit und ihres Konzentrationsvermögens erwächst eine Kraft, die wie ein Magnet unweigerlich den Erfolg an sich zieht.

Kapitel 3

Was man von einer ferngesteuerten Rakete lernen kann

Dank seiner Intelligenz ist der Mensch in der Lage, ferngesteuerte Raketen zu konstruieren. Er sollte auch intelligent genug sein, aus ihrem Funktionsprinzip wiederum wichtige Erkenntnisse für sich selbst abzuleiten.

Die ferngesteuerte Rakete ist aufgrund eines eingebauten Mechanismus mit einer Suchvorrichtung versehen, mit deren Hilfe sie ihr Ziel anpeilt. Fliegt sie ungenau, das heißt, weicht sie, wie es häufig vorkommt, aus atmosphärischen oder anderen Gründen vom Kurs ab, dann nimmt ihr Steuerungssystem selbsttätig die notwendigen Kurskorrekturen vor, so daß sie wieder ihren Zielpunkt ansteuert.

Wir sollten uns darüber im klaren sein, daß die Rakete ihren Kurs nicht korrigieren kann, wenn sie nicht fliegt. Sie kann ihre Fehler nur ausgleichen, während sie sich auf ihren Zielpunkt zubewegt.

Was können Sie aus dieser Funktionsweise einer Rakete für sich lernen? Sie können daraus folgende WERTVOLLE ERKENNTNISSE ableiten, die Ihnen während Ihres ganzen Lebens von großem Nutzen sein werden:

- Sie sollten einen Zielpunkt haben oder, wie der Psychologe sagt, »zielorientiert« sein. Sie sollten ein bestimmtes Lebensziel haben und beharrlich auf dieses Ziel direkt zusteuern.
- Während Sie sich auf Ihr Ziel zubewegen, werden Sie viele Fehler machen – genauso wie die ferngesteuerte Rakete von ihrem Kurs abweichen kann.

- Sie müssen lernen, diese Fehler zu erkennen und sie sich selbst einzugestehen. Andernfalls wird Ihnen nicht klarwerden, daß eine Korrektur notwendig ist.

Nachdem Sie erkannt und eingesehen haben, daß Ihnen ein Fehler unterlaufen ist, und Sie im Begriff sind, Ihr Ziel zu verfehlen, korrigieren Sie einfach den Fehler und richten sich wieder auf Ihren Zielpunkt aus. Sie brauchen deswegen nicht beschämter oder verlegener zu sein – als eine Rakete. Fehler zu begehen, zu erkennen, zuzugeben und zu korrigieren ist einfach die Methode, mit der man sich auf ein Ziel zubewegt und genau dort eintrifft – gleichgültig, ob es sich um das Ziel einer Rakete handelt oder um Ihr Lebensziel.

Weder Raketen noch Menschen steuern auf geradem Weg ihr Ziel an. Weder Raketen noch Menschen sind so vollkommen – sie brauchen es auch nicht zu sein, weil sie über ein eigenes, ziemlich perfektes Steuerungssystem verfügen.

Natürlich wissen Sie einigermaßen Bescheid über das Steuerungssystem von Raketen. Zumindest wissen Sie, daß Raketen Steuerungssysteme haben und daß deren Aufgabe darin besteht, die Fehler, die eine Rakete auf dem Weg zu ihrem Zielpunkt zwangsläufig macht, zu erkennen und zu korrigieren.

Was aber wissen Sie über Ihr eigenes Steuerungssystem?

Und was noch wichtiger ist: *Haben Sie einen Zielpunkt, ein Lebensziel?* Streben Sie nur einem einzigen Hauptziel entgegen? Stellen Sie sich vor, wie verwirrt und hilflos Ihr persönliches Steuerungssystem sein würde, wenn Sie versuchten, mehrere Ziele gleichzeitig anzusteuern. So gelangt denn auch ein Mensch, der nur ein Ziel hat, folgerichtig schnell und sicher dorthin, wogegen ein anderer, der zu viele Ziele gleichzeitig erreichen will, im Zickzackkurs erfolglos durchs Leben geht.

Bewegen Sie selbst sich unentwegt auf Ihr Ziel zu? Ihr persönliches Steuerungssystem kann Ihre Bewegungsrichtung nicht korrigieren, wenn Sie sich nicht bewegen. Bleiben Sie also in Bewegung! Halten Sie nicht an. Zögern Sie nicht aus Angst, einen Fehler zu machen. Sie können Ihren Fehler korrigieren, während Sie sich weiterbewegen. Es ist wie beim

Radfahren: Sie können Ihre Richtung leicht ändern, solange Sie fahren; aber sobald Sie anhalten, verlieren Sie Ihr Gleichgewicht, Sie schwanken zuerst und fallen dann hin.

Es ist damit zu rechnen, daß Sie Fehler machen. Sie müssen nur versuchen, die Fehler aufzuspüren, um sie sofort korrigieren zu können. Je eher Sie einen Fehler korrigieren, desto weniger werden Sie vom Kurs abirren und desto schneller können Sie sich wieder auf Ihren Zielpunkt ausrichten.

Da Sie Fehler als natürliche Folge Ihres Handelns akzeptieren, werden Sie sich ihrer nicht schämen, sondern sie einfach als etwas hinnehmen, das auf dem Weg zu Ihrem Ziel korrigiert werden muß. Wenn Sie aber Fehler tatsächlich als selbstverständlich verstehen und ihretwegen weder Scham noch Verwirrung empfinden, werden Sie für immer gegen Schuldgefühle und die von ihnen verursachten geistigen und seelischen Qualen gefeit sein.

Wenn Sie Fehler als Folge Ihres Handelns hinnehmen, müssen Sie natürlich gleichzeitig die Tatsache *im Auge behalten, daß Sie über ein persönliches Steuerungssystem verfügen,* das Ihre Fehler korrigieren und Sie wieder auf den richtigen Kurs bringen muß und kann.

Wie stellen Sie Ihr Steuerungssystem ein, damit es Sie auf Kurs hält? *Verfahren Sie folgendermaßen:*

- Stellen Sie sich Ihr persönliches Steuerungssystem wie einen Computer vor. Sie geben Ihre genaue Zielbestimmung in den Speicher Ihres Computers – Ihr Unterbewußtsein – ein. Auf diese Weise kennt Ihr Steuerungssystem Ihr Ziel genau und vergißt es nicht eine Sekunde lang.
- Sobald Ihr Steuerungssystem Ihr Ziel genau kennt, wird es Sie dorthin lenken. Sie brauchen (selbst wenn Sie es wüßten) ihm nicht beizubringen, wie es das machen soll. Ihr Steuerungssystem – Ihr Unterbewußtsein – wird selbsttätig alles in Gang setzen, das geeignet ist, Sie Ihrem Ziel näherzubringen. Es ist tatsächlich fähig, Sie zu Ihrem Ziel zu leiten, und wird dies fraglos tun.
- Sie brauchen dabei weiter nichts zu tun, als sich Ihrem Steuerungssystem zu überlassen und mit ihm in einer

> bestimmten Art und Weise, auf die wir noch zurückkommen werden, zusammenzuarbeiten. Sie werden »wissen«, was Sie zu tun haben. Die Fähigkeit und die Kraft, Ihr Ziel zu erreichen, werden Ihnen »gegeben« werden. Entspannen Sie sich einfach. Lassen Sie sich von Ihrem Unterbewußtsein leiten – und bewegen Sie sich sicher und zuversichtlich vorwärts.

Heute hat der Mensch, der Raketen mit Steuerungssystemen ausstattet, schließlich auch entdeckt, daß er selbst gleichfalls über ein persönliches Steuerungssystem verfügt! Und allein aufgrund der Tatsache, daß er sein Ziel immer »vor Augen hat«, wird er dank dieses Steuerungssystems sicher an sein Ziel kommen.

Vergegenwärtigen wir uns: *Eine große Persönlichkeit ist sich ihres Steuerungssystems bewußt und vertraut der inneren Führung des Unterbewußtseins.*

Kapitel 4

Wie man mit Unannehmlichkeiten und Problemen fertig wird

Sehen wir der Tatsache ins Auge: Unsere Welt ist ziemlich unvollkommen. Es gibt widrige Verhältnisse, abscheuliche Situationen, und es gibt durchaus so manche unerfreuliche Menschen (obwohl diese eher krank an Geist und Seele als von Natur aus unfreundlich sind).

Der Optimist, der uns fröhlich versichert, daß »das Leben einer Schale Kirschen gleicht«, unterschlägt die Tatsache, daß einige Kirschen reichlich sauer sind.

Mark Aurel, Kaiser und Philosoph und zweifellos einer der weisesten Herrscher des römischen Weltreichs, schrieb in sein Tagebuch: »Ich werde heute Menschen begegnen, die zuviel reden, die selbstsüchtig, überheblich, undankbar sind. Aber das wird mich weder überraschen noch beunruhigen, weil ich mir die Welt nicht ohne solche Menschen vorstellen kann.«

Wie sollen wir mit unerfreulichen Verhältnissen, Situationen und Menschen fertig werden?

Es lassen sich zwei Hauptfälle unterscheiden, denen wir in vielerlei Variationen in unserem Leben immer wieder begegnen. Wir besehen uns die Hauptfälle und wenden die Lösungen, die wir für sie finden werden, auch auf deren Abwandlungen an.

Zunächst gibt es die unerfreulichen Verhältnisse, Situationen und Menschen, an denen wir wenig oder gar nichts ändern können. Natürlich kann man eine Änderung herbeizuführen versuchen; aber es lohnt meist die Mühe nicht. Wenn Sie schon nichts damit erreichen, daß Sie mit dem Kopf gegen die Wand rennen, müssen Sie ja nicht alle Kraft zusammennehmen und noch fester gegen diese Wand rennen.

Manche Menschen werden Sie ermahnen, hartnäckig weiter gegen alle Hindernisse anzukämpfen und ohne Rücksicht auf den Aufwand Ihr Ziel zu erreichen suchen. Meiner Ansicht nach ist es intelligenter und produktiver, sich ein gesundes Urteil darüber zu bilden, wie – und ob überhaupt – Sie in einer bestimmten Bemühung fortfahren sollten. Es ist gut möglich, daß das gleiche Maß an Anstrengung zu viel lohnenderen Ergebnissen führt, wenn Sie sich anderweitig engagieren.

Nehmen wir an, Sie hätten mit unerfreulichen Verhältnissen, einer unerfreulichen Situation oder einem unerfreulichen Menschen zu tun und wären zu dem Schluß gekommen, daß Sie eine Änderung nicht herbeiführen können oder das nicht wollen. Damit ist das Unerfreuliche natürlich nicht aus der Welt geschafft. Es bleibt. Doch um Ihres eigenen Seelenfriedens willen werden Sie damit fertig werden müssen. Was werden Sie tun?

Folgen Sie zunächst dem Rat des schon zitierten »Vaters der angewandten Psychologie« WILLIAM JAMES, der seinen Studenten an der Harvard-Universität den Grundsatz empfahl: »Akzeptieren Sie, was geschieht. *Indem Sie akzeptieren, was geschieht, machen Sie den ersten Schritt zur Bewältigung eines jeden Unglücks.*«

Ich möchte hinzufügen: Akzeptieren Sie, was jetzt geschieht und was auch in Zukunft geschehen wird. Kämpfen Sie nicht, wo Sie nicht siegen können; nehmen Sie das Unabänderliche hin. Richten Sie sich anderswo ein. Wenn das Schicksal eine Tür schließt, öffnet der Glaube eine andere. *Suchen Sie die offene Tür!*

Betrachten wir nun andere, weniger schicksalhafte Unannehmlichkeiten, nämlich die Probleme, die gelöst werden müssen und gelöst werden können. Es gibt genügend Möglichkeiten, mit Problemen fertig zu werden.

Denken Sie immer daran, daß die meisten Probleme auch einen Ansporn darstellen. Gehen Sie mit diesem Ansporn an die Lösung auch Ihrer Probleme heran; es ist der erste – doch ein sehr wesentlicher – Schritt auf dem Wege zu ihrer Bewältigung.

Vor vielen Jahren, als ich eine Werbeagentur großen Stils aufbaute, arbeiteten wir für unsere zahlreichen Klienten nach der METHODE DER PROBLEMANNÄHERUNG: Wir behandelten jeden uns anvertrauten Auftrag wie ein Problem, das analysiert und gelöst werden mußte. Dabei untersuchten wir ständig die besten Methoden zur Lösung. Als Summe unserer vielfältigen Erfahrungen läßt sich folgende Methode zur Lösung von Problemen als die erfolgreichste beschreiben:

- *Notieren Sie möglichst umgehend und sorgfältig sämtliche Detailaspekte, aus denen Ihr Problem besteht.* Nur über ein Problem nachzudenken genügt einfach nicht und wird Sie seiner Lösung nicht näherbringen. Der geniale Erfinder CHARLES KETTERING hat einmal gesagt: »Ein gut dargestelltes Problem ist schon halb gelöst.«
  Halten Sie also schriftlich fest, welche Ursachen Ihr Problem hat. Achten Sie darauf, daß Sie in Ihre Analyse alle Aspekte einbringen, die klar, objektiv und vorurteilsfrei sind. Vermeiden Sie jegliche vorgefaßte Meinung.
- Natürlich ist es nicht auszuschließen, daß sich in Ihre Überlegungen doch eine vorgefaßte Meinung einschleicht. Gehen Sie daher sicher und *machen Sie auch eine Aufstellung über alle Aspekte, die Ihre Meinung nicht unterstützen.* Professor HERBERT HAWKES von der Columbia-Universität schreibt: »Die Sorgen und Nöte dieser Welt werden zum großen Teil von Menschen verursacht, die Entscheidungen treffen, bevor sie über hinreichendes Sachwissen verfügen, um diese Entscheidungen treffen zu können. Wenn jemand seine Zeit dazu verwendet, sich auf vorurteilsfreie und objektive Art Sachkenntnisse anzueignen, werden seine Sorgen im Licht der Erkenntnis dahinschwinden.«
  Gehen Sie also von klaren, objektiven Tatsachen aus. Gehen Sie sicher, daß Sie die objektiven Ursachen Ihres Problems kennen, bevor Sie versuchen, es zu lösen.

- *Schreiben Sie jede erfolgversprechende Lösung auf.* Versichern Sie sich, daß jede denkbare Lösung das vorurteilsfreie Ergebnis Ihres Versuches ist, das Problem von zwei Seiten aus zu betrachten. Indem Sie sich zuerst vorstellen, der Anwalt zu sein, der für Ihre eigene Lösung plädiert, und sich dann vorstellen, der Anwalt zu sein, der gegen Ihre Lösung plädiert, werden Sie schnell zu einem objektiven Ergebnis kommen. Wenn Ihre eigene Lösung auch jetzt noch Erfolg versprechen sollte, nehmen Sie sie in Ihre Liste auf.
- *Entscheiden Sie schließlich, welche Lösung in die Tat umgesetzt werden soll.* Wenn Sie die Für und Wider jeder Lösung sorgfältig gegeneinander abgewogen haben, müßte Ihnen die endgültige Entscheidung relativ leichtfallen.

  Wenn es immer noch schwierig sein sollte, eine Entscheidung zu treffen, und wenn Sie noch genügend Zeit haben, geben Sie alle von Ihnen als möglich erachteten Lösungen in Ihren »geistigen Computer« – Ihr Unterbewußtsein – ein und lassen Sie diesen auf seine Art in den folgenden Tagen und Nächten an den Lösungen arbeiten. Dann entspannen Sie sich erst einmal. Die beste Lösung wird bald klare und entschiedene Formen in Ihrem Bewußtsein annehmen. Dann *fassen Sie den Entschluß, daß die als die beste gefundene Lösung als einzige in Frage kommt.* Alle anderen Lösungsmöglichkeiten sollten Sie wieder vergessen.
- *Beginnen Sie am besten sofort damit, diese Lösung in die Tat umzusetzen und halten Sie energisch an ihr fest.* Das sorgfältigste Abwägen nützt Ihnen nichts, wenn Sie Ihre einmal getroffene Entscheidung nicht sofort und energisch in die Tat umsetzen.

  Sobald Sie aber erst einmal zu handeln begonnen haben, sollten Sie sich durch keine störenden Alternativgedanken mehr irritieren lassen. Machen Sie weiter, halten Sie durch! Ich weiß in dieser Situation keinen besseren Rat als diesen: Ist erst einmal eine Entscheidung gefallen und Handeln das Gebot der Stunde, sollte man jeden Gedanken fallenlassen, wie man es auch anders hätte machen können.

Wenn Sie Schritt für Schritt der vorstehend aufgezeigten Problemlösungsmethode nachgehen, brauchen selbst die am schwierigsten erscheinenden Probleme Sie nicht mehr mit Sorgen zu erfüllen; Sie werden vielmehr mit Erstaunen feststellen, wie alle Ihre Bemühungen zur Bewältigung von Schwierigkeiten zu Ihrer vollen Zufriedenheit ausfallen.

Probleme sind nun einmal dazu da, daß sie bewältigt werden, und Probleme sind – meistens – unangenehm. Mit der wirksamen Methode der Problemannäherung ist jedes Problem zu lösen.

Kapitel 5

Können Sie zwischen Tatsachen und Meinungen unterscheiden?

Es kam im Laufe meiner Beratungspraxis nicht selten vor, daß mich Männer jenseits der mittleren Jahre in beklagenswertem Zustand aufsuchten. Einer von ihnen sagte mir: »Ich habe mein Vermögen durch unkluge Investitionen verloren. Jetzt ist es zu spät, noch einmal neu anzufangen. Meine Familie und ich werden den Rest unseres Lebens in Armut und Schande verbringen müssen.«

Dieser Mann sprach zwar von einer unumstößlichen – und sicherlich höchst bedauernswerten – Tatsache, alle anderen Äußerungen jedoch waren durch nichts begründete höchst subjektive Meinungen.

Wenn man seine Meinungen in den Rang von Tatsachen erhebt, kann das äußerst problematisch werden. Schlimmstenfalls richtet man sich damit zugrunde. Deshalb sollte man zwischen Tatsachen und Meinungen genauestens unterscheiden lernen.

Was also bleibt als Tatsache – sozusagen als harter Kern – von der oben zitierten Aussage bestehen? Es bleibt die Tatsache, daß der Mann ein beträchtliches Vermögen infolge Fehlinvestitionen verloren hatte. Daß es zu spät sei, nochmals neu anzufangen und ein neues Vermögen zu verdienen, war seine – von purer Angst diktierte – Meinung. Ebenso war es nichts anderes als seine Meinung, daß er und seine Familie nun ihr restliches Leben in Armut und Schande verbringen müßten.

Wir müssen also vorsichtig sein: Wenn wir eine einzige Tatsache durch eine Reihe von Meinungen (die eben keine

Tatsachen sind) zu einem tatsachenähnlichen Gesamtgebilde aufbauschen, können wir selbst und andere zu völlig falschen Schlußfolgerungen kommen und somit großen Schaden anrichten.

Betrachten wir das Unglück dieses nicht mehr ganz jungen Mannes ein wenig genauer, und beginnen wir mit der einzigen Tatsache, die aus seinem Geständnis hervorging: Er hatte infolge unkluger Investitionen sein Vermögen verloren. Vielleicht hätte der Verlust durch größere Vorsicht und bessere Beratung vermieden werden können – mag sein. Aber sicherlich ist so etwas nicht ungewöhnlich. Es kommt nicht selten vor, daß Menschen, die Vermögen ansammeln, von Zeit zu Zeit bedeutende Summen wieder verlieren. Sie nehmen diese Verluste hin – als Hindernisse auf dem Weg zu einem größeren Vermögen.

Viele Menschen haben im Laufe ihres Lebens mehrere Vermögen erworben und wieder verloren. Die meisten haben ihre Verluste wieder aufgeholt, manche ihren Reichtum beträchtlich vergrößert. Um vermögend zu werden, sind lediglich eine bestimmte Einstellung und bewährte Erfolgsmethoden erforderlich. Glück allein oder gar »Schicksal« spielt dabei keine Rolle.

So war auch allein die Tatsache, daß unser Freund sein Geld verlor, noch kein Grund zur Panik. Es ist immer höchst überflüssig und schädlich, wenn wir *ein Mißgeschick vergrößern, indem wir einen Sachverhalt durch negative Meinungen zusätzlich dramatisieren.*

Sehen wir uns nun seine Meinungen einmal näher an, die er irrtümlicherweise für Tatsachen hielt und die ihn so verzweifelt machten, daß er allen Mut verlor. »Es ist zu spät, noch einmal neu anzufangen«, lautete eines seiner Argumente. Das ist zweifellos keine Tatsache und durch nichts zu begründen, außer daß jemand aus einer Meinung eine Tatsache machen möchte, indem er fortfährt, dies zu glauben.

»Meine Familie und ich werden unser Leben in Armut und Schande verbringen müssen!« – auch dieses Argument ist lediglich eine Meinung. Sie wird aber eine Tatsache, *wenn jemand durch sein ständiges Denken und Glauben eine Tatsache daraus macht.*

Vor allem ist es keine Schande, durch unkluge Investitionen Geld zu verlieren. Wer Geld investiert, schließt nun einmal von Zeit zu Zeit auch unkluge Geschäfte ab. Wie schon erwähnt, gewinnen die meisten, die solche Verluste erleiden, alles oder noch mehr zurück, nicht zuletzt weil sie anschließend vorsichtiger disponieren und investieren. Anstatt sich also »entehrt« zu fühlen, hätte sich unser Freund vielmehr bewußt werden sollen, daß er eine zwar schmerzliche, aber höchst wichtige Erfahrung gemacht hatte, die für seine künftigen Entscheidungen sicherlich von großem Wert sein würde.

Meinungen mit Tatsachen zu verwechseln – ob es nun die eigenen Meinungen oder die anderer Leute sind –, kann verhängnisvoll sein. *Meinungen sind wohlfeil. Dagegen sind Tatsachen Gold.*

Gründen Sie darum Ihre Entscheidungen auf feste Tatsachen. Und versuchen Sie, Tatsachen bei ihrer Entstehung zu fassen. Geben Sie acht, wenn Sie im Zweifel sind, und verlassen Sie sich nicht aufs Hörensagen. Wenn Sie etwas Falsches irrtümlich als Tatsache für etwas Richtiges nehmen, können Sie womöglich zu einer völlig falschen Entscheidung kommen. Der Fehler besteht darin, eine Tatsache nicht bis zu ihrer Entstehung zurückzuverfolgen; *so manche »Tatsachen« erweisen sich dann als bloße Meinungen.* Die folgende Geschichte zeigt dies auf amüsante Weise:

In den frühen Tagen des Telephons, als man noch eine Kurbel bedienen mußte, um die Telephonistin anzurufen, drehte ein Mann jeden Tag kurz vor Mittag an einer solchen Kurbel. Jeden Tag um die gleiche Zeit versuchte er verzweifelt, die Telephonistin zu erreichen, um die genaue Uhrzeit zu erfragen. Nachdem die Telephonistin ihm seit Wochen die Zeit von ihrer eigenen Uhr abgelesen und durchgesagt hatte, fragte sie eines Tages, wer denn der Anrufer sei. Dieser antwortete wichtigtuerisch: »Ich bin der Mann, der genau um zwölf Uhr jeden Mittag die Fabriksirene in Gang setzt.« »So ein Zufall«, erwiderte die Telephonistin, »ich habe Ihnen die Zeit nach meiner Uhr angesagt, die ich nach Ihrer Mittagssirene einstelle.«

Wie sicher sind Sie bezüglich Ihrer Tatsachen, aufgrund deren Sie Entscheidungen fällen? Denken Sie immer daran: *Die Zuverlässigkeit Ihres Urteils, auf das Sie Ihre ganze Zukunft setzen, hängt von Ihrer Fähigkeit ab, Tatsachen und Meinungen auseinanderzuhalten.*

Kapitel 6

Entdecken Sie die »Grauzone«!

Es gab eine Zeit, da ich glaubte, die Welt sei entweder schwarz oder weiß. Ich war davon überzeugt, an einem der beiden extremen Punkte Stellung beziehen zu müssen – eisern, entschieden und mutig.

Wie ein Feldherr in heroischen Zeiten wollte ich die »Front« halten. Nichts sollte mich daran hindern, meinen Standpunkt zu verteidigen, und wenn es mich auch meine Freunde und meinen letzten Cent kosten sollte. Wie einst MARTIN LUTHER, der große Reformator, wollte ich meine Überzeugungen an die Kirchentore erstarrter Weltanschauung nageln. Und damit nicht genug! Meine Überzeugungen sollten mehr sein als Glaubensthesen: sie sollten eine offene Herausforderung für jeden Menschen darstellen!

Mir imponierte zu jener Zeit der Direktor eines Unternehmens, der ein Schild auf seinem Schreibtisch stehen hatte, das jeden Besucher aggressiv warnte: »Seien Sie vernünftig. Verhalten Sie sich so, wie ich es will.«

Auch ich haßte – und fürchtete zugleich – nichts so sehr wie das Mittelmaß, das mich hätte kompromittieren und in meinen Plänen aufhalten können.

Nun bin ich älter. Mit den Jahren habe ich mich geändert, und ich habe viel dazugelernt. Die Jahre der wachsenden Erfahrung haben mir einen BESSEREN WEG ZUM ERFOLG gezeigt – und eine bessere Art zu leben. Ich konnte *beobachten, wie andere Menschen Erfolg hatten – reibungslos, heiter, sicher.*

Ich bin der Gewohnheit entwachsen, um meine Vorstellungen und Forderungen eine Festung errichten zu wollen. Eine Festung ist etwas Starres und kann im Handumdrehen zum Gefängnis werden. Wozu auch sollte man eine Festung bauen, wenn man seine Ansprüche nicht als Forderungen zu verteidigen gedenkt? Jede Festung ist als hinter uns liegende Barrikadenstellung wertlos, wenn wir uns auf ein Ziel zubewegen möchten – und um Ziele geht es letztlich im Leben.

Dann entdeckte ich etwas, das man eine GRAUZONE nennen könnte. Schaut man nur genauer hin, so wird man schnell feststellen, daß in unserem Leben in Wirklichkeit *nichts weder schwarz noch weiß, nichts so klar richtig oder falsch ist.* Es erscheint zumeist nur Jugendlichen so oder Menschen, die niemals erwachsen werden. So sehr es auch Ausdruck jugendlicher Begeisterungsfähigkeit und Spontaneität sein mag – die hin und wieder wertvolle Impulse geben –, jedes radikale Festhalten an Standpunkten, Überzeugungen und Glaubenssätzen muß letztlich problematisch bleiben und wird erfolglos enden.

Die etablierte Gesellschaft der Erwachsenen lächelt allenfalls verständnisvoll oder empört sich über das Verhalten der Jugend. Dann aber geht sie zur Tagesordnung über und befaßt sich mit ihren Erledigungen, Übereinkünften und Problemlösungen in der besagten Grauzone, von der ich auch nichts ahnte, als ich noch jung und unerfahren war.

Glücklicherweise gibt es sie, diese Grauzone. Sie ist dort zu finden, wo die schwarzen und weißen Ränder der Extreme sich überdecken. Sie ist eine Zone des Verstehens und des Einverständnisses, eine Zone, wo jedermanns Standpunkt respektvoll abschneiden kann, wo jeder gibt und nimmt, wo zwar hart und intelligent verhandelt wird, es aber auch am Schluß zum Handschlag gegenseitigen Einvernehmens kommen kann. Sie ist die *Zone, wo wir uns, wenn wir nur lange genug miteinander reden, auf etwas Vernünftiges einigen werden.*

Nur in der Grauzone kann der Präsident der Vereinigten Staaten von Amerika oder auch das Staatsoberhaupt der Sowjetrepubliken (ich hoffe es) zum Beispiel zu allen Menschen – Freund oder Feind – sagen: »Kommt, laßt uns miteinander reden, wenn nötig streiten. Dann kommen wir zu einem Kompromiß.«

Heute bin ich glücklicherweise reif genug, um zu wissen, daß nichts auf dieser Welt schwarz oder weiß ist, sondern daß Ideen und Meinungen zwischen beiden Extremen pulsieren, um schließlich in jener besagten Grauzone zu verschmelzen – in jener Grauzone, wo Menschen guten Willens sich begegnen und über ihre unterschiedlichen Standpunkte ungeniert reden können. *Es ist die Zone des Verständnisses, der Einigung und des Kompromisses.*

Ich bin froh, daß ich zur Erkenntnis, daß es diese Grauzone gibt, gefunden habe. Nichts würde mich mehr freuen, als zu wissen, daß es auch Ihnen gelungen ist, diese Grauzone zu entdecken.

Kapitel 7

Überwinden Sie Ihre Angst!

Gewisse Gefühlsbewegungen (Emotionen) können so überwältigend sein, daß sie unser Dasein geradezu überschwemmen, unsere Persönlichkeit zerstören und unser Leben fast unerträglich machen. Schlimmer noch: manchmal sind diese Gefühlsentladungen so schrecklich und unerträglich, daß sie zu Mord und Selbstmord führen.

Sie ahnen sicherlich schon, welche Emotionen ich meine. Es sind *Haß, Rache, Neid, aber auch Schuldgefühle, Ressentiments und – vor allem – die Angst.* Solche Gefühlshaltungen wirken so zerstörerisch auf unser Glück und oft sogar auf unser Leben – körperlich, geistig und seelisch –, daß wir uns unbedingt mit ihnen auseinandersetzen müssen. Ich möchte deswegen in weiteren Kapiteln dieses Buches auf einige dieser Emotionen näher eingehen. Lassen Sie mich im Folgenden zunächst damit beginnen, Ihnen aufzuzeigen, wie Sie am besten Ihre Angst überwinden.

Wenn Sie sich von Angst befreien könnten – von jeglicher Angst, sowohl vor Menschen als auch vor Ereignissen –, wäre dann Ihr Leben nicht unvergleichlich schöner? Welche Möglichkeiten aber gibt es, diese Angst – am besten für immer – aus dem »Arsenal« Ihrer so schädlichen Gefühlsbewegungen zu verbannen?

Als erstes sollten Sie alle Ihre verdrängten Ängste ans Licht Ihres Bewußtseins bringen, so daß sie für Sie deutlich sichtbar werden. Das mag sicherlich diejenigen überraschen, deren Angst nur allzu greifbar ist, deren Angst in solcher Deutlichkeit vor ihnen steht, daß sie Tag und Nacht Beklemmungen haben. Vielleicht trifft das auch auf Sie zu?

Entspannen Sie sich! Diese Angst ist nicht schwer zu bekämpfen. Offen zutage tretende Ängste können leicht beseitigt werden. Es sind vielmehr *die versteckten, die unterdrückten und ins Unbewußte verdrängten Ängste, die uns die größten Schwierigkeiten bereiten* – eben deshalb, weil sie versteckt sind. Diesen Ängsten also müssen wir auf den Grund gehen.

Jeder Mensch hat ein BEWUSSTSEIN. Es ermöglicht uns das Gegenwärtighaben von Erlebnissen, die Bewußtmachung der zahllosen, uns überflutenden Wahrnehmungen und unser bewußtes Denken. Das Bewußtsein gehorcht weitgehend unserem Willen.

Darüber hinaus verfügen wir über das UNTERBEWUSSTSEIN. Dieses Unterbewußtsein wirkt in einer viel tieferen Schicht unserer Persönlichkeit als das Bewußtsein. Es reguliert nicht nur unsere Körperfunktionen (Herzschlag, Atmung, Verdauung und andere lebenswichtige körperliche Vorgänge); es steuert auch alle unterschwelligen seelisch-geistigen Vorgänge und speichert und verarbeitet die Summe aller unserer Erfahrungen.

Ich möchte hier nicht die Funktionen des menschlichen Bewußtseins und Unterbewußtseins darstellen. Ich treffe diese Unterscheidung nur, um zu sagen, wo wir unsere Ängste zu suchen haben. *Wir finden sie in unserem Unterbewußtsein,* das unserer bewußten Kontrolle weitgehend entzogen ist.

Wenn wir uns unserer Ängste bewußt wären (nur wenige Ängste sind uns bewußt), hätten wir keine Schwierigkeiten, sie zu erkennen und sie – wie ich Ihnen noch später darlegen möchte – erfolgreich zu bekämpfen. Da die meisten unserer Ängste jedoch in unserem so schwer zugänglichen Unterbewußtsein angesiedelt sind, wirken sie entweder insgeheim aus ihrem Versteck auf uns ein, oder sie treten in Verkleidungen zutage. Daher müssen wir sie ausfindig machen, sie ihrer Verkleidungen entledigen und sie uns zu Bewußtsein bringen; sodann können wir leicht mit ihnen fertig werden.

Rechnen Sie deshalb künftighin mit dem Phänomen der Angst. Kontrollieren Sie Ihr Verhalten, indem Sie sich fragen, ob nicht vielleicht in versteckter oder verkleideter Form Angst am Werk ist und Ihr Verhalten bestimmt. ANHALTSPUNKTE dafür, daß dies zutrifft, sind etwa Gefühle allgemeiner Beklemmung, unerklärliche Spannungen, psychosomatische Krankheiten (die keine organische Ursache erkennen lassen); geradezu symptomatisch ist ferner der Rückzug von der gewohnten Beschäftigung oder Umgebung, die Flucht in die Isolation.

Man könnte die Aufzählung beliebig fortsetzen. Wichtig ist: Jedes der genannten Symptome oder ähnliche *können anzeigen, daß Sie unter einer unbewußten Angst leiden.*

Lassen Sie sich bei Ihrem Versuch der Bewußtmachung einer Angst nicht durch scheinbar gegenteilige Symptome täuschen, die Ihre wahre Angst nur kaschieren. Wenn zum Beispiel ein Mann zu Hause über seinen »unmöglichen« Chef herzieht und sich so gründlich austobt, sollte seine Wut ihn nicht darüber hinwegtäuschen, daß er insgeheim Angst hat – die Angst, kritisiert und gedemütigt oder nicht vorgerückt oder, noch schlimmer, gekündigt zu werden.

Versuchen Sie darum, Ihrer unbewußten Angst nachzugehen, damit Sie sie ihrer Verkleidung entledigen und sie für immer beseitigen können. Auf jeden Fall ist es für Sie wichtig, einer Angst, unter der Sie allenfalls leiden, auf den Grund zu kommen und genau zu wissen, um welche Angst es sich handelt. Im Folgenden möchte ich Ihnen verschiedene Möglichkeiten aufzeigen, wie Sie Angstgefühle überwinden können. Ob eine oder mehrere der METHODEN für Sie richtig sind, werden Sie selbst herausfinden.

Tun Sie absichtlich genau das, wovor Sie Angst haben! Wenn Sie zum Beispiel Angst haben, in einer Versammlung das Wort zu ergreifen, gehen Sie zu Versammlungen und reden Sie – reden Sie bei jeder Gelegenheit. Machen Sie sich klar, daß Sie im Begriff sind, das zu tun, wovor Sie sich fürchten. Sie tun es freiwillig, mit Absicht, ohne zu zögern! Sie sind nicht ängstlich, sondern mutig!

Zuerst werden Sie vielleicht noch Angstgefühle haben. Gut: betonen Sie das Gefühl der Angst. Überbetonen Sie es. Und tun Sie dann dennoch absichtlich das, was Sie fürchten. Lachen Sie der Angst ins Gesicht. Machen Sie sie lächerlich. Töten Sie sie mit Blicken. Treten Sie sie mit Füßen. Machen Sie sich bewußt, daß Sie im Begriff sind, das zu tun, was Sie fürchten: Macht nichts! Nun gerade!

Tun Sie immer wieder das, was Sie fürchten – bei jeder Gelegenheit, immer und immer wieder! Sie werden sehen: Ihre Angst wird sich buchstäblich abnutzen. Wenden Sie diese Methode der Angsterschöpfung an; ihre Wirkung besteht darin, daß Sie das, was Ihnen Angst macht, so lange wiederholen, bis Sie keinerlei Angst mehr dabei empfinden.

Vertrauen Sie dem Gesetz der Wahrscheinlichkeit. Nach diesem Gesetz treten die meisten von uns befürchteten Ereignisse niemals ein. Die Chancen zu Ihren Gunsten sind so überwältigend groß, daß es geradezu lächerlich wäre, in ständiger Angst zu leben. Niemand ist letztlich (wo und wann es auch immer sei) absolut sicher. Aber Sie persönlich sind – dem Gesetz der Wahrscheinlichkeit zufolge – immerhin verhältnismäßig sicher.

Bauen Sie auf Tatsachen. Nicht Meinungen können Ihnen Ihre Ängste nehmen – nur Tatsachen. Die Ursache der meisten Ängste ist die elementare Furcht vor allem Unbekannten. Wenn Ihnen erst bewußt geworden ist, was Ihnen Angst macht, und Sie die Sachlage aufgrund der gegebenen Tatsachen einzuschätzen wissen, werden Sie feststellen, wie Ihre Angst im Licht Ihrer Erkenntnis dahinschwindet.

Die meisten Menschen haben Angst davor, die Wahrheit zu erfahren. Sie fürchten, sich in ihren Ängsten bestätigt zu sehen. Es ist die Angst, daß man vielleicht an einer gefährlichen Krankheit leidet, daß der Partner eine Liebesaffäre haben oder daß man seine Stellung verlieren könnte.

Sollten Sie solche Befürchtungen haben, so sind Sie sicherlich gut beraten, wenn Sie alles tun, um im Zusammenhang mit dem, was Sie so fürchten, die maßgebenden Tatsachen kennenzulernen.

Versuchen Sie, die Wahrheit zu erfahren, auch wenn Sie in Gedanken vor ihr zurückschrecken. Die Frühdiagnose einer schweren Krankheit zum Beispiel hat schon vielen Menschen das Leben gerettet.

Versuchen Sie herauszufinden, ob die Liebesaffäre Ihres Ehepartners Tatsache oder nur Klatsch ist. Sollte sie eine Tatsache sein, dann stellen Sie Ihren Partner zur Rede, suchen Sie eine Lösung herbeizuführen oder – wenn es gar kein Einverständnis mehr gibt – einen Anwalt auf. Lassen Sie sich nicht von Zweifeln und Angst quälen. Werden Sie aktiv und tun Sie etwas in der Sache, das Sie weiterbringt. Sobald Sie Gewißheit haben, werden Sie von dem Gefühl der Angst von einem zum anderen Augenblick befreit sein.

Haben Sie Angst, Ihre Stellung zu verlieren, so holen Sie zunächst einmal Informationen ein. Befragen Sie den, der Ihre Situation und die des Betriebes kennt: Ihren Chef. Fragen Sie ihn, was Sie tun können, um Ihre Stellung zu behalten. Vielleicht machen Sie Fehler, die Sie abstellen können. Ihr Chef wird Ihr aufrichtiges Verhalten zu schätzen wissen.

Sollte der Verlust Ihres Arbeitsplatzes unvermeidlich sein, so wäre auch das kein Grund zu verzweifeln. Je eher Sie darüber informiert sind, daß es soweit ist, desto früher werden Sie sich nach einem besseren Posten umsehen können. Schlimmstenfalls wird Sie das soziale Netz zunächst weich abfangen.

Riegeln Sie sich innerlich gegen Angst ab. Sie können manche Ängste von Ihrem Leben fernhalten, indem Sie sich vornehmen, bei aufkommender Angst sofort zu handeln: zunächst die Tatsachen festzustellen und, wenn die Sachlage ernst zu nehmen ist, zur Klärung und Entschärfung derselben etwas zu tun. In diesem Zusammenhang kann auch ein geeignetes Training von Nutzen sein.

Ich zum Beispiel wuchs in einer Umgebung auf, in der ich – schüchtern, wie ich war – ständig von größeren, rauflustigen Jungen gehänselt wurde. So entwickelte sich mit der Zeit in mir die Angst, daß die anderen mir grundsätzlich übelwollten und, falls ich halbherzig Widerstand leistete, mich verprügeln würden. Nicht zuletzt wegen dieser bedrückenden Erfahrung lernte ich boxen und trainierte mich später in Judo und Karate. Besser trainieren konnte ich mich kaum. Noch heute, in fortgeschrittenen Jahren, halte ich mich durch tägliche Übungen in diesen Sportarten fit. Sie wirken sich nicht nur auf meine körperliche Verfassung, sondern auch auf meine geistige und seelische Spannkraft günstig aus. Damals haben die Übungen zur Selbstverteidigung mich frei von Angst gemacht.

Die Befreiung von Angst hat eine immens befriedigende und heilsame Wirkung. Wer zum Beispiel wasserscheu ist, sollte einen Schwimmkurs besuchen und sich in allen Schwimmarten, besonders im Unterwasserschwimmen, üben. Er wird sich im Wasser sehr bald wohlfühlen und seine Angst verloren haben.

Religiösen Menschen hilft oft auch ihr tiefer Glaube aus ihren Ängsten. Damit will ich keineswegs Ihre persönlichen religiösen Überzeugungen strapazieren; aber jede Erörterung über die Möglichkeiten der Überwindung der Angst wäre unvollständig ohne den Hinweis, daß viele Menschen weitgehend angstfrei gelebt haben aufgrund ihres tiefen, unwandelbaren Gottvertrauens.

Die Befreiung von Angst ist eine Voraussetzung für die Persönlichkeit, die Sie werden wollen, und *ein entscheidender Aufbruch zu einem Leben in Freiheit und Freude.*

Kapitel 8

Ein Wundermittel aus der »Apotheke der Natur«

Jede Persönlichkeit verfügt über ein Wundermittel aus der »Apotheke der Natur« und setzt es bewußt ein. Dieses Wundermittel steht auch Ihnen zur Verfügung, nur sind Sie sich seiner nicht bewußt. Sie können es leicht weiterverschenken. Je öfter Sie es weiterverschenken, desto besser. Es wird Sie nichts kosten; es bringt Ihnen nur Vorteile!

Sie können ERSTAUNLICHE WIRKUNGEN erzielen, wenn Sie dieses Wundermittel aus der Apotheke der Natur weiterverschenken:

- ○ Schulkinder lernen eifriger und erzielen bedeutend bessere Noten.
- ○ Mitarbeiter und Geschäftspartner verhalten sich kooperativ und verhelfen Ihnen zu Erfolg und Ansehen.
- ○ Ihre Familie und Ihre Freunde werden Sie für einen wunderbaren Menschen halten und sich freuen, mit Ihnen zusammenzusein.
- ○ Sie werden tatsächlich Freude überall verbreiten, wo Sie sein werden.
- ○ Sie werden vielfach zurückerhalten, was Sie verschenkt haben.

Sie meinen, ich übertreibe? Warten Sie noch ab. Aber sicher sollte ich Ihnen zunächst verraten, um welches Wundermittel es sich handelt. Es ist das WUNDERMITTEL LOB.

Wie – Lob soll ein Mittel sein, das Wunder wirkt? Ja! Ich kann es Ihnen nur bestätigen: *Lob ist ein Wundermittel aus der »Apotheke der Natur«, und es wirkt tatsächlich Wunder.*

Orientieren wir uns an dem großen österreichischen Arzt und Tiefenpsychologen ALFRED ADLER, dem Begründer der Individualpsychologie. Dr. Adler pflegte seinen Patienten – unglücklichen Opfern von Beklemmungen, Ängsten und Depressionen – zu sagen: »Sie können innerhalb von vierzehn Tagen geheilt werden, wenn Sie sich ständig Gedanken darüber machen, wie Sie einem anderen Menschen zu gefallen vermögen.«

Wie aber kann man anderen Menschen am besten gefallen? Was wünschen die Menschen mehr als alles andere auf dieser Welt?

In diesem Zusammenhang muß ein anderer Großer der Psychologie zu Wort kommen: der schon mehrfach erwähnte WILLIAM JAMES. Er behauptet: *»Der stärkste Trieb der menschlichen Natur ist das Streben nach Anerkennung.«*

Übertragen wir den tieferen Sinn dieser Zitate auf die zu erwartende Wirkung des besagten Wundermittels Lob, so können wir feststellen: Durch Lob kann dieser stärkste Trieb der menschlichen Natur, dieses Streben nach Anerkennung, befriedigt werden. Mit Ihrem Lob setzen Sie also nicht nur die Lehre eines William James in die Praxis um, sondern Sie folgen zugleich Alfred Adlers Empfehlung, anderen Menschen zu gefallen.

Doch kommen wir zurück auf die zu Anfang dieses Kapitels aufgestellten Behauptungen.

Im Rahmen eines wissenschaftlich kontrollierten Reihenversuches wurde der Einfluß psychischer Faktoren auf die Schulleistungen von Kindern getestet. In einem ersten Test wurden die Schulkinder vorab für ihre Intelligenz und ihre Geschicklichkeit gelobt; zu Beginn des Versuches versicherte man ihnen auch, daß ihnen der Test leichtfallen würde. Die Schulkinder reagierten auf diese schmeichelhafte Einschätzung durchweg mit überdurchschnittlichen Leistungen und erzielten bessere Noten als üblich. Derselben Gruppe von Schulkindern wurden in einem zweiten Test Aufgaben vom gleichen Schwierigkeitsgrad gestellt. Vor Beginn dieses Tests wurden sie jedoch verunsichert; man sagte ihnen, daß der Test zu schwierig für sie sei und sie schlecht abschneiden würden. Die Folge war, daß sie tatsächlich schlechte Leistungen erbrachten und wesentlich schlechtere Noten erzielten.

Die unterschiedliche Leistung der Kinder war einzig und allein darauf zurückzuführen, daß sie im einen Fall gelobt, im anderen eingeschüchtert wurden. Beweist das nicht, daß der Vergleich des Lobs mit einem Wundermittel aus der »Apotheke der Natur«, das höchst erstaunliche Wirkungen hat, keineswegs übertrieben ist?

Wie aber sieht das nun in Ihrem Alltag aus? Wie oft raffen Sie sich auf, den Menschen, mit denen Sie zu tun haben, irgend etwas Lobendes zu sagen? Mit anderen Worten: Wie oft bedienen Sie sich in Ihrem Alltag des Wundermittels, das Ihnen jederzeit zur Verfügung steht?

Nehmen Sie jede Gelegenheit, bei der ein aufrichtiges Lob am Platz ist, wahr! Wenn Sie zum Beispiel Ihre Mitarbeiter, ja sogar Ihre Geschäftspartner zur rechten Zeit loben, werden diese mit Sicherheit viel lieber mit Ihnen zusammenarbeiten und Ihnen zu dem von Ihnen angestrebten Erfolg verhelfen, als wenn Ihr Lob, das fällig ist und erwartet wird, ausbliebe. Geben Sie Ihren Mitarbeitern und Geschäftspartnern, was diese im tiefsten Grunde ihrer Psyche wünschen: loben Sie sie. So werden diese Ihnen das geben, was Sie sich wünschen: *die freudige Unterstützung Ihrer beruflichen Aktivitäten.*

Loben Sie einen Untergebenen, so geben Sie ihm das Gefühl von Selbstvertrauen und Sicherheit; er weiß jetzt und fühlt: So handle ich richtig. Wenn Sie ihn kritisieren, fühlt er sich unsicher. Unbewußt etikettiert er Sie als den Mann mit dem Kriegsbeil, der ihn seine Beförderung – oder sogar seine Berufsposition – kosten kann.

Die Fähigkeit, Lobenswertes zu finden und Lobendes zu äußern, ist wichtig in allen zwischenmenschlichen Beziehungen. Es veranlaßt die Menschen nicht nur, Sie sympathisch zu finden, sondern auch, Ihnen zu helfen, weil Sie deutlich zu verstehen gegeben haben, daß Sie bereit sind, anderen zu helfen. Darum handelt es sich nämlich: *Sie helfen jedem Menschen, den Sie loben, indem Sie ihn loben.*

Loben Sie auch Ihre Familienmitglieder und Ihre Freunde häufig. Sie werden Sie für einen wunderbaren Menschen halten und sich immer freuen, mit Ihnen zusammenzusein. Ich kann es nicht besser formulieren als WILLIAM JAMES: »Der stärkste Trieb der menschlichen Natur ist das Streben nach Anerkennung.« Befriedigen Sie dieses Streben durch aufrichtiges Lob, sooft sich Ihnen die Gelegenheit bietet.

Mit diesem Wundermittel verbreiten Sie Freude, wo immer Sie sind. Haben Sie sich schon selbst davon überzeugt? Versuchen Sie doch einmal, eine »Woche des Lobes« zu praktizieren – Sie werden von den Auswirkungen in höchstem Maße erstaunt sein! *Es wir soviel auf sie selbst zurückkommen, daß Sie glücklich und erfolgreich sein werden.* Denn das, was Sie aussenden, wird vielfach aufgefangen, gespeichert und durch viele Einzelempfänger, die ihrerseits wieder zu Sendern werden, verstärkt an Sie zurückgegeben.

Letztlich – und das ist vielleicht einer der wichtigsten Aspekte – eignen Sie sich durch Ihre Fähigkeit und Bereitschaft, andere zu loben, *eine ganz bestimmte Geisteshaltung an, die Voraussetzung für den Erfolg in Ihrem Leben ist.* Namhafte Psychologen vertreten die von WALTER SCOTT verfochtene Meinung, daß »Erfolg oder Versagen viel eher die Folge unserer geistigen Einstellung als unserer geistigen Fähigkeiten ist«.

Lob ist eine Form des Gebens. Schon die Bibel sagt: »Geben ist seliger denn Nehmen.« In der Praxis des Alltags muß man noch weitergehen: *Wer empfangen will, muß geben.* So lehrt es uns jeden Tag das Leben selbst. Machen Sie jedoch niemals ein »Ich gebe, damit du gibst« daraus!

Kapitel 9

Entscheidend ist die Einstellung

Vor einiger Zeit las ich auf der Titelseite meiner Zeitung einen Artikel unter der Überschrift »Vierzehn Busführer haben es satt und übernehmen neue Aufgaben – Gehälter gekürzt«.

Diesen Artikel finde ich aus mehreren Gründen interessant: Nach Ansicht der Herausgeber einer der führenden Zeitungen der USA war dieses Ereignis von so großem Allgemeininteresse, daß sie es auf die Titelseite setzten. Psychologen wissen längst, daß sich heutzutage viele Menschen mit den Busführern, die den Umgang mit Fahrgästen »satt hatten«, identifizieren. *Offensichtlich sind viele Menschen ihres jetzigen Berufes und ihrer Beziehungen zu anderen Menschen überdrüssig geworden.*

Welcher Sachverhalt lag der Geschichte der Busfahrer zugrunde? Wie in dem Zeitungsartikel berichtet wurde, gaben vierzehn Busführer in einer großen Stadt ihre Arbeit auf und übernahmen freiwillig den Job als Busreiniger – bei wesentlich geringerem Lohn und unter völligem Verzicht auf die aus ihrem Dienstalter sich ergebenden Vorteile, wobei das Dienstalter eines dieser Männer nicht weniger als achtzehn Jahre betrug!

Warum taten sie das? Die vierzehn Busführer, die freiwillig soviel opferten, um das Lenkrad mit dem Besen zu vertauschen, gaben folgende Gründe an:

- »Die Fahrgäste haben fast niemals abgezähltes Wechselgeld. Immer wieder belästigen sie uns mit großen Geldscheinen, die wir nur schwer wechseln können.«

- »Zwischen den Fahrgästen und uns gibt es keinerlei Zusammenarbeit.«
- »Im Winter bewerfen Kinder unseren Bus mit Schneebällen.«

Es ist eigentlich kaum zu glauben, aber wahr: Aus diesen Gründen gaben die vierzehn Busführer ihren Beruf und ihre Vorteile aus geleisteten Dienstjahren auf, um schlechter bezahlte Aufgaben als Busreiniger zu übernehmen.

Wir wollen nun aber diese bedauernswerten Männer nicht kritisieren. Viele Menschen haben das behübschte Glück ihrer Vorstellung gefunden, indem sie ihrer Unfähigkeit nachgaben, die alltäglichen – und für sie so ärgerlichen – Unzulänglichkeiten der Mitmenschen zu ertragen, und sich auf Posten zurückzogen, wo sie relativ wenig mit anderen Menschen zu tun hatten. Schließlich muß ja irgend jemand auch diese niedrige Arbeit verrichten. Und wer wäre dazu besser geeignet als diejenigen, die mit ihren Mitmenschen nicht besonders gut fertig werden?

Ich wage allerdings zu vermuten, daß die Mehrzahl derer, die sich dafür entschieden haben, Busse zu reinigen, auch bei dieser Arbeit nicht glücklich werden. Die störenden Fahrgäste werden zwar nicht mehr da sein, dafür aber die Abfälle, die sie hinterlassen. Das mühselige Abkratzen und Aufsammeln Dutzender ausgespuckter Kaugummis unter den Sitzen wird ganz gewiß ebensoviel Ärger aufstauen wie das als unerträglich bezeichnete Herausgeben von Wechselgeld an die Passagiere.

Auf jeden Fall kann die fragwürdige Entscheidung der besagten Busführer auf eine – auch bei anderen Menschen immer wieder anzutreffende – FALSCHE EINSTELLUNG zurückgeführt werden:

1. Man bauscht Nebensächliches zu Wesentlichem auf, anstatt eine angemessene Perspektive zu bewahren.
2. Man läßt unbedeutende Unzukömmlichkeiten zu unerträglichen Belastungen auswachsen, anstatt sie als Selbstverständlichkeiten, die zur alltäglichen Berufsroutine gehören, zu betrachten und solche Kleinigkeiten anschließend sofort wieder zu vergessen.

Der ehemalige amerikanische Präsident ABRAHAM LINCOLN sagte einmal: *»Der Mensch ist genau so glücklich, wie er es zu sein sich vornimmt.«*

Ein anderer Busfahrer war bei seiner Arbeit glücklich. Sie gab ihm die willkommene Gelegenheit, Menschen zu begegnen – Tausenden von Menschen –, die er mit einem gewinnenden, fröhlichen Lächeln zu grüßen pflegte. Wechselgeld herauszugeben bedeutete für ihn, ein wenig Zeit zu gewinnen, um irgend etwas Freundliches zu seinen Fahrgästen zu sagen. Wenn er nicht gerade ein paar Worte mit ihnen wechselte, sang oder pfiff er leise vor sich hin. Und als er nach vielen Jahren seines Dienstes in den Ruhestand trat, gaben ihm seine Stammfahrgäste eine Abschiedsparty. Über diese Party berichtete eine Lokalzeitung. Deshalb kenne ich die Geschichte dieses glücklichen Busfahrers.

Der Mensch ist genau so glücklich, wie er es zu sein sich vornimmt. *Haben Sie sich vorgenommen, glücklich zu sein?*

Kapitel 10

Verbünden Sie sich!

Vor vielen Jahren ließ sich ein Besucher von dem Leiter einer Nervenheilanstalt durch die Krankensäle führen. Damals war man von Reformen des psychiatrischen und psychotherapeutischen Gesundheitswesens noch weit entfernt. Gegen Ende der Führung gelangte der Besucher auf eine Galerie, von wo aus er eine Abteilung überblickte, in der die schwersten Krankheitsfälle dieser geschlossenen Anstalt untergebracht waren. Hundert gefährliche Geisteskranke lebten hier unter der Obhut von nur drei Wärtern!

Der Besucher war bestürzt. Er fragte den Anstaltsleiter: »Fürchten Sie nicht, daß diese gefährlichen Geisteskranken sich gegen ihre Wärter zusammenrotten könnten?« Darauf erwiderte der Psychiater gelassen: *»Nein, Geisteskranke verbünden sich nicht.«*

Mit dieser Bemerkung sprach der Leiter jener Nervenklinik eine erschütternde Feststellung aus, die sich – genau besehen – nicht nur auf Geisteskranke bezieht, sondern auch auf die nach pathologischen Kriterien Gesunden, die gleichwohl krank an Geist und Seele sind.

Auch diese Unglücklichen verbünden sich nicht – nicht einmal mit sich selbst, geschweige denn mit anderen Menschen. Sie lassen sich nicht von der Erkenntnis beeindrucken, die in dem geflügelten Wort zum Ausdruck kommt: *»Einigkeit macht stark!«*

Das heißt zunächst einmal, daß jeder Mensch als Individuum in sich nicht zerrissen, sondern einig sein soll: in seinem

Denken, Fühlen und Handeln. Verbünden Sie sich also in diesem Sinn mit sich selbst!

»Einigkeit macht stark« heißt ferner dann, daß Sie nicht als isolierter Einzelgänger stark sein können. *Um stark und – was das gleiche bedeutet – erfolgreich und glücklich zu sein, müssen Sie sich mit anderen Menschen verbünden:* in Ihrem Denken, Fühlen, Streben und Handeln. Das aber werden Sie nur fertigbringen, wenn Sie sich an das Gemeinsame, an das Verbindende halten. Suchen Sie es! Entdecken Sie es! Aufgrund dieser Einstellung werden Sie es auch finden.

Und schließlich bedeutet die zeitlos gültige Wahrheit »Einigkeit macht stark«, daß die Menschen, die guten Willens sind, alle ihre Kräfte vereinen sollen, damit sie als Gruppe, als Gemeinschaft gemeinsam denken, fühlen und handeln.

Es gibt kein Geheimnis der Macht. Macht beruht immer auf der Zusammenfassung von Kräften, in der eine Einheit des Denkens, Fühlens, Strebens und Handelns zustandebringenden Vereinigung von Menschen. Je zahlreicher die Menschen, die Gruppen, die Völker, die sich zusammenschließen und zusammenarbeiten, sind, desto größer ist die vereinte Macht. »Einigkeit macht stark!«

Wenn Sie eine Persönlichkeit sein wollen, *müssen Sie unbedingt eine solche offene Einstellung der Verbündungsstrategie und der Bündnisbereitschaft einnehmen.* Suchen Sie und bestärken Sie nicht das, worin sich Menschen uneinig sind. Entdecken Sie das verbindende Gemeinsame und bauen Sie darauf Ihr Leben auf.

Wer sich im Leben hinter Barrikaden des Gegensatzes und des Protests verschanzt, wird bald entweder isoliert und enttäuscht dastehen oder auf die abschüssige Bahn der Aggression geraten. Dann aber benehmen sich die Menschen kaum anders als jene Kranken, von denen eingangs dieses Kapitels die Rede war und hinsichtlich derer uns der Ausspruch ihres ärtzlichen Betreuers in Erinnerung bleiben sollte: »Geisteskranke verbünden sich nicht.«

Das Thema der Aggression und ihrer Ursachen führt uns zum nächsten Kapitel.

Kapitel 11

Eine verhängnisvolle Wechselwirkung

Aggressives Verhalten liegt vielen menschlichen Tragödien, angefangen von persönlicher Unverträglichkeit bis zu kriegerischen Auseinandersetzungen, zugrunde. Seine Ursache ist zumeist offensichtlich FRUSTRATION, also *das enttäuschende Versagtbleiben einer Erwartung oder die andauernde Nichterfüllung eines Bedürfnisses.*

Frustration als auslösendes Moment fast jeder (namhafte Wissenschaftler behaupten jeder) Aggression – gleich, ob sie offen zum Ausdruck kommt oder verdrängt wird – hat zahllose Gesichter, so daß wir auf die Aufzählung aller denkbaren Erscheinungsformen verzichten müssen. Wir wollen hier nur einige Probleme erörtern, die sich aus frustrationsbedingter Aggression ergeben und die die Verschiedenartigkeit und Bedeutung solcher Versagungserlebnisse deutlich machen. Als typische Erscheinungen müssen insbesondere kindliches Fehlverhalten, Schulversagen, Jugendkriminalität, unglückliche Partnerschaften, berufliche Schwierigkeiten, soziale Unruhen und Rassenunruhen, Protesthandlungen einzelner oder ganzer Gruppen, Streiks, Revolutionen und Kriege betrachtet werden.

Da Frustration so oft in Aggression mündet und die Wurzel so vieler verschiedenartiger und meist tragischer Probleme ist, lohnt sich zweifellos eine eingehendere Betrachtung. Natürlich aber kann das höchst komplexe Gesamtphänomen im Rahmen dieses Buches nur in den wesentlichen Grundzügen behandelt werden.

Gehen wir zunächst einmal von der Schlußfolgerung vieler führender Wissenschaftler aus, die behaupten: *Frustration führt immer zu Aggression.*

Allerdings tritt FRUSTRATIONSBEDINGTE AGGRESSIVITÄT nicht immer als Aggression offen zutage. Sie wird oft einfach ins Unterbewußtsein verdrängt, wo sie weiterschwelt, und kommt dann später in Form von Unverträglichkeit, Haßanwandlungen, Feindseligkeiten oder brutalem Verhalten zum Vorschein.

Man hat uns zwar beigebracht, aggressive Handlungen zu unterdrücken, aber das bedeutet nicht, daß damit die in uns aufgestaute Aggressivität selbst bereits erstickt oder ausgemerzt wäre. Diese Aggressivität ist, in unser Unterbewußtsein verdrängt, *nach wie vor unterschwellig am Werk und kann, wenn sie nicht abgebaut wird, unberechenbaren Schaden anrichten.*

Vergegenwärtigen wir uns einmal, wie sich der Vorgang bei einem KIND abspielt. Ein Kleinkind macht viele enttäuschende Erfahrungen. Aufgrund verhängter Strafen oder ausbleibenden Lobes lernt es, daß sein Verhalten »nicht richtig« ist. Es empfindet diese Erfahrungen als besonders schmerzlich, weil es noch zu klein ist, um zu verstehen, warum zum Beispiel eine drastische Änderung seines Verhaltens von ihm verlangt wird. Im zweiten Lebensjahr wird ihm eine völlige Änderung der Ernährungsweise und der Eßgewohnheiten aufgezwungen. Lästige Körperpflege und Erziehung zur Reinlichkeit sind nur einige weitere Ursachen von Versagungserlebnissen, die sich aufstauen und dann zu jener Phase des sprichwörtlichen »übertriebenen Eigensinns« führen, die Kinder zwischen ihrem zweiten und vierten Lebensjahr durchleben und die gewöhnlich im Alter von zweieinhalb Jahren ihren Höhepunkt erreicht.

Später, während das Kind weiter aufwächst, leidet es unter den Enttäuschungen und Verkürzungen, die das Zusammenleben mit Eltern und Geschwistern, die Schule und die Eingliederung in das gesellschaftliche System seiner Gruppe ihm bescheren. *Jede Frustration aber hinterläßt aggressive Tenden-*

zen, ob diese nun offen ausgelebt werden oder unterdrückt bleiben.

Wenn man durchschnittliche Jungen und Mädchen von fünfzehn Jahren aufgrund von Kriterien wie Körpermaßen, Körperbeherrschung und Intelligenzleistungen einzuordnen versucht, so zeigt sich, daß sie die Fähigkeiten eines Erwachsenen haben. Ihnen fehlen lediglich die Erfahrung und die Routine, die die meisten von uns in späteren Jahren erwerben. Grundsätzlich sind fünfzehnjährige Jungen und Mädchen genauso wie Erwachsene gerüstet, mit ihrer Umgebung fertig zu werden und ohne Einschränkung am Leben der Gesellschaft der Erwachsenen teilzuhaben.

Aber fünfzehnjährige Jungen und Mädchen werden von ihren Eltern zumeist nicht als erwachsen angesehen. Sie werden nicht als Erwachsene ernst genommen und respektiert, haben aber auch nicht mehr die Freiheiten und Vorteile der Kinder. *Sie werden mit einem im Zwischenfeld von Erwachsenem und Kind angesiedelten Sonderstatus abgefunden.* Ihr Aktionsradius bleibt begrenzt, Unabhängigkeit wird nicht geduldet, und viele Verbote der Kindheit bleiben unkontrolliert in Kraft.

Man verstehe mich nicht falsch: Zweifellos sind viele der üblichen Verbote und Beschränkungen, die den jungen Leuten unter sozialen, wirtschaftlichen und sittlichen Gesichtspunkten auferlegt werden, notwendig. Die Art und Weise aber, in der dies in der Regel geschieht, ist einer gründlichen Revision wert; denn wenn man einen Erwachsenen wie ein Kind behandelt – gleichgültig, welche Beweggründe uns auch immer dazu veranlassen mögen –, dann setzt man den Betroffenen schlimmsten Versagungserlebnissen aus und muß *unweigerlich mit Ausweichreaktionen rechnen, die von der Frustration zur Aggression führen.*

Befassen wir uns nun mit dem Problem der UNGLÜCKLICHEN EHE. Die gegenwärtig immer weiter steigende Scheidungsrate ist zwar ein deutlicher, aber sicher nicht der einzige Beweis dafür, daß zahlreiche Ehen unglücklich verlaufen. Die Partner sind unglücklich aus nur allzu vielen naheliegenden Gründen.

Was immer die Partner selbst an Erklärungen und Rechtfertigungen anführen, jedenfalls wird Ihnen jeder Eheberater unzweideutig versichern, daß *die meisten unglücklichen Ehen das Ergebnis von tiefgehenden Enttäuschungen sind.* Konfliktauslösend wirken dann die sich aus der Frustration ergebenden offenen oder ins Unterbewußtsein verdrängten Aggressionen, die in Form von übertriebener Empfindlichkeit, Nörgelei, schlechter Laune, Eifersucht, Verbitterung, Wutausbrüchen und unverhohlener Feindseligkeiten in Erscheinung treten und den Partner verletzen. Zugleich erzeugen diese beim Partner seinerseits Frustrationen und drängen auch ihn in eine aggressive Haltung.

Frustration wirkt sich in allen Lebensbereichen aus. Wo immer sie ins Spiel kommt, richtet sie unübersehbaren Schaden an. Das GESCHÄFTS- UND BERUFSLEBEN bringt massenhaft Frustrationen jeder Art und jeden Grades hervor. Hier gilt das Gesetz des Wettbewerbs; hier werden die persönlichen Kontakte durch den Druck von Ehrgeiz und Erfolgsstreben belastet.

Der Aufbau und Ausbau von Machtstrukturen innerhalb eines Unternehmens zum Beispiel sind schon von deren Funktionen her frustrations- wie auch aggressionsträchtig. Ehrgeizige Machtkämpfe auf den höheren Ebenen, Machtansprüche und persönliche Konflikte auf allen Stufen der Betriebshierarchie – angefangen von Wortgefechten bis zu gewalttätigen Streiks –, all das spielt sich schon innerhalb eines einzigen Unternehmens ab.

Denkt man zu den innerbetrieblichen Spannungen und Auseinandersetzungen, die natürlich so manche zutiefst Enttäuschte auf der Strecke lassen, nun noch all die Belastungen und Enttäuschungen hinzu, die sich aufgrund des aggressiven Wettbewerbes am Markt von außen her ergeben, so kann man sich etwa die Rolle der Frustration in der Geschäfts- und Arbeitswelt vorstellen. Kein Wunder, daß so viele in die Maschinerie der Wirtschaft eingespannte Menschen Magengeschwüre, Nervenzusammenbrüche oder, im schlimmsten Fall, Herzinfarkte haben!

Es gibt natürlich kein Patentrezept, Enttäuschungen, die buchstäblich ein fester Bestandteil des Geschäftslebens sind, ein Ende zu bereiten oder sie wenigstens zu vermindern. Sie gehören zum Wesen des Geschäftslebens, denn Busineß bedeutet vor allem aggressiven Wettbewerb, ein Kampf um Überlegenheit und oft sogar ums Überleben. Es ist klar, daß es in solchen Kämpfen Gewinner und Geschlagene gibt; und wiederholt oder dauernd geschlagen zu werden, ist natürlich frustrierend – für einen Wirtschaftsführer ebenso wie auch für einen Arbeitnehmer.

Dessenungeachtet ist es ein *Gebot der Stunde, Frustrationen womöglich im Keim zu ersticken oder zu vermindern.* Deshalb sind vielerorts bereits hochbezahlte Wirtschaftsberater mit der konkreten Aufgabe betraut, frustrierende Verhältnisse, soweit sie vermeidbar sind, abzustellen und unvermeidliche Frustrationen innerhalb des Unternehmens entweder zu reduzieren oder in nichtaggressive Bahnen zu lenken.

Wie sich lange aufgestaute Frustration eines Tages in Aggressionen entlädt, kann man bei jedem Ausbruch eines MINDERHEITENKONFLIKTS sehen. Die schwarzen Minderheiten lieferten in den Vereinigten Staaten von Amerika ein schlagendes Beispiel. Als die unvermeidlich gewordene Aggression über die amerikanische Szene hereinbrach und sich in unnachgiebigen Forderungen, provozierenden Demonstrationen, zahlreichen Tumulten und offener Feindseligkeit Luft machte, erkannten viele Amerikaner erst richtig, *wie sehr sich die Masse der Negerbevölkerung in ihren Gefühlen und Rechten als amerikanische Bürger verkürzt fühlte.*

Solche Massenerhebungen rufen regelmäßig Führer auf den Plan, die entweder der von ihnen vertretenen Sache, einem echten Anliegen, oder im Namen der Sache ihrem eigenen Ehrgeiz dienen. So lernten denn auch die Amerikaner Negerführer kennen, die sozial verantwortungsvoll zur Gewaltlosigkeit mahnten, aber auch andere, die die emotional extrem geladene Situation noch schürten und ihre Gefolgschaft zu gewalttätigen Ausschreitungen anfeuerten. Das diente zwar der Demonstration ihrer Macht, aber nicht der Sache.

Zweifellos gab und gibt es für diese Frustrationen Gründe. Wir müssen uns im klaren sein, daß die Frustrationstoleranz dann überschritten erscheint, wenn die Versagungserlebnisse des einzelnen Menschen – und in diesem Fall handelt es sich um Millionen – als nicht mehr ertragbar empfunden werden. Zweifellos müssen die Amerikaner die Verhältnisse und Bedingungen, die sie geschaffen haben, korrigieren und rassistische Vorurteile wie auch soziale und wirtschaftliche Benachteiligungen der schwarzen Bevölkerung, soweit solche noch vorhanden sind, abbauen.

Die Heftigkeit jedoch, mit der die Massenerhebung der schwarzen Minderheit vor sich ging, und vor allem die Kompromißlosigkeit der von einigen ihrer Führer unter Androhung von Gewalt vorgebrachten Forderungen haben jedoch Frustrationsgefühle auch seitens so mancher Menschen der weißen Bevölkerung hervorgerufen, gegen die diese Aggressionen gerichtet sind, und es sind ihrer gleichfalls Millionen. Das hat in den USA eine Gegenaggressivität ausgelöst, die (es ist zutiefst zu bedauern) zunächst einmal zur Folge haben wird, *daß bereits voll akzeptierte Problemlösungen erst um Jahre verzögert werden verwirklicht werden können, und die ferner – wie einst der amerikanische Bürgerkrieg – Narben offenen oder verdrängten Hasses und tiefgehende Feindseligkeit hinterlassen wird.*

Scheinlösungen oberflächlicher Art mögen vielleicht aus Gründen der politischen Opportunität gleichwohl durchgesetzt werden. Doch es wird an gutwilligen Menschen, die geduldig und maßvoll vorgehen, liegen, eines Tages die feindseligen Gegensätze, die sich aus Aggression und Gegenaggression ergeben, überwinden und dadurch eine echte, für alle Betroffenen befriedigende Lösung herbeiführen zu können.

Vielleicht sollte hier um der Wahrheit willen auch noch gesagt werden, daß durchaus nicht alle in den USA lebenden Schwarzen sich benachteiligt, verkürzt oder – um beim Wort zu bleiben – frustriert fühlen. Viele haben Leistungen vollbracht, die sie zu persönlichem Erfolg führten und die denen weißer Konkurrenten weit überlegen waren. Wie jedermann weiß, gibt es unter den Schwarzen Stars des Musik- und Literaturbetriebs, des Films, Fernsehens, Theaters und Showbusineß, aber auch Sportler, Erzieher, Ärzte, Anwälte, Geschäftsleute, leitende Regierungsbeamte und zahllose andere hervorragende Persönlichkeiten, auf die die amerikanische Öffentlichkeit sehr stolz ist und die sie völlig frei von rassistischen Vorurteilen über alles schätzt und bewundert. Diese Tatsache läßt uns hoffen. Wie gesagt: *Wir müssen auf das verbindende Gemeinsame bauen!*

Wenn wir das Bild des im Leben erfolgreichen Schwarzen jenem der protestierenden und auf der Straße randalierenden Massen gegenüberstellen, dann haben wir ein anschauliches Beispiel dafür, wie der Kreislauf von Frustration und Aggression funktioniert. Wir können klar erkennen, daß mit der Frustration auch die Aggression beseitigt wird.

Das gleiche Prinzip der Frustration, die zu Aggression führt, oder auch, umgekehrt, der Aggression, die zu Frustration führt, macht sich in der POLITIK geltend. Es vergällt die zwischenstaatlichen Beziehungen so mancher Nachbarländer. Immer wieder lassen sich die Repräsentanten eines Staates auf den Wogen emotionell aufgeheizten Nationalismus bzw. Chauvinismus, arroganter Überlegenheits- und Machtansprüche und nicht zuletzt wegen ihrer Habgier *zu Erklärungen und Aktionen hinreißen, die in der Bevölkerung der betroffenen Nationen Frustrationen auslösen müssen.* Das Ausmaß der so erzeugten Frustration steht in einem direkten Verhältnis zum Grad der Aggression.

Unter dieser verhängnisvollen Wechselbeziehung von Frustration und Aggression (und umgekehrt) spielt sich sogar auch die große Politik ab, zumal jene der Hegemoniemächte, worunter heutzutage zweifellos die USA und die Sowjetunion zu verstehen sind. Je mehr aber Frustration und Aggression um sich greifen, desto weniger wird gegen sie unternommen und desto unverhohlener und feindseliger äußern sie sich. Wenn dieser Eskalation nicht Einhalt geboten wird, ist – als letztes Glied in dieser verhängnisvollen Kette – Krieg die unausweichliche Folge.

Was ist nun die Quintessenz unserer Feststellungen? Wir haben auf das Auftreten frustrationsbedingter Aggression auf verschiedenen Ebenen hingewiesen, angefangen vom kindlichen Verhalten über die Probleme Heranwachsender, im Zusammenhang mit unglücklichen Ehen und Schwierigkeiten in der Geschäfts- und Arbeitswelt bis hin zu Gruppenprotesten, Massenerhebungen und internationalen Auseinandersetzungen. Man könnte die Liste beliebig erweitern, aber das bisher Gesagte mag ausreichen, um folgende übergreifende SCHLUSSFOLGERUNGEN zu treffen:

1. Aggression ist immer eine Folge von Frustration.
2. Da Aggression im allgemeinen bestenfalls unangenehm, schlimmstenfalls aber zerstörerisch wirkt, sollte bereits Frustration vermieden oder beseitigt werden.
3. Es kann unter Umständen besser sein, sich auf frustrationsbedingte Aggression nicht einzulassen, als sie mit aller Macht vermeiden oder beseitigen zu wollen.

Die ersten beiden Schlußfolgerungen dürften unmißverständlich sein; die dritte möchte ich noch besonders erörtern, denn es sollte nicht der Eindruck entstehen, es sei erstrebenswert, Ruhe um jeden Preis zu bewahren. Diesen Standpunkt vertrete ich keineswegs.

Bevor wir uns aber den verschiedenen Möglichkeiten zuwenden, wie man Frustrationen, die offene oder verdrängte Aggressionen verursachen, vermeiden oder beseitigen kann, muß ganz klar festgestellt werden, daß es bestimmte Frustrationen gibt, die wir nicht durch bequeme Nachgiebigkeit mildern sollten – denn *die Folgen solcher Nachgiebigkeit würden viel unerträglicher sein als die aus der Frustration entstehende Aggressivität.*

Einige wenige BEISPIELE mögen dies kurz erläutern:

- Ihre Tochter, jung und unerfahren, möchte von ihren abendlichen Verabredungen so spät nach Hause kommen, wie es ihr paßt. Wenn Sie nun die Ausgeherlaubnis einschränken, ist sie verletzt, nicht zuletzt auch in ihrem Stolz im Hinblick auf ihr Ansehen innerhalb ihres Freundeskreises. Halten nun Sie an der Beschränkung fest, mag sich mit der Zeit Ihre Tochter echt frustriert fühlen. Sie wird infolgedessen eine aggressive Haltung Ihnen gegenüber an den Tag legen, die sich unangenehm auf das Familienleben auswirkt. Sie ziehen diese Unannehmlichkeiten jedoch den gesundheitlichen, moralischen oder anderen möglichen Gefahren vor, die sich für Ihre Tochter aus unbeschränkten nächtlichen Ausgängen ergeben könnten. Sie halten die Vermeidung dieser Gefahren für wichtiger und nehmen die Folgen dieser Einschränkung, nämlich die frustrationsbedingte Aggressivität Ihrer Tochter, in Kauf.

- Minderheiten – rassische, völkische, religiöse oder politische Minoritäten –, die allen Grund haben, sich frustriert zu fühlen, verdienen dann unser Entgegenkommen nicht mehr, wenn sie ihre Anliegen in von machthungrigen Führern geschürten Provokationen und unter Gewaltandrohung oder Gewaltanwendung durchzusetzen versuchen. *Gewaltanwendung ist immer abzulehnen.* Das gilt, wenn sie als abscheuliches Druckmittel von einer Majorität ausgeht, aber auch wenn sich eine fehlgeleitete Minderheitengruppe ihrer bedient. Es gibt bessere Mittel zur Durchsetzung echter Anliegen. Geht aber eine Minderheit aggressiv vor, so ist es vorzuziehen, die Frustration solcher Gruppen in Kauf zu nehmen, ihre Aggressionen nach Möglichkeit in Schranken zu halten und sich besonnen und intelligent an eine gerechte Lösung der zutage getretenen Probleme zu machen – auf dem Weg der Zusammenarbeit mit verhandlungsbereiten Verfechtern des Anliegens.
- Auf internationaler Ebene kommt es immer wieder zu Gefahrensituationen und kriegerischen Auseinandersetzungen, weil von Ehrgeiz und Machtgier getriebene Politiker ihre Expansionsbestrebungen mit Gewaltandrohung durchzusetzen versuchen. Sie heizen bewußt das Gefühl der Frustration und aggressive Strömungen im eigenen Volk an und schaffen sich so eine – dann als legitimen Anspruch ausgegebene – Basis für ihre Drohungen. *Solche Gewaltpolitik ist immer abzulehnen.* Staaten, die in der Lage sind, ihre bestehenden Grenzen nach außen zu vertei-

digen, wären in der Tat schlecht beraten, wenn sie dem Druck solcher auf seiten eines drohenden Nachbarlandes selbsterzeugter Frustration-Aggression nachgäben. Nachgiebigkeit wäre in einem solchen Fall nicht nur unsinnig, sondern auch unverantwortlich. Schlimm ist allerdings, daß sich nicht jedes Volk gegen einen übermächtigen Aggressor verteidigen kann. Doch diese traurige Tatsache ändert nichts an der grundsätzlichen Richtigkeit dieses Standpunktes.

Wie Sie sehen, bin ich kein Verfechter der Politik bequemen Nachgebens um jeden Preis – um welchen Bereich des Lebens es sich auch handeln mag, angefangen von der Kindererziehung bis zu Fragen der Innen- und Außenpolitik. Ich bin aber ein entschiedener Gegner der Androhung oder Anwendung von Gewalt, und zwar – wie Sie im Verlauf dieses Buches noch klar sehen werden – *weil Aggression weder sittlich vertretbar noch als Methode zielführend ist.*

Wenn Sie eine Persönlichkeit sein wollen, kommen Sie nicht umhin, zu diesen Fragen eine entschiedene Stellung zu beziehen.

Nicht immer ist Frustration der einzige Grund für Aggressionen; aber sie ist fast immer mitverursachend im Spiel, *zumeist überhaupt als kausale Ursache und oft genug als Vorwand für Gewaltanwendung jeder Art.* Nicht immer – nicht um jeden Preis – ist es die beste Lösung, frustrierende Zustände vermeiden oder beseitigen zu wollen. Sofern uns das aber gelingt, kann es in vielen Fällen von so großem Wert sein, daß wir wissen müssen, wie wir das bewerkstelligen können.

Mit dieser Frage wollen wir uns im folgenden Kapitel beschäftigen.

Kapitel 12

Ändern Sie verhängnisvolle Gefühlshaltungen!

Im vorstehenden Kapitel haben Sie sich die verhängnisvolle Wechselwirkung von Frustration und Aggression – und umgekehrt – vergegenwärtigt. Wie nun können Sie solche verhängnisvolle Entwicklungen verhindern bzw. unterbinden? Es gibt zwar zweifellos keine Patentlösung im ganzen, aber es gibt BEWÄHRTE ERFOLGSMETHODEN, mit deren Hilfe Sie die verhängnisvolle Wechselwirkung unterbinden können.

1. *Vermeiden Sie, andere Menschen in frustrierende Situationen zu drängen und sie dadurch zu aggressiven Reaktionen zu provozieren.* Machen Sie es sich zur Gewohnheit, anderen Menschen keine unnötigen Beschränkungen aufzuerlegen und ihnen keinen persönlichen Schmerz körperlicher oder seelischer Natur zuzufügen:

- Schränken Sie andere – Individuen oder Gruppen – nicht mehr ein, als unbedingt nötig erscheint. Lassen Sie ihnen möglichst viel Freiheit, also auch einen möglichst großen Freiraum.
- Hindern Sie niemanden daran, ein Ziel anzustreben oder zu erreichen, gegen das vernünftigerweise nichts einzuwenden ist. Die anderen müssen nicht die gleichen Ziele verfolgen wie Sie!
- Widersprechen oder streiten Sie nicht, wenn es nicht unbedingt erforderlich ist – und es ist fast nie erforderlich! Schweigen ist in jedem Fall besser als Streiten. Für Einwände gibt es, wie noch dargelegt werden wird, bessere Methoden als offener Widerspruch.

- ○ Ärgern Sie andere nicht, nur weil Sie ein Ventil für Ihre eigene Frustriertheit suchen. Andere zu ärgern ist ausnahmslos inferior.
- ○ Zwingen Sie niemandem Ihren Willen auf. Versuchen Sie, die Situation so zu gestalten, daß der andere auf Ihren Wunsch eingeht, als sei es sein eigener Wunsch.
- ○ Schmälern, beeinträchtigen oder bespötteln Sie niemals das Selbstwertgefühl anderer Menschen, ihren Wunsch nach Anerkennung und ihre positive Einstellung sich selbst gegenüber.

2. *Sollten Sie dennoch Frustrationen bei Ihren Mitmenschen ausgelöst haben oder bemerken, so setzen Sie alles daran, diese aus der Welt zu schaffen.* Tun Sie es bald, bevor sich diese in gegen Sie gerichteten Aggressionen äußern:

- ○ Hören Sie auf, das fortzusetzen, was nach Ihrer besseren Einsicht von anderen als frustrierend empfunden wurde. Stellen Sie sich bei allen Ihren Aktivitäten, die möglicherweise für andere frustrierend sind, die Frage: Ist das, was ich unternehmen möchte, wirklich notwendig, oder folge ich damit nur einer persönlichen Laune? Sie werden *feststellen, daß die meisten Einschränkungen, Widersprüche, Auseinandersetzungen und Verärgerungen anderen gegenüber keineswegs notwendig sind* und daß die daraus resultierende Zwangsfolge von Frustration und Aggression leicht vermieden werden kann, wenn Sie sich entsprechend verhalten.
- ○ Erklären Sie die Notwendigkeit einer jeden andere einschränkenden Maßnahme. Wenn Sie sich aus zwingenden Gründen zu Einschränkungen entschließen müssen, so bemühen Sie sich, die Notwendigkeit Ihres Verhaltens dem oder den Betroffenen gegenüber, für die Sie die Enttäuschung bereithalten, so verständlich wie möglich zu machen. Einschränkungen, Anordnungen und Bitten um Verhaltenskorrekturen anderen gegenüber müssen nicht unbedingt frustrierend sein. Frustrierend werden sie meist erst durch die Art und Weise, wie sie anderen Menschen gegenüber vorgebracht oder, was nie opportun ist, gefor-

dert werden. *Achten Sie also darauf, daß notwendige Einschränkungen immer auch als notwendig anerkannt werden können.* So bleiben sie unschädlich. Eltern zum Beispiel drängen Kinder überflüssigerweise häufig dadurch in Trotzhaltungen, daß sie ohne Erklärung und deshalb allzuoft ohne einen für die Kinder ersichtlichen Grund bestimmen: »Du darfst dies nicht tun, du darfst jenes nicht tun.«

- *Verbinden Sie eine ablehnende Entscheidung mit einem Ersatzangebot,* das die notwendige Einschränkung für Ihren Gesprächspartner möglichst ausgleicht oder einen noch größeren Vorteil in Aussicht stellt. So könnte man sich zum Beispiel vorstellen, daß ein Arbeitgebervertreter zu Arbeitnehmervertretern sagt: »Wir können in der gegebenen Lage des Unternehmens die geforderte Lohnerhöhung nicht zahlen; aber wir könnten den Sozialplan dahingehend abändern, daß er höhere Leistungen zu einem Zeitpunkt bringt, da ihr diese am dringendsten benötigt.« Ein Vater wiederum könnte zu seiner Teenager-Tochter sagen: »Du kannst dich für heute abend nicht mit deinem Freund verabreden, weil du für deine morgige Schularbeit in Mathematik lernen mußt. Aber du darfst dafür am Samstag abend, wenn du willst, eine Party geben.«
- *Gleichen Sie eine herabsetzende oder verletzende Äußerung, zu der Sie sich haben hinreißen lassen, wieder aus.* Wenn sich jemand frustriert fühlt, weil Sie sich negativ über ihn geäußert und damit sein Selbstbewußtsein verletzt haben, sollten Sie eine Gelegenheit suchen, positiv über ihn zu sprechen. Heben Sie bewundernd seine guten Eigenschaften hervor und stellen Sie sein Selbstbewußtsein durch Lob und Anerkennung wieder her. Wenn Sie dabei taktvoll und aufrichtig vorgehen, wird Ihnen dies leicht gelingen.
- Beseitigen Sie bei anderen Menschen die Ansicht, sich frustriert fühlen zu müssen. Denken Sie immer daran: *Nicht das zählt für einen Menschen, was ihm objektiv widerfährt, sondern das, was er subjektiv dabei empfindet.* Wenn Sie also jemanden davon überzeugen können, daß die

Einschränkungen oder andere ihn beeinträchtigende Konsequenzen einer Sache nicht besonders schwerwiegend sind, und wenn es Ihnen gelingt, dies glaubwürdig zu erklären, dann wird er sich von seinem Gefühl der Frustration befreit empfinden.

3. *Hat aber bei jemandem das ständige Gefühl der Frustration bereits zu einer aggressiven Haltung geführt, so muß zuerst die Aggression abgelenkt oder unterdrückt werden.* Dann natürlich gilt es – und in solchen Fällen erst recht –, die der Aggressivität zugrunde liegende Frustration zu beseitigen. Nehmen wir jetzt an, Sie selbst fühlen sich vom Leben enttäuscht, Sie haben bittere Erfahrungen gemacht – privat oder beruflich oder, was oft Hand in Hand geht, in beiden Bereichen – und Sie fühlen sich (ob Sie das so nennen oder nicht) frustriert. Gehen Sie wie folgt vor:

- Lassen Sie *aggressive Gefühle gar nicht erst entstehen.* Man kann sie am besten auf die gleiche Art vermeiden, wie man auch dem Aufkommen frustrierender Gefühle vorbeugt. Halten Sie sich an die bereits erörterten Methoden.
- Spüren Sie aber, daß Sie bereits zu aggressiven Tendenzen neigen, dann versuchen Sie Ihre *Aggressivität in Wort und Tat zu unterdrücken,* und zwar so lange, bis Sie deren Ursache, Ihr Gefühl, frustriert zu sein, beseitigen können. Nachdem aber jede unterdrückte Aggression zu erneuter Frustration und damit zu verstärkter Aggressivität führt, kommt es darauf an, daß Sie sich – in der bereits erörterten Art – rasch von dieser verhängnisvollen Einstellung befreien.
- Gelingt Ihnen das nicht, dann *versuchen Sie bewußt, eine Krise herbeizuführen:* Holen Sie das Gefühl der Aggression aus Ihrem Unterbewußtsein hervor, reißen Sie es willentlich ans Licht Ihres Bewußtseins; zeigen Sie Ihre Aggressivität offen, verleihen Sie ihr voll Ausdruck, bis sie sich in Ihren Gefühlsentladungen abnutzt und aufhört zu existieren. (Die Psychologen nennen das »Katharsis«.)
- Eine andere Methode besteht ganz einfach darin, daß Sie Ihre Aggressivität in nützlichen Aktivitäten ausleben; len-

ken Sie sie auf sinnvolle Ziele. *Das sublimiert in Dynamik umgesetzte Potential der Aggressivität kann ungeheure Energien freisetzen,* wenn sie in die richtigen Bahnen gelenkt wird. Sie kann einen Menschen zu großem Erfolg führen. So mancher von der Natur oder dem Herkommen nach Benachteiligte hat die frustrierenden Verhältnisse, die sein Leben behinderten, so dynamisch bekämpft und ist dank seiner Energie und Entschlossenheit über die Bewältigung all seiner Probleme hinaus zu größten Erfolgen gelangt.

In diesem Kapitel wurde versucht, einige wichtige Aspekte des Teufelskreises Frustration – Aggression zu skizzieren, der im gesamten menschlichen Leben – von der Erfahrung des Kleinkindes bis zu internationalen Konflikten – ein maßgebender Faktor ist. Es war nicht meine Absicht, auf so begrenztem Raum die angesprochene Problematik darzustellen. Es handelt sich vor allem um im Sinne des Titels dieses Buches nützliche, ja notwendige Denkanstöße. Die Anwendung der empfohlenen bewährten Erfolgsmethoden aber werden Ihnen *helfen, Ihre Persönlichkeit aufzubauen und das zu werden, was Sie sein möchten.*

Kapitel 13

In aller Fairneß ...

In aller Fairneß – jeder von uns sollte hellhörig werden gegenüber diesem harmlos klingenden APPELL, der einen empfindlichen Nerv unserer Persönlichkeit treffen und unter Umständen unvorhergesehenerweise verheerende Wirkungen zeitigen kann.

Vor einiger Zeit verfolgte ich im Fernsehen eine politische Debatte. Im Anschluß an die Sendung wurde das Publikum aufgefordert, seine Meinung zu der Debatte telephonisch mitzuteilen. Die Telephonanrufe wurden direkt über Hörfunk übertragen, so daß alle Hörer nicht nur die gesprochenen Worte, sondern auch deren enthüllende Zwischentöne mithören konnten.

Was immer ich von den politischen Entscheidungen, die Gegenstand der Debatte waren, in mich aufgenommen haben mag, es wurde völlig überlagert von den hochinteressanten Aufschlüssen über die menschliche Natur, die durch die Telephonanrufe deutlich vermittelt wurden. Da wir alle während unseres ganzen Lebens mit ebendiesen menschlichen Eigenarten zu tun haben, möchte ich Ihnen die folgenden Beobachtungen nicht vorenthalten, die meine Lebenserfahrung um wertvolle Erkenntnisse bereichert haben, Erkenntnisse, die sicherlich in ihrem Kern auch Ihnen nicht ganz neu sein werden.

Es handelt sich dabei keineswegs um eine neue Methode erfolgreichen Umgangs mit Menschen. Diese Methode ist eine der ältesten und bekanntesten; doch weil sie eine der erfolgreichsten ist, darf sie in diesem *»Schlüsselwerk bewährter Erfolgsmethoden«* nicht fehlen.

Die Debatte selbst war nicht besonders beeindruckend. Sie war geprägt von dem Bemühen eines Politikers, mit aggressiven Vorhaltungen, die dem Repertoire eines Staatsanwaltes hätten entliehen sein können, das Vertrauen der Wähler in die Wählerliste seines Gegners zu unterminieren, eines distinguierten Senators, der seit vielen Jahren ein öffentliches Amt innehatte. Der Senator seinerseits legte anschließend ruhig die, wie er sagte, ernsthaft und sachlich erwogenen Gründe dar, die dafür sprachen, bei den anstehenden Entscheidungen in seinem Sinne zu stimmen.

Der entscheidende Punkt ist folgender: Der Senator hob hervor und wiederholte das später noch, *die Vorwürfe seines Gegners seien »unfair«*, nämlich unwahr, weil ungenau und aus dem Zusammenhang herausgerissen.

Es geht hier nicht darum, die Persönlichkeiten beider Gegner oder die Richtigkeit ihrer Argumente zu analysieren. Uns interessiert vielmehr, welche Folgen sich aus dem Vorwurf mangelnder Fairneß durch den einfachen Gebrauch des Wortes »unfair« ergaben, mit dem der Senator die Behauptung und Beschuldigung seines Gegners zurückwies. Und dies ging überdeutlich aus dem einstündigen Hörfunkprogramm hervor, in dessen Verlauf die Hörer telephonisch ihre Meinung äußerten: Abgesehen von wenigen Ausnahmen wurde der Gegner des Senators heftig angegriffen; er wurde mit allen nur denkbaren Schimpfnamen bedacht. Da gab es Leute, die von weither teure Ferngespräche führten, um ihn zu brandmarken, wobei – was besonders zu beachten ist – seine Darstellung in der Debatte von den meisten Anrufern als »unfair« bezeichnet wurde!

Das Wort oder der Begriff *»unfair« war buchstäblich die Achse, um die die ganze Kritik der Zuhörer kreiste.*

Offen gesagt hatte mich die Heftigkeit der ersten Telephonanrufe ziemlich überrascht. Ich hatte die Debatte, die höflich und unparteiisch geleitet wurde, aufmerksam verfolgt. Obwohl beide Kandidaten verschiedenen politischen Parteien angehörten, bestand in Wirklichkeit kein großer Unterschied zwischen ihren politischen Überzeugungen. Aber später, als die kritischen Stellungnahmen per Telephon kein Ende nahmen und sogar immer mehr Mitglieder seiner eigenen Partei ihrer Empörung über das »unfaire Verhalten« ihres Kandidaten Luft machten, hielt ich es für geboten, mich mit der Macht des Wortes »unfair«, das offensichtlich Signalwert zu haben schien, intensiver auseinanderzusetzen.

Wie ich nach längeren Nachforschungen feststellte, sind tatsächlich nur wenige Wörter in unserer Sprache so gefühlsbeladen wie das Wort »unfair«. Während »illegal« eher Vorstellungen von gerichtlichem Verfahren und strafrechtlichen Konsequenzen weckt und »unwahr« eher ein sorgfältiges Überdenken der Tatsache erfordert und vielleicht Gegenargumente nach sich zieht, *trifft das Wort »unfair« unterbewußt einen empfindlichen Nerv höchst emotionaler Art.* Es verschafft jedem, der angeblich »unfair« behandelt wurde, Sympathie und weckt – bisweilen auch ungerechtfertigte – Feindseligkeit gegenüber demjenigen, der sich dem Vorwurf ausgesetzt hat, seinen Mitmenschen oder einen Gegner derart parteiisch, ungerecht, ja unanständig – eben »unfair« – behandelt zu haben.

Die Menschen nehmen viele Vorwürfe, die weit beleidigender sind, erstaunlich tolerant hin; wenn aber die »Anklage« auf »Unfairneß« lautet, wird jedes rationale Urteil außer acht gelassen, und feindselige Gefühle gewinnen die Oberhand. Sofort taucht vor Augen das Bild des Tyrannen auf, der einen Wehrlosen knechtet.

Aus dieser Erfahrung haben zum Beispiel die amerikanischen Gewerkschaften in den ersten Jahren ihres Bestehens gelernt. Auf den Plakaten der Streikposten wurde das Wort »unfair« so häufig verwendet, daß Wörterbücher der amerikanischen Sprache dies als Beispiel für die Verwendung des Wortes »unfair« erwähnen.

Das Wort »unfair« ist also ein höchst gefühlsbeladenes und -geladenes *Schlüsselwort, mit dem Sie Sympathie für sich und Feindseligkeit gegen Ihre Gegner erregen können.*

Es ist tatsächlich eine sehr wirkungsvolle psychologische Waffe. Ihrer eigenen Fairneß bleibt es überlassen, wie und wann Sie selbst diese Waffe einsetzen – oder nicht.

Kapitel 14

Ein bißchen Glück – mit Folgen

Haben Sie jemals Geld gefunden? Nein – ich meine nicht eine mit Goldstücken gefüllte Schatztruhe und auch nicht einen schäbig aussehenden Koffer voll Banknoten!

Sie gehen, wie jeden Tag, zu Ihrem Parkplatz oder machen sonst ein paar Schritte auf dem Gehsteig und Sie denken an die hundert Dinge, die Sie erledigen wollen, erledigen müssen – und plötzlich funkelt Ihnen am Boden etwas Glänzendes in die Augen: siehe da, eine Münze! Sie heben sie auf, drehen sie in der Hand um, als ob Sie noch nie so ein Markstück gesehen hätten, und freuen sich über Ihren Fund. Und warum eigentlich?

Das ist es eben: Es ist eine besondere Mark, die Sie da in der Hand halten und *einen Augenblick lang mit dem Gefühl betrachten, Glück gehabt zu haben!*

In einem solchen »Glücksfall« freut sich nicht nur jedes Kind, sondern – wie ein Kind – auch jeder Erwachsene. Viele Menschen bewahren gefundenes Geld als Talisman auf und als Erinnerung daran, daß ihnen etwas Erfreuliches widerfuhr.

Eigentlich ist es wirklich nicht bemerkenswert, wenn man ein Geldstück findet. Oder etwa doch?

Selbstverständlich ist es nicht der Wert des Geldes, der zählt. Für eine noch so funkelnde Mark kann man heutzutage nicht mehr viel kaufen. Der Wert, den sie verschafft (nicht darstellt), besteht in dem Gefühl, daß man – überraschend, unerwartet – Glück gehabt hat. Mehr noch: zur Freude des Augenblicks gesellt sich sogar noch das Gefühl, daß man *ab nun auch Glück haben wird, fast als ob sich das Schicksal zum Besseren gewendet hätte!*

Ein völlig unbedeutendes Vorkommnis bekommt aufgrund der Tatsache, wie wir es erleben, eine unangemessen anmutende Wichtigkeit: Eine zufällig gefundene Münze vermag unsere ERWARTUNGSHALTUNG zu verändern! Das nun ist aber kein Zufall.

Jeder Psychologe wird Ihnen sagen, daß es – im Guten wie im Schlechten – *nicht so sehr darauf ankommt, was objektiv geschieht, sondern darauf, wie ein Mensch es subjektiv empfindet.* Fähigkeiten sind bei weitem nicht so wichtig wie Haltungen. Gemeint sind die Geisteshaltung und die Gefühlshaltung eines Menschen und im besonderen seine Erwartungshaltung. Erwarten Sie Gutes? Erwarten Sie Schlechtes?

Eine BEWÄHRTE ERFOLGSMETHODE besteht darin, daß Sie sich *eine zuversichtliche Grundhaltung aneignen, die von der Überzeugung getragen ist: »Ich bin glücklich!«*

Jeder gute und wohlmeinende Lebensberater wird Ihnen nahelegen, dieses »Glücksbewußtsein« zu suchen oder wenn Sie es haben, es sich zu bewahren. Warum? Weil es Sie in der Erwartung bestärkt, daß die guten Dinge des Lebens für Sie erreichbar sind und daß Ihre Hoffnungen und Wünsche sich erfüllen werden. *Und Ihre Erwartungshaltung – was Sie denken, fühlen und glauben – nimmt Zukünftiges vorweg.* Sie ist entscheidend wichtig dafür, daß Sie die Persönlichkeit werden können, die Sie sein wollen.

Ich habe, denke ich, eine bescheidene Art gefunden, Menschen zu solcher »Glückserwartung« ein bißchen anzustoßen: Ich lege Münzen aus! Zum Beispiel bücke ich mich auf dem Gehweg, binde meine Schuhriemen und lege, ehe ich weitergehe, eine Münze neben meinen Schuh. Auf dem Parkplatz werfe ich einen Blick auf das Hinterrad meines Wagens und deponiere dort unauffällig meine Münze. Oder ich lasse im Kaufhaus heimlich eine Münze zwischen die Waren gleiten.

Natürlich kümmere ich mich dann nicht weiter – etwa um zu beobachten, wie jemand meine Münze findet. Das würde meine Vorstellung von der Begeisterung eines glücklichen

Kindes verderben, von der Überraschung und Freude eines Erwachsenen, der wegen seines Fundes für einen flüchtigen Augenblick wieder zum Kind wird. Ich brauche das auch gar nicht anzusehen. In meiner Vorstellung geschieht das, was ich erreichen möchte.

Wie alle Münzen haben natürlich auch die, die ich auslege, zwei Seiten: ein bißchen Glück, das sie den Findern vermitteln, und ein bißchen Vergnügen, das ich an diesem einfachen, kleinen Spiel in Lebensfreude habe. Vielleicht spielen Sie mit?

Kapitel 15

Genau und in möglichst perfekter Form!

In fast jeder Disziplin, ob es sich um körperliche Fertigkeiten oder um intellektuelle Arbeit handelt, können wir es nur dann bis zur Perfektion bringen, wenn wir *unser Können nicht nur in der Praxis, sondern auch gedanklich üben.* Spitzenleute sind nur Spitzenleute (und deswegen hoch bezahlt), weil sie Spitzenleistungen erbringen. Solche Leistungen aber sind das Ergebnis ständiger Übung ihres Könnens – de facto und gedanklich.

Gedankliche Übung – das ist keine Bemühung der Phantasie. Es ist die logische und heutzutage allgemein anerkannte Anwendung eines einleuchtenden psychologischen Prinzips, nämlich das der Gedankenprojektion. Wie funktioniert das Prinzip?

Beim Tennisspielen zum Beispiel können Sie nicht immer an alles denken, was Sie beachten müssen, um einen perfekten Aufschlag, einen perfekten Vor- oder Rückhandschlag auszuführen. Ebensowenig werden Sie bewußt die Bewegungen Ihrer Hände und Finger steuern können, wenn Sie Klavier spielen oder Schreibmaschine schreiben.

Ihr Verstand ist nicht in der Lage und hat es auch nicht nötig, so schnell mitzudenken; diese Arbeit verrichtet weitgehend Ihr UNTERBEWUSSTSEIN, das mit wunderbarer Geschwindigkeit und vollkommener Genauigkeit für Sie tätig ist. Das Unterbewußtsein steuert fast alles, was Sie tun oder was in Ihnen vorgeht. Es steuert ebenso Ihren Herzschlag und Ihre Atmung, wie es ganz allgemein *Ihr Verhalten ständig in*

Richtung der Ziele mobilisiert, die Sie ihm durch Ihr Denken und Glauben einprogrammiert haben.

Wie aber können Sie, indem Sie sich der Fähigkeiten Ihres Unterbewußtseins bedienen, gedanklich zum Beispiel eine Sportart, sagen wir Bowling, üben? (Bewußt möchten wir die für manche Leser auf Anhieb vielleicht etwas hochgestochen klingende »gedankliche Übung« an einem profanen Beispiel volkstümlichen Alltagssports demonstrieren.) Zunächst müssen Sie sich natürlich die Grundbegriffe aneignen. Das erreichen Sie, indem Sie Unterricht nehmen, indem Sie guten Spielern zuschauen und sich die notwendigen theoretischen Kenntnisse anhand von Büchern aneignen. Wenn Sie sich auf diese Art informiert haben, wie Sie vorzugehen haben, fangen Sie zu üben an.

Sie üben auf zweierlei Weise: einmal durch das praktische Spiel und sodann durch gedankliche Wiederholung. Sie versuchen, in Gedanken die Bewegungen *nach dem Leitbild des perfekten Bewegungsablaufs, den Sie sich eingeprägt haben, nachzuvollziehen.* Es ist wichtig, daß Sie sich den Bewegungsablauf genau vorstellen, bevor Sie ihn in Gedanken üben; denn genau so werden Sie in Zukunft spielen.

Um diese – oder jede andere – gedankliche Übung durchzuführen, nehmen Sie am besten in einem ruhigen Raum, abseits von allen Ablenkungen, in einem bequemen Sessel Platz. Vergegenwärtigen Sie sich den idealen Bewegungsablauf; und dann stellen Sie sich bildhaft vor, wie Sie diese Bewegungen ausführen. Diesen Vorgang wiederholen Sie immer wieder von neuem.

Sie prägen auf diese Weise Bilder der perfekten Ausführung der einzelnen Bewegungen Ihrem Unterbewußtsein ein. Dabei müssen Sie *wissen, daß Vorstellungsbilder Ihr Unterbewußtsein viel stärker beeindrucken als abstrakte Denkinhalte.* Daher müssen Sie, wenn Sie Ihrem Unterbewußtsein etwas tief einprägen wollen, es ihm bildlich übermitteln.

Denken Sie bloß abstrakt im Sinne eines Vorsatzes: Ich werde die Kugel in Schwung auf die Bahn werfen, so ist das wenig wirksam. Verbinden Sie diesen Vorsatz – als eine bewußte Zielanweisung, die sich an Ihr Unterbewußtsein richtet – mit dem konkreten Vorstellungsbild, wie Sie Ihrer Kugel Schwung verleihen, indem Sie mit dem Arm ausholen und sie dann auf die Bahn setzen, so prägt sich dieses Bild, wenn Sie es sich immer wieder vorstellen, Ihrem Unterbewußtsein ein, und Sie werden unvergleichlich raschere Fortschritte machen.

Was im Vorstehenden anhand des Bowling-Beispiels demonstriert wurde, gilt selbstverständlich ganz allgemein für alles, was Sie im Leben lernen, ja überhaupt verwirklichen wollen. Sie müssen sich den Inhalt eines Wunsches bildhaft vorstellen und sich möglichst oft, immer wieder, vergegenwärtigen. Die Vorstellungsbilder, die Sie so Ihrem Unterbewußtsein einprägen, werden sich in Ihrem Leben nachhaltig auswirken. (Auf diese bewährte Erfolgsmethode werden wir noch ausführlich eingehen.)

Sorgen Sie zunächst dafür, daß Ihre Vorstellungsbilder genau das beinhalten, was Sie anstreben, und dies in seiner denkbar perfektesten Ausprägung. Das eben ist der Vorteil gedanklichen Übens: Sie können Perfektion üben.

Es stimmt schon, was das alte Sprichwort sagt: »Übung macht den Meister!« Doch diese Übung – zielführende Übung, die eines Tages »den Meister macht« – darf man nicht auf rein praktische Übung beschränkt sehen; sie schließt die gedankliche Übung eines Könnens in seiner perfektesten Form selbstverständlich ein. Aufgrund der rein praktischen Wiederholung einer Handlung, einer Leistung, einer Arbeit müssen diese nicht unbedingt besser ausfallen als zuvor. Unter Umständen bringt man sich nur bei, wie man es falsch macht. Jeder, der je auf seinem Gebiet ein Meister geworden ist, verstand – bewußt oder unbewußt – *richtig zu üben: praktisch und in Gedanken!*

Denken Sie daran: Ohne das Vorstellungsbild des Perfekten bringen Sie es nie bis zur Perfektion. Ohne das Vorstellungsbild eines Besseren, bleiben Sie dort stehen, wo Sie sind!

Kapitel 16

Was man vom Überleben der Arten lernen kann

Das Thema des Überlebens ist, nachdem die Menschen infolge des Wettrüstens der Großmächte, der ständig steigenden Zahl von Atomreaktoren und Umweltkatastrophen neuer Art sensibilisiert sind, heutzutage in aller Munde. Es wird ständig vom Überleben dieser oder jener befürchteten Situation gesprochen. Das klingt unheilvoll. Sollten wir vielleicht unser Überlebensgepäck packen?

Fragen wir uns doch zunächst mit einem Blick auf die Entwicklungsgeschichte, wie denn das Überleben der Organismen seit den Urzeiten der Evolution auf unserem Planeten bis auf den heutigen Tag überhaupt möglich war. Der Lehre des heute allgemein anerkannten biologischen Darwinismus zufolge waren und sind die für das Überleben MASSGEBENDEN FAKTOREN:

1. die Anpassung des in seinen Merkmalen grundsätzlich veränderlichen Lebewesens an die sich verändernde Umwelt;
2. die ständige Verbesserung der an die Umwelt angepaßten Existenzform im Sinne der Höherentwicklung.

Überlebenserfordernis Nummer eins ist also die Anpassung an die Umwelt: Im Laufe der langen Evolution haben nur diejenigen Pflanzen und Tiere überlebt, die sich der in dauernder Veränderung begriffenen Umwelt anpassen konnten. *Die größte Überlebenschance im Konkurrenzkampf der sich überschüssig vermehrenden Arten haben diejenigen, die der Umwelt am besten angepaßt sind!*

So haben Pflanzen, die sich veränderten Temperaturen, Bodenzusammensetzungen, Niederschlägen und anderen Faktoren, die das Wachstum beeinflussen, nicht anpaßten, nicht weiterexistieren können. Und in gleicher Weise unterlagen auch all die Arten tierischen Lebens der Notwendigkeit der Anpassung an die Umwelt. Das Erfordernis war für die Tiere, insbesondere für die bereits höherentwickelten, noch größer. Die Tiere mußten sich nicht nur den Elementen anpassen, sondern auch dem Leben in der Gemeinschaft mit anderen Tieren. Für sie zog die Tatsache, daß sie ihre Umgebung mit anderen Tieren teilten, die Notwendigkeit nach sich, im Fall eines Angriffs vor anderen Tieren zu fliehen oder mit ihnen auf Leben und Tod zu kämpfen. Nur die der Umwelt, das heißt auch der Gefahr seitens anderer Arten, am besten angepaßten Tiere überlebten. (Wir sollten uns bewußt bleiben, daß sich solche Anpassungsprozesse nicht über Nacht, sondern natürlich nur in langen Zeiträumen vollzogen.)

Das zweite Überlebenserfordernis besteht, wie gesagt, darin, daß die einmal erreichte, der Umwelt angepaßte Lebensform ständig verbessert wird. *Die Höherentwicklung ist im Sinn des Selektionsprinzips ein Gesetz der sich in Jahrmillionen vollziehenden Evolution, aber auch ein fundamentales Gesetz des Lebens.* Überleben ist nicht nur eine Frage der Anpassung an die Umwelt, sondern auch der ständigen Weiterentwicklung. Sie ist eine Voraussetzung, im Kampf oder – wie CHARLES R. DARWIN es nannte – im »Kampf ums Dasein« bestehen zu können.

Eine Tierart könnte zum Beispiel heute perfekt angepaßt sein an ihre natürliche Umgebung und an das Zusammenleben mit anderen Tieren; ihr Überleben erscheint daher eine Zeitlang gesichert. Wenn sie sich aber nicht im Schrittmaß der Evolution und der Konkurrenz anderer Tierarten weiterentwickelte, würde sie früher oder später nicht mehr »lebenstüchtig« sein und den Konkurrenzkampf mit anderen Tierarten nicht lange überstehen.

Wenn wir also die Entwicklungsgeschichte der Pflanzen- und Tierarten überdenken (die stammesgeschichtliche Entwicklung des Menschen im besonderen brauchen wir hier nicht zu erörtern), wird uns deutlich, daß die zum Überleben notwendigen Erfordernisse, die zu Beginn dieses Kapitels herausgestellt worden sind, schon immer naturgesetzliche Voraussetzungen allen Lebens auf unserer Erde waren und bis in unsere Gegenwart geblieben sind.

Wir wollen uns jetzt einmal *Rechenschaft geben, ob und wie sich diese naturgesetzlichen Überlebenserfordernisse auf Situationen unserer Gegenwart anwenden lassen,* wobei es jetzt nicht um das Überleben des Menschen und nicht um den Kampf ums Dasein der menschlichen Art, sondern um ein menschenwürdiges glückliches und erfolgreiches Leben des einzelnen geht. Dazu brauchen wir eine bestimmte Versuchsperson: Sie!

Erfordernis Nummer eins: *Passen Sie sich Ihrer Umwelt an!* Umwelt bedeutet für Sie zunächst Ihre gewohnte Umgebung: Familie, Freundeskreis, Nachbarschaft, Berufs- und Arbeitswelt. Wo und wann auch immer – zuallererst gilt es, sich einzufügen und anzupassen, zusammenzuarbeiten, sich zu beteiligen und (vielleicht mögen Sie das Wort nicht) sich anzugleichen. Vielleicht stellen sich Ihnen Fragen: Was soll das heißen? Angleichung, in einem freien Land, ich, ein freier Mensch? Kann ich nicht tun, was ich will? Darf ich etwa meine Individualität nicht ausleben, wie immer sie sein mag? Warum soll ich mich anpassen?

Die Antwort ist klar und knapp: Sie müssen zuallererst sich einfügen, anpassen, angleichen, um überleben zu können. Ich meine, wie gesagt, nicht Überleben im Sinne von Leben oder Sterben, obwohl die Notwendigkeit der Anpassung bisweilen auch darauf hinausläuft. Ich meine – im Sinn des Titels dieses Buches – *Überleben mit den Chancen der Persönlichkeit, die Sie sein, die Sie werden wollen!*

Sie sollten das Wort »zuallererst« nicht übersehen! Zuallererst müssen Sie sich anpassen und vorbehaltlos zusammenarbeiten im Rahmen Ihrer Familie, Ihrer Freunde, Ihrer Nachbarschaft, Ihrer Berufs- und Arbeitswelt, damit Sie als Persönlichkeit voll akzeptiert werden. *Damit schaffen Sie sich die günstigste Ausgangslage.* Wenn Sie sich anders verhalten, werden Sie nicht akzeptiert. Sie provozieren Gegensätze, erwecken Feindschaft, und Sie werden in zahllose Schwierigkeiten geraten.

Wenn Sie einmal den notwendigen Anpassungen nachgekommen sind, um den Anforderungen Ihrer Umwelt zu genügen, und somit von Ihrer Umgebung akzeptiert werden, können Sie nun den zweiten »Überlebens«-Grundsatz verwirklichen. *Sie nehmen aktiv den Prozeß der Weiterentwicklung in Angriff.*

Betrachten wir diese vom biologischen Überleben abgeleiteten Prinzipien an einem praktischen Beispiel einmal näher. Wir wollen annehmen, Sie seien in Ihrer Firma auf einen verantwortungsvollen Führungsposten mit entsprechender Entscheidungsbefugnis befördert worden. Wenn Sie nun gleich zu Anfang die notwendige Anpassung verweigern, wenn Sie die Erwartungen derjenigen, die Sie befördert haben, enttäuschen und nicht zur Zusammenarbeit bereit sind, wenn Sie sich nicht einfügen und nicht ein im Zusammenwirken wertvolles Mitglied der Geschäftsführung werden, dann können Sie in Ihrer neuen Tätigkeit kaum »überleben«. Wenn Sie nicht das Notwendige tun, um »in« zu sein, werden Sie bald »out« sein. Sie hätten in diesem Fall nämlich das erste Überlebenserfordernis mißachtet: *Zuallererst kommt die Anpassung an Ihre Umgebung!*

Nehmen wir nun weiterhin an, daß Sie das erste Überlebensprinzip beachtet haben. Sie passen sich allen Anforderungen Ihrer neuen Berufsumwelt an. Sie tun alles, um den Erwartungen derjenigen, die Sie befördert haben, gerecht zu werden. Sie folgen ohne Vorbehalte der Firmenpolitik. Sie beteiligen sich mit Überzeugung an allen Firmenaktivitäten. Sie fügen sich als anerkanntes, wertvolles Mitglied in das Führungsteam ein. Natürlich »überleben« Sie nun auf Ihrem neuen Posten. Warum? Weil Sie sich nach dem ersten Überlebensprinzip gerichtet haben!

Da Sie nun »in« sind, anerkannt, ungefährdet, gesichert, können Sie das zweite Überlebensprinzip anwenden. Nachdem Sie sich angepaßt haben, fangen Sie mit der Verbesserung an. Beginnen Sie bei sich selbst, bei Ihrer Arbeitseffizienz. Verbessern Sie die Zusammenarbeit von Management und Angestellten. Wählen Sie als Ihr berufliches Motto: *Wie kann ich es besser machen?* Streben Sie nach ständiger Verbesserung und machen Sie dies zu Ihrem Berufs- und Lebensprinzip!

Wenn ein nicht akzeptierter Außenseiter auf die Idee kommt, im Rahmen des Unternehmens Verbesserungen auf geschäftlichem, sozialem oder politischem Gebiet zu fordern, wird er Verärgerung, Ablehnung und äußersten Widerstand hervorrufen, wogegen sich das akzeptierte, gut integrierte Mitglied des Führungsstabes von innen her eine schrittweise, annehmbare Verbesserung guten Gewissens erlauben und diese auch durchsetzen kann.

Die Empfehlung, man solle sich zuerst anpassen, einfügen und produktiv zusammenarbeiten, wird bei Egozentrikern und Angebern nicht ankommen, ebensowenig bei all denen, die Nonkonformismus zu ihrer Selbstdarstellung brauchen. Sie wird auch nicht ankommen bei Revolutionären, die irgendwo außerhalb des allgemeinen Sozialgefüges stehen und der Gesellschaft von dort aus ihre selbstgestrickten Veränderungsideen durch Parolen und die Androhung oder Anwendung von Gewalt aufdrängen wollen.

Anpassung wird aber ein Schlüsselprinzip für die Lösung eines Problems sein, das die USA nun schon seit Jahren in Atem hält: *der Konflikt der Weißen mit der farbigen, insbesondere der Negerbevölkerung.* Es ist unmöglich, dieses enorme Problem, seine Ursachen und die Möglichkeiten einer Lösung hier zu analysieren. Ich möchte mich darauf beschränken, die in diesem Kapitel herausgestellten Prinzipien auf den vermutlich schwerst zu lösenden und empfindlichsten Punkt des Farbigenproblems anzuwenden: die Integration farbiger Familien in Wohngebiete der Weißen. Gegen diese Entwicklung richtet sich ein heftigerer Widerstand als gegen alle anderen Bestrebungen der Integrationspolitik. Warum?

Man hat in weißen Wohngebieten Befragungen durchgeführt, um die wirklichen Gründe für die Ablehnung farbiger

Familien als Nachbarn zu erfahren. Können Sie sich die wahren Gründe vorstellen? Sie sind in diesem Kapitel bereits vorweggenommen worden!

Die Weißen befürchten, daß farbige Familien sich in die bestehenden sozialen, sittlichen und rechtlichen Strukturen *nicht einfügen* könnten. Immer wieder wurde seitens der befragten Weißen versichert, sie hätten nichts gegen die andere Hautfarbe, immer wieder wurde aber auch gesagt, mit Farbigen im Wohnquartier würden sie sich fürchten, nachts auf die Straße zu gehen. Durchwegs äußerten sie die Überzeugung, daß farbige Familien, die in ihre Nachbarschaft einzögen, sich dem bestehenden Standard der weißen Familien *nicht anpassen, nicht angleichen* könnten und deshalb die ganze Wohngegend abgewertet würde.

Hier liegt das eigentliche Problem. Und bevor weiße Familien nicht sicher sind, daß derartige Entwicklungen nicht eintreten, werden alle Bürgerrechtsgesetze, Negerdemonstrationen und Protestmärsche das Problem nur verschärfen, nicht aber lösen. Solange sich Farbige und Weiße nicht besinnen und gemeinsam an der Lösung dieses Problems auf der Grundlage der in diesem Kapitel beschriebenen Überlebensprinzipien zusammenarbeiten, kann kein Fortschritt erzielt werden. *Es hängt zweifellos nicht von der Hautfarbe ab, ob jemand ein guter Nachbar ist und man in Frieden miteinander lebt.*

Die meisten Farbigen müssen – und das ist die Kehrseite des Problems – heute noch in einer Umgebung leben, die ihr ungünstiges Image in ungerechtfertigter Weise noch verstärkt. Dieses Image kann durch Protestaktivitäten, die nur den Widerstand der Weißen schüren, nicht verbessert werden. Es muß durch guten Willen und aufrichtiges Bemühen von beiden Seiten Gerechtigkeit für die Farbigen erreicht werden. Man muß Chancengleichheit und solche Lebensbedingungen für sie schaffen, daß sie sich den hohen Erwartungen ihrer Nachbarschaft anpassen können. Wo das bisher geschehen ist, hat sich gezeigt, daß man die Farbigen akzeptiert, und zwar nicht aufgrund von Forderungen ihrerseits, sondern weil sie es verdient haben.

Nur so kann man erreichen, akzeptiert zu werden. Und das entspricht jenen Prinzipien, die für die Evolution allen Lebens auf dieser Erde maßgebend waren und die bis heute unverändert gelten. Deshalb verdienen sie unsere ganze Aufmerksamkeit. Sie lehren uns die Notwendigkeit der Anpassung und Weiterentwicklung.

Ich möchte die eingangs dieses Kapitels gestellten fiktiven Fragen (»Warum soll ich mich anpassen?« usw.) mit einer fiktiven Gegenfrage abschließen: *Finden Sie an den Prinzipien der Anpassung und Weiterentwicklung irgend etwas Nivellierendes oder Mittelmäßiges?*

Kapitel 17

Erleichtern Sie die Bürde!

In der Not einer tiefen Leiderfahrung fand der englische Dichter William Cowper (1731–1800) zu dem tröstlichen Wort: »Auch der dunkelste Tag währt nur bis morgen, dann wird er vorüber sein.« So ist es immer gewesen, und so wird es immer sein.

Jeder von uns erlebt dunkle Tage. Und auf jeden dunklen Tag folgt ein neuer. Das Leben selbst widerruft das über uns heute verhängte Leiden, lindert freundlich unseren Schmerz: ein neuer Tag bricht an. Wir sollten lernen, das Leben so hinzunehmen.

Jede tiefe Leiderfahrung heilt – wie jede Wunde – nur mit der Zeit. Aber jeder Tag treibt die Heilung weiter. Wir müssen daher die dunklen Tage mit Geduld ertragen, bis unsere Wunde geheilt ist. Jeder von uns weiß das.

Die Schwierigkeit ist nur, wenn es uns getroffen hat, dieses Wissen auch zu leben. Wir alle laufen in einer solchen Situation die Gefahr, der heilenden Zeit ins Uhrwerk zu greifen – indem wir uns täglich von neuem unserem Schmerz hingeben. Jede Vergegenwärtigung des erlittenen Verlustes, *jedes Neudurchleben unserer Leiderfahrung in unserer Vorstellung, in unserem Gefühl behindert die Heilung unserer Wunde, verhindert die Genesung von unserem Leiden.*

Die meisten Leiden würden nur kurze Zeit dauern, wenn sie nicht auf diese Art ständig neu durchlebt würden. Sie sollten trachten, einem Kummer – wie es der weisen Einrichtung der Natur entspricht – in dem Bewußtsein zu begegnen: Es wird vorübergehen. Und wenn Sie einem Unausweichlichen gegenüberstehen, akzeptieren Sie es. Sie können es nicht ändern.

Klammern Sie sich im Geiste nicht an etwas, das unwiderruflich verloren ist. Finden Sie sich mit dem Verlust ab. Hätte es einen Sinn, das Deck eines sinkenden Schiffes zu schrubben? Wenn Ihr Schiff sinkt, brauchen Sie ein neues. Aber natürlich bleibt Ihnen die Wahl!

Sehen Sie die Zukunft mit vielen Türen. Sie hat viele Türen. Auch das ist eine der weisen Einrichtungen der Natur. Und es ist eine *Lebenswahrheit, daß sich eine neue Tür öffnet, wenn eine sich schließt.* Wir verbringen zuviel Zeit damit, voll Trauer auf die geschlossene Tür zu blicken, anstatt die offene Tür zu suchen und sie entschlossen zu durchschreiten.

Die Gewißheit, daß selbst der dunkelste Tag mit Sicherheit vorübergeht, verleiht viel innere Kraft; und es macht stark zu wissen, daß uns niemals eine Last auferlegt wird, die wir nicht tragen können. Nur wenn wir an alter Mühsal festhalten, wenn wir uns zur Last von gestern auch noch die Last von heute aufbürden, dann wird uns die Bürde zu schwer.

Jeder Tag hat seine Last. Ihre Kraft reicht aus für die Last eines jeden Tages. Sagen Sie sich: Ich habe es gestern geschafft, ich werde es auch heute schaffen. Und: *Was morgen auch sein mag, ich schaffe es – morgen!*

Was der morgige Tag bringt, können Sie nicht wissen. Nur eines ist sicher: Der morgige Tag wird anders sein; denn die einzige Sicherheit im Leben ist ständige Veränderung. Sie wissen zwar nichts über die konkreten Veränderungen von morgen; aber Sie können die Veränderungen für Ihr Leben beeinflussen – zum Guten oder auch zu Ihrem Nachteil – *durch Ihre persönliche Haltung, durch Ihre Erwartungshaltung.* Wir haben das in diesem Buch unter einem anderen Aspekt bereits erörtert. Wenn Sie sich nicht erinnern, blättern Sie doch zurück zu Kapitel 14: »Ein bißchen Glück – mit Folgen«.

Leben Sie in der Erwartung des Guten, des für Sie Besten. Selbst wenn dann das Leben an einem dunklen Tag eine Tür sanft schließt, können Sie eine andere Tür öffnen, und *morgen empfängt Sie ein neuer, verheißungsvoller Tag.*

Kapitel 18

Vergessen Sie Ärger sofort!

Plagt Sie der Gedanke an ein ärgerliches, obschon unbedeutendes Vorkommnis? Vergessen Sie es! Vergessen Sie es sofort. Verschwenden Sie keinen weiteren Gedanken daran.

Ärgerliches, das Ihnen widerfuhr, wird ohnehin bald von anderen Erlebnissen überlagert sein, die Ihr Denken nächste Woche, nächsten Monat oder in einem Jahr beschäftigen werden. Sie werden es also ohnehin vergessen. Warum vergessen Sie es nicht gleich – jetzt? Warum sollten Sie sich auch nur eine Minute Ihres Lebens wegen eines unbedeutenden Vorkommnisses von Ärger vergällen lassen, das Sie ziemlich bald ja doch vergessen werden?

Sie sollten immer daran denken, daß *Ihr Bewußtsein über eine Art Selbstverteidigungssystem verfügt und von sich aus dazu neigt, Ärgerliches abzutun und Erfreuliches zu hegen.* Es kommt Ihnen geradezu entgegen, geringfügige Alltagsärgernisse möglichst schnell zu vergessen. Warum also sollten Sie Ihr Wohlbefinden und Ihre Empfänglichkeit für Erfreuliches beeinträchtigen, warum wegen eines unbedeutenden Vorkommnisses Ihre gute Laune verlieren, wenn Sie sich doch in einer Woche, in einem Monat oder spätestens in einem Jahr nicht einmal mehr an den Anlaß und die Ursache Ihres Ärgers erinnern werden?

Nehmen Sie sich ab jetzt vor, vollständig und vor allem schnell zu vergessen. Sie werden erstaunt sein, wie vorteilhaft sich dies auf Ihr persönliches Wohlbefinden und auf die Stimmung Ihrer Mitmenschen auswirken wird.

Im Folgenden finden Sie einfache Hinweise, die Ihnen nützlich sein können:

- ○ Jedesmal wenn Sie merken, daß Ihnen ein geringfügiger Ärger oder eine Kränkung die Laune verderben will, verschwenden Sie keinen weiteren Gedanken an die Geschichte: Vergessen Sie Ärger und Kränkung sofort! Sie werden sich an beides ohnehin früher oder später nicht mehr erinnern. *Vergessen Sie also das Ganze sofort – gleich.*
- ○ Denken Sie daran, daß Ihr Bewußtsein ohnehin dazu neigt, Ihnen Unbehagen zu ersparen, und bei weitem vorzieht, Erfreuliches durchzuspielen. Und vergessen Sie auch nicht: Ihr Bewußtsein – das sind Sie!
- ○ Kommen Sie dieser Tendenz Ihres Bewußtseins zu Hilfe, indem Sie das ärgerliche Vorkommnis möglichst gar nicht zur Kenntnis nehmen und jedenfalls Ihr Denken gezielt auf Anliegen und Vorhaben richten, die möglichst verschieden und möglichst weit entfernt vom Anlaß Ihres Ärgers sind.
- ○ Bauschen Sie das Sie ärgernde Vorkommnis nicht auf. Streuen Sie nicht Salz in offene Wunden! Vermeiden Sie jegliche Diskussion über den Anlaß. Reagieren Sie nicht gereizt – am besten reagieren Sie überhaupt nicht. Lassen Sie Ihren Ärger wie Abwasser ins Leere laufen.

Die kleinen Ärgernisse und Kränkungen, die das tägliche Leben nun einmal mit sich bringt, können sich, wenn sie sich häufen, leicht zu einem Berg des Unbehagens aufwerfen. Sie können hohen Blutdruck, Magengeschwüre und andere psychosomatische Leiden oder ernste Störungen des seelisch-geistigen Gleichgewichts verursachen, wenn Sie sich ihnen ausliefern. Lassen Sie sie sich nicht zu einer schweren Last anwachsen.

Schon der altgriechische Philosoph PYTHAGORAS schrieb: »Ärger beginnt in Torheit und endet in Reue.« Die moderne Psychologie fügt dem hinzu, daß zwar Ärger oft offen und heftig zum Ausdruck kommt, die auf ihn folgende Reue aber meistens unterdrückt wird und in verschiedenen Formen von Schuldgefühlen in unserem Unterbewußtsein weiterschwelt.

John Webster, der englische Dramatiker, warnte uns mit folgendem Wort: »Es gibt kein Ding in der Natur, das den Menschen so deformiert, so zum Tier macht wie heftiger Unmut.« Und der Earl of Clarendon, der englische Staatsmann und Historiker, wies auf die Tatsache hin: »Ärger verletzt den, der von ihm besessen ist, viel mehr als denjenigen, gegen den er gerichtet ist.«

Schütteln Sie deshalb Ärgernisse von sich ab – wie lästige Stechmücken – sobald sie auftauchen.

Gegen eine Mücke setzen wir uns zur Wehr. Und gegen Ärger nicht?

Kapitel 19

Drehen Sie Ihren Schubkarren um!

Der Besucher einer Nervenklinik begegnete zufällig einem Patienten, der einen – mit dem Laderaum nach unten gedrehten – Schubkarren vor sich her schob. Als er ihn fragte, warum er das tue, antwortete der Mann: »Ich bin doch nicht verrückt! Gestern habe ich den Karren mit der richtigen Seite nach oben geschoben, und sie haben mir dauernd Kies aufgeladen.«

Aufgrund dieser Antwort hätte der Mann vielleicht aus dem Irrenhaus entlassen werden können; ist er doch zu einer ziemlich bemerkenswerten Einsicht gelangt, die vielen in voller Freiheit lebenden Menschen abgeht. In voller Freiheit schieben sie ihren überladenen Schubkarren tagtäglich vor sich her und stöhnen unter ihrer Last. Die Last ihres Schubkarrens aber besteht aus den zahllosen Problemen, Sorgen und Nöten anderer Menschen und den damit verbundenen Verpflichtungen. *Viel zuviele Menschen schleppen in bester Absicht tatsächlich fremder Leute Lasten durchs Leben – unentwegt, unermüdlich, bis zur eigenen Erschöpfung.*

Auch Sie schieben Ihren Schubkarren durchs Leben. Auch Sie lassen sich viel zuviel aufladen. Sie können nicht jede Last übernehmen, die man gern bei Ihnen abladen möchte. Ich rate Ihnen: Drehen Sie Ihren Schubkarren einmal um! Leeren Sie ihn aus! Sie brauchen deswegen keinen Brief an den lieben Gott zu schreiben – wie jener Mann, der ihm seinen Dienst als »Manager oder Hausmeister« des Universums aufkündigte, obwohl ihm (und deshalb kannte er seine Funktion nicht genau) niemals ein derartiger Posten zugewiesen worden war (ebensowenig wie mir, ebensowenig wie Ihnen!).

Doch bevor es zu dem Brief an den lieben Gott gekommen war, hatte sich der Mann im guten Glauben, das Notwendige zu tun, zahllose Probleme zahlloser Menschen aufladen lassen. Natürlich war er völlig unfähig, so viele und zum Teil riesengroße Probleme zu lösen. Doch ungeachtet dieses seines Problems luden ihm die Leute, die da sahen, daß da einer mit seinem Schubkarren Probleme einsammelte, gern die ihren auf. Er hatte dazu natürlich auch die eigenen im Karren. Kein Wunder, daß ihm die Last zu schwer wurde. Er schrieb den Brief an den lieben Gott. Die befreiende Idee, den Schubkarren umzudrehen, hatte er aber erst im Irrenhaus.

Das ist – frei nacherzählt – die Krankengeschichte jenes Patienten einer Nervenklinik, von dem eingangs dieses Kapitels die Rede war. *Sie ist ein Gleichnis für das, was wir im Leben nicht tun sollen.*

Ich möchte hier keineswegs der Gleichgültigkeit gegenüber den Problemen anderer Menschen das Wort reden, denen Sie möglicherweise helfen könnten (das widerspräche dem Gesamtinhalt dieses Buches). Ich will Ihnen nur *klarmachen, daß Sie auswählen sollten, welcher Menschen, welcher Probleme Sie sich annehmen und welcher nicht.*

Sie können nicht alle Probleme lösen, die es gibt. Warum sollten Sie sich also mit unlösbaren Problemen belasten? Niemand hat mich zum Präsidenten der Vereinigten Staaten von Amerika gewählt; und doch habe ich mich allzu häufig so benommen, als hätte ich die Last der Präsidentschaft zu tragen. Ich habe mir unentwegt den Kopf darüber zerbrochen, was der Präsident in dieser oder jener Sache tun sollte. Warum? Warum – um es klarer zu sagen – maße ich mir an, die Sorgen und Lasten eines Amtes zu tragen, mit dem ich niemals in meinem Leben zu tun hatte, niemals zu tun haben werde? Soll ich mir die Sorgen des Präsidenten zu eigen machen? *Es ist besser, ich drehe meinen Schubkarren um.*

Jeden Tag lese ich Zeitungen, als wären die »Botschaften« direkte Appelle an meinen guten Willen, die Zustände zu ändern, den Menschen zu helfen. Ich bin tief besorgt über Entwicklungen auf dieser Welt und versuche in meinen Gedanken mit tiefem Ernst und großer Gewissenhaftigkeit, Auswege aus verzweifelten Situationen zu finden. Und doch gehen die wenigsten dieser Situationen mich etwas an. Schon einmal spielen sich die meisten Dramen, die mich so beschäftigen, in Teilen der Welt ab, wo ich nie war und voraussichtlich niemals hinkommen werde. Und sodann plage ich mich mit Problemen ab, die zu lösen mich noch nie jemand gefragt hat und die ich auch gar nicht zu lösen vermag. Also *wird es höchste Zeit, daß ich meinen Schubkarren umdrehe. – Und Sie?*

Man hat mich mehrmals gebeten, den Vorsitz in einer Wohltätigkeitsorganisation zu übernehmen. Möglicherweise wäre ich dazu geeignet gewesen; aber ich habe einen Nachbarn, der auf diesem Gebiet ein echter Experte ist. Er war in der Geschäftsleitung eines großen Unternehmens tätig gewesen. Mit viel Talent und unter großem persönlichem Einsatz betreute er in seiner Freizeit Aktionen verschiedenster Art für wohltätige Zwecke, die äußerst erfolgreich verliefen. Schließlich gab er seine berufliche Tätigkeit auf, um sich voll und ganz seinen Wohltätigkeitsaufgaben widmen zu können. Wenn man mich also bittet, eine Spendenaktion durchzuführen, werde ich diese Aufgabe ganz sicher »seinem Schubkarren aufladen«, der gerade für diese Art Lasten besonders geeignet ist. – *Und Sie?*

Dabei handelt es sich nicht etwa um Gleichgültigkeit gegenüber hilfsbedürftigen Menschen, sondern ganz einfach darum, *daß ich – wie jeder andere – über die Verwendung meiner Zeit und meiner Mittel meine Auswahl treffen muß.* Ich für mich habe es vorgezogen, eine Stiftung zugunsten körperbehinderter Kinder zu gründen, der ein Teil meiner Einkünfte zufließt. Das habe ich «für meinen Schubkarren« ausgewählt. – *Und Sie?*

Der entscheidende Punkt ist: Wenn man effizient sein will, muß man die Aufgaben, die man verantwortlich zu übernehmen bereit ist, auswählen können. Wenn Sie Ihren Schubkarren allzeit aufnahmebereit vor sich her durchs Leben schieben, werden Ihnen die Menschen ohne Rücksicht auf Ihre Kräfte jede Menge Probleme, Sorgen und Nöte, belastende Aufgaben und unerwünschte Verantwortlichkeiten aufladen. Und wenn Sie selbst dann noch Ihre eigenen Probleme, die Ihres Landes und womöglich die der ganzen Welt hinzufügen, dann wird Ihr Karren – und Sie mit ihm – eines Tages unter dieser Last zusammenbrechen. – *Wollen Sie das?*

Sorgen Sie darum in Ihrem Leben vor, daß Sie sich nur die Aufgaben und Probleme aufbürden, die Sie aus freien Stücken ausgewählt haben. Dann wird Ihnen die Last, so schwer sie auch sein mag, leicht erscheinen und niemals zu einer drückenden Verpflichtung werden, sondern immer eine freiwillig und mit Freude übernommene Aufgabe sein. Und Sie werden ein Leben führen, das Ihnen trotz Lasten sinnvoll erscheint und Ihnen ermöglicht, glücklich zu sein.

Kapitel 20

Die Spruchbänder auf unserer Brust

Wenn man den Psychologen glaubt – und es spricht nichts gegen ihre Ansicht – tragen wir alle große unsichtbare Spruchbänder auf unserer Brust, auf denen steht:

»Ich möchte wichtig sein.«
»Ich möchte anerkannt werden.«
»Ich möchte bewundert werden.«

Diese unsichtbaren Zeichen können wir zwar nicht wahrnehmen, aber unsere Erfahrung sagt uns, daß sie da sind. Diese Zeichen dienen zwei verschiedenen Zwecken, ein jeder gleichermaßen wichtig: Sie sind zugleich WARNZEICHEN UND WEGWEISER.

Sehen wir uns zuerst einmal an, wie ernst gemeint die Botschaft dieser Zeichen ist: Wenn Ihnen jemand mit aller Deutlichkeit zu erkennen gibt, daß er wichtig, bewundert und anerkannt sein möchte (wie das jeder Mensch bewußt oder unbewußt, ausdrücklich oder schlüssig ständig zu verstehen gibt), und Sie beachten diese Warnzeichen nicht, so riskieren Sie fast unvermeidlich, seine Sympathie zu verlieren. Vielleicht erwächst Ihnen sogar ein Feind.

Es ist eigentlich kaum vorstellbar, daß wir diese untrüglichen Warnzeichen übersehen können und jemals irgend etwas zu tun, zu sagen oder zu schreiben vermögen, das auch nur andeutungsweise diese Wünsche, ja diese vitalen Bedürfnisse mißachtet – Wünsche, die im emotionellen Mittelpunkt des Interesses der Persönlichkeit eines jeden Menschen stehen, obgleich diese Bedürfnisse weitgehend unbewußt sind.

Und doch *tun wir gerade dieses kaum Vorstellbare ununterbrochen!* Wir werden niemals abschätzen können, wie sehr es unseren eigenen Interessen, Wünschen und Zielen schadet, wenn wir diese Warnzeichen gedankenlos übersehen.

Sie müssen sich ein für allemal entscheiden, Ihre Mitmenschen so zu sehen, wie sie sind – dann sehen Sie auch das in Lettern auf jedermanns Brust von innen her leuchtende Spruchband: »Achtung: Ich möchte wichtig sein. Ich möchte anerkannt werden. Ich möchte bewundert werden.«

Diese Zeichen – wie gesagt: Warnzeichen und Wegweiser – sollten vor Ihrem inneren Auge aufleuchten, wenn Sie mit jemandem sprechen oder telephonieren, wenn Sie jemandem schreiben, ganz gleich, wer dies auch immer sei. *Die Beachtung dieser tiefverwurzelten, vitalen, obschon weitgehend unbewußten Bedürfnisse muß die Grundlage Ihres Eingehens auf andere Menschen sein,* und zwar ein für allemal, in jedem Fall und unter allen Umständen. Das ist ein wesentlicher Schlüssel zum Erfolg!

Diese vitalen Bedürfnisse eines jeden Menschen sollten aber für Sie nicht nur als Warnzeichen, die jede Persönlichkeitsverletzung verbieten, vor Ihrem inneren Auge aufleuchten, sondern auch *als Richtungszeichen, die Ihnen bei all Ihren Begegnungen mit Mitmenschen den Weg weisen.* Sie werden im Umgang mit Menschen nur Erfolg haben, wenn Sie ihnen geben, was sie möchten, oder wenn Sie ihnen zur Erfüllung ihrer Wünsche verhelfen.

Wenn jemand also den Wunsch hat, wichtig zu sein (und jeder Mensch hat diesen Wunsch), so sagen Sie ihm, daß er wichtig ist; behandeln Sie ihn als wichtige Person, werden Sie ein Zeuge seiner Wichtigkeit und geben Sie ihm die Sicherheit, daß diese seine Wichtigkeit niemals in Frage steht.

Wenn jemand bewundert werden möchte (und jeder Mensch möchte bewundert werden), dann sagen Sie ihm doch, daß Sie ihn bewundern, und sagen Sie auch anderen, daß Sie ihn bewundern. Bewundern Sie das, was Sie bewundernswert finden: einen Zug seiner Persönlichkeit, eine Leistung, seine Familie, etwas in seinem Besitz. Vergessen Sie dabei natürlich nicht Ihren Takt, Ihre Feinfühligkeit; denn nichts ist so beleidigend wie grobe Schmeichelei, die dem eigenen Nutzen dienen soll. Ihre Bewunderung sollte also nicht nur echt klingen, sondern auch ehrlich sein. Suchen Sie nach Eigenschaften und Fähigkeiten, die Sie aufrichtig bewundern können. Sie werden überrascht sein (und erfreut), wieviel Bewundernswertes sich an anderen Menschen entdecken läßt, wenn man es sucht. Sehen Sie nur genau genug hin, und Sie werden feststellen: es lohnt sich.

Wenn jemand anerkannt werden möchte (was jedermann möchte), können Sie doch Ihre Achtung für ihn ohne große Mühe auf jede mögliche Weise bezeigen. Bewunderung muß, wenn man nicht als Schmeichler oder Heuchler abschneiden will, sehr taktvoll ausgedrückt werden; aber Sie können kaum je übertreiben, wenn Sie jemandem Ihre Anerkennung bezeigen (die ohnehin meistens zu dürftig und zu einfallslos ausfällt und obendrein noch oft zu spät kommt). Schon eine wenig wichtig erscheinende anerkennende Äußerung kann Ihnen große Sympathie einbringen. Wenn Sie sich aber noch etwas Besonderes einfallen lassen, um jemanden zu loben oder jemandem Ihren anerkennenden Dank auszusprechen, so wird man in Ihnen unfehlbar eine bezwingende Persönlichkeit sehen, für die man sich gern jede Mühe macht.

Es sind Ihrem Einfallsreichtum praktisch keine Grenzen gesetzt, wenn Sie dankbare Anerkennung bezeigen wollen. Ich möchte Ihnen nur beispielshalber ein paar VORSCHLÄGE machen:

- An Stelle einer kleinen Dankkarte könnten Sie auch ein Telegramm schicken; das wird den Empfänger überraschen, es wir ihm gefallen und ihn beeindrucken.
- Wenn Sie sich schon telephonisch bedankt haben, schicken Sie noch einen Brief hinterher, der etwa ganz trocken beginnt: »Ich möchte unser heutiges Telephongespräch schriftlich bestätigen und . . . also, das haben Sie einfach phantastisch gemacht! Nochmals: danke schön!«
- Ein kleines Dankgeschenk mit einem kurzen Begleitbrief zeigt, daß Sie nicht nur dankbar, sondern auch liebenswür-

dig sind, immer vorausgesetzt, daß das Geschenk auch passend, originell und nicht zu teuer ist. Ist es nämlich zu teuer, so erwecken Sie den Eindruck, als wollten Sie eine Verpflichtung mit Geld aus der Welt schaffen. Es geht jedoch in erster Linie darum, daß Sie Ihre ehrliche Anerkennung für einen erwiesenen Gefallen sichtbar zum Ausdruck bringen.

Das sind nur einige wenige Anregungen; aber sie sollten genügen, Ihnen zu zeigen, daß Sie hundert Möglichkeiten haben, Ihre Anerkennung zu äußern. Viel wichtiger ist, immer daran zu denken, daß allen Menschen, mit denen Sie zu tun haben, diese *vitalen Bedürfnisse innewohnen, die Sie als auf ihrer Brust aufleuchtende Spruchbänder sehen sollten – warnend und zugleich die Richtung weisend:* »Achtung: Ich möchte wichtig sein. Ich möchte anerkannt werden. Ich möchte bewundert werden.«

Beachten Sie die Warnung und folgen Sie dem Hinweis dieser Signale, und Sie werden freudig überrascht feststellen, daß Sie im Umgang mit Menschen mühelos Erfolg haben werden.

Kapitel 21

Die Werte auf der »Habenseite«

Von ARTHUR SCHOPENHAUER, dem philosophischen Künder der »Welt als Vorstellung«, der viele Künstler durch sein Denken wesentlich beeinflußt hat (so unter anderem Friedrich Nietzsche, Richard Wagner, Leo Tolstoi und Thomas Mann), stammt der Ausspruch: *»Wir denken selten darüber nach, was wir haben, immer nur darüber, was uns fehlt.«*

Es braucht wirklich nicht viel, um uns unglücklich zu fühlen. Wir brauchen nur einen Tag – oder eine Stunde oder auch nur eine Minute – lang darüber nachzudenken und zu lamentieren, was wir alles nicht haben. Das ist mit Sicherheit eine Methode, in Kürze unglücklich zu sein – und eine dauerhafte, denn der Stoff geht uns niemals aus. Jedem von uns, mag er noch so sehr »vom Glück gesegnet« sein, fällt eine schier unbegrenzte Menge von Dingen ein, die er haben möchte, aber nicht hat.

Wenn wir also wollen, können wir auf diese Art mit Leichtigkeit ein ganzes Leben im Bewußtsein des Mangels und der Verkürzung verbringen; als unfehlbare Folge werden wir verbittert und echt unglücklich sein. Aber wer zwingt uns das auf? Wir haben doch die Wahl, uns ganz anders einzustellen und uns zu verhalten! Schauen wir uns daher an, was wir tun können, um glücklich zu werden!

Fangen Sie mit dem Einfachsten an: Begrenzen Sie Ihre Wünsche! Beschränken Sie sich auf das für Sie Wichtigste. Machen Sie sich klar, daß Sie vieles – sehr vieles – überhaupt nicht brauchen und auch gar nicht wirklich wünschen. Sie haben es sich vielleicht gar *nie überlegt, wie wenig der Mensch an materiellem Besitz braucht, um glücklich zu sein – geschweige denn, um überleben zu können.*

Ein Mann, der mit einigen Freunden einundzwanzig Tage in einem Rettungsboot, hoffnungslos verloren, im Pazifischen Ozean getrieben hatte, wurde nach seiner Rettung gefragt, was er aus dieser schrecklichen Leidenszeit gelernt habe. Er sagte: »Wenn Sie soviel frisches Wasser haben, wie Sie trinken möchten, und soviel Nahrung, wie Sie essen möchten, sollten Sie sich nie wieder über irgend etwas beklagen.«

Heißt das nun, daß Sie sich mit einem Leben, das aus frischem Wasser und ausreichender Nahrung besteht, zufriedengeben sollten? Nein, das ist natürlich keineswegs gemeint. Das Beispiel soll Ihnen nur *deutlichmachen, daß Sie nicht unglücklich zu sein brauchen.* Machen Sie sich klar, mit wie wenig Sie zufrieden sein könnten. Besitzen Sie nicht jetzt schon mehr als frisches Wasser und mehr als ausreichende Nahrung? Alles, was Sie darüber hinaus an Wünschenswertem haben, kann also Ihr Glück nur vergrößern. So einfach ist das.

So können Sie durch Ihr Leben gehen und Ihrem Glück jeden Tag etwas Neues – vielleicht sogar Wichtiges – hinzufügen. Sie können immer glücklicher werden, weil Sie nicht nur bereits viel mehr haben, als Sie unbedingt brauchen, sondern *weil alles, was Sie sich zusätzlich erwerben, die Bilanz Ihrer materiellen und geistigen Werte verbessert.* Sie werden immer erfolgreicher, da Sie nicht mehr unter dem Druck dringender Notwendigkeiten stehen.

Nachdem das aber so ist, sollten Sie Ihre Zufriedenheit über die Werte auf Ihrer Habenseite auch sichtbar zum Ausdruck bringen. Seien Sie dankbar. Schauen Sie auf alles, was Ihnen das Leben an Positivem, an Erfreulichem gewährte, nicht auf das, was Ihnen versagt blieb. *Erkennen und umfassen Sie geistig und gefühlsmäßig die Fülle des Guten in Ihrem Leben.*

Eine solche Grundhaltung der Freude und Dankbarkeit ist nach Meinung namhafter Psychologen die einfachste und wirkungsvollste Methode, sich an Körper, Geist und Seele zu erholen; aber auch die Menschen Ihrer Umgebung werden diese Ihre Ausstrahlung spüren und freudig auf Sie eingehen. Deshalb sollten Sie, bevor Sie einschlafen und wenn Sie morgens erwachen und immer, wenn Ihr Tagesablauf Ihnen eine kurze Pause gestattet, an die Werte auf Ihrer Habenseite denken.

Kapitel 22

Die gefährlichste aller Epidemien

Es ist immer wieder begeisternd, wenn man erlebt, wie eine Gemeinschaft oder sogar ein ganzes Volk sich in Einigkeit zusammenschließt, um eine im Land ausgebrochene epidemische Krankheit zu bekämpfen. Ohne Rücksicht auf Kosten werden erstaunliche Mittel aufgeboten, und selbstlose Opferbereitschaft ist an der Tagesordnung.

In England zum Beispiel mußte vor ein paar Jahren fast eine halbe Million wertvolles Weidevieh infolge einer auf der Insel grassierenden Maul- und Klauenseuche notgeschlachtet werden. Ganze Herden, mitunter der einzige Besitz eines Züchters oder der gesamte Viehbestand eines Bauern, fielen der Seuche zum Opfer. Aufgrund der solidarischen Hilfe des ganzen Landes konnte die Not stark gelindert werden.

Auch wo immer in der Welt epidemische Krankheiten wie Malaria, Typhus usw. auftreten, werden sie sofort registriert und mit allen zur Verfügung stehenden Mitteln bekämpft. Kosten spielen dabei so gut wie keine Rolle. Oft wird sogar aus dem Ausland massive Unterstützung eingebracht, und wenn eine Epidemie verheerende Ausmaße annimmt, wird sogar die von den einzelnen Staaten sonst argwöhnisch beobachtete Blockfeindlichkeit überwunden.

Doch solche solidarische, echt humanitäre Hilfe, die ohne Rücksicht auf Kosten gewährt wird, läßt sich offenbar nur angesichts physischer Krankheiten mobilisieren. Was geschieht angesichts Krankheiten des Geistes, der Seele, des Gefühlslebens?

Große Teile der Bevölkerung aller Länder, ja der Welt, sind von einer Hassepidemie befallen. *Wenn wir über die geistig-seelische Gesundheit ebensoviel wüßten wie in Belangen der körperlichen Gesundheit, würden wir eine Haßepidemie für noch gefährlicher halten als eine Malaria- oder Typhusepidemie.*

Sie sollten sich klarmachen, ob wir von Realitäten sprechen oder die Dinge aufbauschen – ob es die besagte Haßepidemie in der Welt gibt oder nicht. Beschönigungen dienen uns nicht. Die Beweise sind schlagend. Unsere Feststellung wird von tausend Fakten Tag für Tag bestätigt. Die Krise droht uns nicht; wir befinden uns mittendrin in einer Krise des Hasses!

Haß ist keine körperliche Krankheit; Haß ist eine Krankheit des Geistes, der Seele, des Gefühls und muß entsprechend behandelt werden. Die auftretenden körperlichen Schädigungen sind allerdings schwerwiegend, doch sie sind immer nur die Auswirkungen, nicht die Krankheit selbst. Und doch zielen die meisten »Heilungsvorschläge« auf die Behandlung der körperlichen Auswirkungen der Haßepidemie ab und nicht ihrer seelisch-geistigen und gefühlsmäßigen Ursachen.

Eine Schwierigkeit besteht darin, daß sich Haß an sehr unterschiedlichen Inhalten und Erfahrungen entzündet und sich völlig verschieden äußert. *Auch haben Haßgefühle, die das ganze Lebensgewebe des Menschen durchdringen, so sehr verschiedene Ursachen, daß sie eben auch unterschiedliche Heilungsmethoden erfordern.* Der Haß der einen Gruppe hat seine Ursache in verabscheuten Zuständen, die die andere, die gegnerische Gruppe nicht nur nicht verabscheut, sondern als ihre »gerechte Sache« verteidigt und um jeden Preis aufrechterhalten will. So und nicht anders liegen ja die Verhältnisse insbesondere bei allen haßerfüllten sozialen, politischen, nationalen und internationalen Auseinandersetzungen.

Doch genau an diesem Punkt finden wir eine solchen Auseinandersetzungen stets zugrunde liegende Ursache, die uns die Richtung für die Heilungsmöglichkeit weist. Immer handelt es sich ja, wo Haß aufflammt, um die Konfrontation zweier unterschiedlicher und gegensätzlich denkender, fühlender und handelnder Individuen oder Gruppen. Der Haß entspringt aus der einfachen Tatsache der Verständnislosigkeit und Intoleranz angesichts solcher Unterschiedlichkeit und Gegensätzlichkeit.

Unsere Entwicklungsgeschichte hat an diesem Phänomen keinen geringen Anteil. Diese Erkenntnis führt uns zumindest zu Teillösungen des Problems.

Es gibt gegenüber dem Haß, der aus der Unterschiedlichkeit und wesentlichen Gegensätzlichkeit von Individuen, Gruppen, ganzen Völkern oder Rassen entsteht, EINSTELLUNGEN UND VERHALTENSWEISEN, die mit Sicherheit helfen können, ihn zu überwinden:

1. Man muß sich klarmachen, daß Verschiedenartigkeit und Gegensätzlichkeit nicht zwangsläufig zu Haß zu führen brauchen.
2. Man muß Ähnlichkeiten suchen, erkennen und betonen. Da es sich immer um Menschen handelt, wird man viele entdecken.
3. Man muß Verschiedenartigkeiten tolerieren. Da uns Pluralismus der Art, der Meinung und des Handelns bereichert, sollte das gar nicht schwerfallen.

Diese Einstellungen bzw. Verhaltensweisen wären zumindest ein brauchbarer *Anfang einer Eindämmung der Haßepidemie, die uns heutzutage geradezu zu überschwemmen droht.*

Aber sie wären eben nur ein Anfang. Es gibt so viele Brutstätten und so verschiedene Gründe des Hasses zwischen so vielen einzelnen Menschen, Gruppen und Völkern, daß ich in diesem kurzangelegten Kapitel nur auf das beängstigende und kaum noch überschaubare Ausmaß dieser verhängnisvollen Entwicklung und auf die ernsten Auswirkungen hinweisen kann. Ich möchte in diesem Buch nicht näher auf dieses Problem eingehen, Sie aber dringend zum Nachdenken über dieses grundlegend wichtige Problem unserer Zukunft und jener der Menschheit anregen. Dazu allerdings noch eine letzte Überlegung:

Eine Haßepidemie kann nicht gedeihen in einer Atmosphäre guten Willens. Wir sollten darum nach Kräften beitragen, daß eine alles umfassende Atmosphäre guten Willens unter den einzelnen Menschen, sozialen und politischen Gruppen, unter den Völkern und Rassen zustande kommt.

Dieser Gedanke ist nicht neu. Er wurde schon vor zweitausend Jahren ausgesprochen. Damals wie heute setzt Frieden auf Erden Menschen voraus, die guten Willens sind.

Kapitel 23

Die sanfte Kunst des Gewährenlassens

Schon ziemlich früh, mit Fünfzig, habe ich mich aus dem Berufsleben zurückgezogen, um meine Zeit voll und ganz meinen wirklichen Interessen widmen zu können. Seitdem konnte ich so manches Anliegen verwirklichen, von dem ich zuvor nur geträumt hatte.

Bisweilen hatte ich auch schlecht geträumt: etwa im Umfeld einer Frage, die mich immer interessiert hat: *Warum haben wir Menschen – jeder von uns – mit so vielen Unannehmlichkeiten, Problemen und Sorgen zu kämpfen?* Es scheint sich ja geradezu um eine naturgegebene menschliche Unvollkommenheit zu handeln. Oder etwa nicht?

Ich erinnerte mich, soweit ich konnte, an meine eigene frühere Tendenz, in Unannehmlichkeiten und Probleme aller Arten und geringeren oder größeren Ausmaßes verwickelt zu werden, und begann, diese zu analysieren. Ich dachte nicht nur über die Schwierigkeiten nach, die mir selbst in dem halben Jahrhundert meines Lebens widerfahren waren, sondern ich bezog auch die Lebensläufe der vielen Menschen, die ich kennengelernt oder über die ich gelesen hatte, in meine Überlegungen ein. Mein »Untersuchungsmaterial« war also umfangreich und entsprechend vielfältig. Jedenfalls gelangte ich zu für mich selbst überraschenden Erkenntnissen, die ich Ihnen nicht vorenthalten möchte.

Zunächst wollen wir vor allem das fahrlässige Hineingleiten in Schwierigkeiten betrachten. Bei eingehender Untersuchung dieses merkwürdigen Phänomens stellte sich heraus, daß an den meisten Konflikt- oder Kollisionsfällen – die meist leicht hätten vermieden werden können – wir selbst die Schuld tragen! *Unbeabsichtigt, unbedacht und eben fahrlässig tun, sagen oder schreiben wir Dinge, die zu Ursachen unserer eigenen Schwierigkeiten werden.* Scheinbare Schwierigkeiten verwandeln wir oft in tatsächliche Schwierigkeiten, indem wir uns unnötigerweise hineinsteigern. Und häufig handeln wir nach dem fragwürdigen Grundsatz, daß jede Aktion eine Reaktion notwendig mache – was unsere Schwierigkeiten oft erst schafft oder sie nur noch vergrößert.

Wir haben die sanfte Kunst des Gewährenlassens nicht gelernt. In den meisten Fällen schaffen wir uns Schwierigkeiten – die vermeidbar wären – durch FOLGENDE VERHALTENSWEISEN:

1. Unnötiges Engagement oder, viel schlimmer, übertriebenes Engagement;
2. unnötige Reaktion oder, viel schlimmer, übertriebene Reaktion.

Untersuchen wir kurz diese beiden Verhaltensweisen, durch die wir uns selbst unnötigerweise und fahrlässig in Schwierigkeiten bringen.

1. *Unnötiges oder übertriebenes Engagement:*
   Es ist nicht notwendig, daß wir uns in jeden Konflikt einschalten oder in jedem Fall, besonders bei Streitfällen, Partei ergreifen und uns auf diese Art unvermeidlich Feinde schaffen. Wenn wir Glück haben, gewinnen wir vielleicht ein paar in der konkreten Frage Gleichgesinnte. Die Feinde jedenfalls, die wir uns durch übertriebenes Engagement machen, bleiben uns noch lange erhalten. Mit ihnen müssen wir auch noch rechnen, wenn die »Freundschaften«, die wir dabei gewonnen haben, längst vergessen sind.

Auf jeden Fall gibt es viel schnellere, leichtere und geeignetere Methoden, sich Freunde zu schaffen: *Üben Sie sich in der sanften Kunst des Gewährenlassens.*

Meist verstoßen wir gegen dieses Prinzip aufgrund unserer ÜBEREMPFINDLICHKEIT. So aber verschwenden wir unsere Zeit, vergeuden wir unsere Energie und bringen Unordnung in unser Leben. Sie müssen auch nicht unbedingt jede Aufgabe akzeptieren, jede Verantwortung übernehmen, sich jede Last aufladen, die Ihnen angetragen oder aufgenötigt wird. Sie sollten sich entsprechend der in Kapitel 19 ausgesprochenen Empfehlung verhalten: *Drehen Sie Ihren Schubkarren um!* Sonst wird zwangsläufig jedermann seine Lasten hineinwerfen und sie Ihnen aufbürden. Wenn Sie sich aber Lasten aufs Geratewohl aufbürden lassen, werden Sie bald unter deren Gewicht zusammenbrechen.

Niemand hat uns – weder Sie noch mich – zum »Manager des Universums« gemacht, und wir sind nicht berufen, den lieben Gott zu spielen. Wir müssen nicht aller Menschen Probleme lösen. Ebensowenig sind wir verpflichtet, uns Sorgen zu machen, wie andere Menschen, die zu diesem Zweck gewählt oder angestellt wurden, mit Situationen fertig werden, die uns, wenn überhaupt, nur entfernt berühren.

Wir sollten uns nicht in jede Krise stürzen, die uns nichts angeht. Es gibt genug Leute, die das tun. Wir sollten uns statt dessen die sanfte Kunst des Gewährenlassens zu eigen machen und sie anwenden.

Was ist nun zu der schon erwähnten anderen Verhaltensweise, mit der wir uns Schwierigkeiten schaffen, zu sagen?

2. *Unnötige Reaktion oder übertriebene Reaktion:*
   Der Mensch reagiert weitgehend instinktiv. Das führt zu unkontrollierten Gefühlsentladungen. Dem Inhalt nach positive Gefühle wie Freude, Wohlwollen, Liebe sollen ja ausgelebt werden; alle destruktiven Gefühlsregungen – die uns ausnahmslos schaden – müssen wir aber unter unserer Kontrolle behalten. Das gelingt uns am leichtesten über unser Handeln. Vor allem müssen wir konfliktverstärkende unnötige Reaktionen und übertriebene Reaktionen vermeiden.

Besonders verhängnisvoll ist die EMPFINDLICHKEIT UNSERES SELBSTWERTGEFÜHLS. Wird es verletzt oder bedroht, so reagieren wir instinktiv mit der spontanen Verteidigung unseres Eigenwertes, um ihn in unserer Vorstellung zu schützen. Dabei bedienen wir uns – ungeprüft, wahllos – der nächstbesten Waffen, die wir zur Verfügung haben. Das Arsenal reicht von sarkastischen, beleidigenden oder drohenden Erwiderungen (schriftlich oder mündlich, auch in Andeutungen) bis zum körperlichen Angriff.

So sind wir diejenigen, die sich in Schwierigkeiten verwikkeln lassen. *Reagieren wir nicht, haben wir die Schwierigkeiten nicht. Gibt es es aber solche und wir reagieren übertrieben, vergrößern wir sie noch.* Zuverlässig machen wir uns den Gegner zu unserem Feind, der nun seinerseits reagiert, und zwar, aller Wahrscheinlichkeit nach, ebenfalls unangemessen.

Aus einem Funken wird eine Flamme, die sich zu einem gefährlichen Feuer und schließlich zu einem Inferno ausweiten kann. Warum? Weil wir unnötigerweise reagiert oder, noch schlimmer, übertrieben reagiert haben.

Man wird nicht verhindern, daß Schwierigkeiten sich ausweiten, wenn man selbst zu dieser Ausweitung beiträgt. Wenn jemand das Feuer eines Konflikts legt, sollten Sie nicht noch Öl in die Flammen gießen. Sie tun am besten daran, gar nichts zu tun. Dann wird es das Feuer Ihres Gegners bleiben, und nur er wird sich an ihm die Finger verbrennen.

Die beste Reaktion auf zwanghaft sich wichtig machende Unruhestifter ist die, sie völlig zu ignorieren. Nichts wirkt abkühlender auf die explosive Gereiztheit solcher Menschen als völlige Gleichgültigkeit. Als Erwiderung auf einen Angriff ist Gleichgültigkeit ungleich wirkungsvoller als Empörung; sie beendet den Streit.

Es gibt keinen Streit, den nur eine Person allein austrägt. Aber sorgen Sie dafür, daß Sie sich gefühlsmäßig so abriegeln, daß Ihre Gleichgültigkeit echt ist. Suggerieren Sie sich Gleichgültigkeit, bis Sie diese tatsächlich empfinden. Dies ist nicht nur im Interesse Ihres eigenen Gleichgewichts wichtig, sondern damit Sie diese innere Haltung mit entwaffnender Gelassenheit zum Ausdruck zu bringen vermögen. Bis zehn oder zehntausend zu zählen, während Sie innerlich vor Wut schäumen, hat keinen Zweck. *Sie müssen die Provokation so überlegen ignorieren, als hätten Sie sie überhaupt nicht zur Kenntnis genommen.*

Wenn Sie sich nicht betroffen fühlen und sich auf nichts einlassen, können Sie einen Streit nicht aufheizen; er kann gar nicht ausbrechen. Ignorieren Sie also den Provokateur völlig.

Beherzigen Sie die GRUNDREGEL: Reagieren Sie niemals im Zorn. Und vermeiden Sie jede übertriebene Reaktion. *Beide Verhaltensweisen sind einer Persönlichkeit von Format unwürdig.* Ihr Geheimnis der Vermeidung von Schwierigkeiten besteht in der sanften Kunst des Gewährenlassens.

In welchen Situationen sollten Sie diese Kunst besonders üben? Sie erkennen das beispielshalber anhand von Situationen, in bezug auf die, die nachfolgenden Fragen angebracht sind:

- *Würden Sie, wenn Sie sich auf die Auseinandersetzung einlassen würden, Ihrem Gegner mit der Zufügung eines Verlustes drohen?*
  Jede Drohung fordert eine unfreundliche Erwiderung heraus; die Androhung eines Verlustes jedoch weckt spontane Feindseligkeit. Die Menschen treten in Wettbewerb um Vorteil und Gewinn; aber sie kämpfen, wenn es darum geht, Verluste zu vermeiden. Deshalb ist es völlig inopportun, irgendeinem Menschen einen Verlust anzudrohen – sei es durch Ihr Verhalten, sei es durch das gesprochene oder das geschriebene Wort. Bedienen Sie sich lieber der sanften Kunst des Gewährenlassens!
- *Würden Sie, wenn Sie sich auf die Provokation einlassen, den Herausforderer in seinem Selbstwertgefühl kränken?*
  Ich habe Sie davor gewarnt, aggressiv zu reagieren. Mit großer Wahrscheinlichkeit wird jeder Mensch mit erheblicher Feindseligkeit auf eine Kränkung seines ihm kostbaren Selbstwertgefühls reagieren. Auch hier ist es besser, die Regel zu beherzigen: Üben Sie die sanfte Kunst des Gewährenlassens!

Das waren nur zwei von für zahlreiche, in allen möglichen Situationen angebrachten Testfragen. Sie können die Liste jederzeit selbst erweitern; aber denken Sie immer daran, was für Sie *das Wichtigste und am Anfang nicht Allereinfachste ist: die Beherrschung der sanften Kunst des Gewährenlassens.*

Kapitel 24

Wie Sie persönlichen Magnetismus erzeugen und ausstrahlen können

Die wirklich großen Stars des Films, des Fernsehens und auch des Theaters sind Menschen, die einen außerordentlichen persönlichen Magnetismus ausstrahlen. Über diesen Magnetismus verfügen selbst Charakterdarsteller, die sich auf unangenehme oder sogar abstoßende Rollen festgelegt haben (die Helden, die Verkörperungen des Bösen).

Die meisten dieser Stars strahlen ihre Anziehungskraft nicht nur auf der Bühne, sondern auch sonst in der Öffentlichkeit und im privaten Leben aus. Sosehr wir diese Menschen auch bewundern – manche mögen sie beneiden –; auch ihnen ist diese Gabe nicht allein in die Wiege gelegt worden.

Die Ausstrahlung von persönlichem Magnetismus beruht auf *Techniken, die jeder, der den Wunsch hat, beliebt und erfolgreich zu sein, sich aneignen und beherrschen kann.* (In meinem Buch *»Lebenserfolg«* habe ich das Thema der persönlichen Anziehungskraft in mehreren Kapiteln behandelt. Wegen seiner grundsätzlichen Wichtigkeit für jeden an seiner Persönlichkeitsentfaltung interessierten Menschen fasse ich im Folgenden das Wesentliche zusammen.)

Sie selbst können sich dieser Techniken ebensoleicht bedienen wie viele bekannte Persönlichkeiten, zu denen Sie jetzt vielleicht staunend aufblicken. Sie sollten nur bereit sein, sich etwas intensiver damit zu beschäftigen, wie Sie vorgehen müssen.

Vielleicht haben Sie sich in vielen Momenten Ihres Lebens, die Sie als vergeudet empfanden, schon einmal gefragt, ob Sie nicht irgend etwas Interessantes tun könnten – o doch, Sie können: Üben Sie Ihren persönlichen Magnetismus!

Persönliche Anziehungskraft, die alle Ihre Beziehungen zu anderen Menschen entscheidend beeinflussen wird, muß Ihnen nicht versagt bleiben. Die auf den nächsten Seiten dargelegten – nicht allzu weit verbreiteten – *Erkenntnisse können für Sie von größtem Wert sein.* Auch wenn Sie nur selten mit anderen Menschen zusammenkommen oder sogar wenn Sie es vorziehen sollten (entgegen einem tiefverwurzelten Bedürfnis des Menschen), farblos und uninteressant zu bleiben, sollten Sie die bewährten Erfolgsmethoden, wie Sie für andere attraktiv werden können (ganz gleich, wie alt Sie sind und wie Sie aussehen), zumindest überlesen und nicht einfach von der Hand weisen.

Vergegenwärtigen Sie sich noch einmal das eben Gesagte: Die Fähigkeit, persönlichen Magnetismus auszustrahlen, hat nichts zu tun mit Ihrem Aussehen oder Ihrem Alter. Es gibt erfreulich viele charmante betagte Damen mit vor Glück und Esprit glänzenden Augen und voller Lachfältchen im Gesicht, die einen aufregenden persönlichen Magnetismus ausstrahlen und im Vergleich zu denen die meisten Bikini-Schönheiten der Magazine in Hochglanzpapier nur wie statisch posierende Schaufensterpuppen abschneiden.

Und es gibt eine Menge markanter älterer Männer mit einem vergnügten Blinzeln in den Augen, das von der Toleranz und der Abgeklärtheit herrührt, die sie sich im Verlauf eines langen, geistig interessierten Lebens erworben haben. Sie strahlen einen persönlichen Magnetismus aus, um den sie so manche gefeierte Idole des Leistungssports nur beneiden können.

Schließen Sie sich also nicht von vornherein aus wegen Ihres Alters oder wegen Ihres äußeren Erscheinungsbildes. An Ihrem Alter können Sie nichts ändern – Sie können es nur genießen. Und an Ihrer äußeren Erscheinung können Sie nur wenig tun – es sei denn, Sie verbesserten sie von innen her. Wie Ihnen dies gelingen kann, davon handelt ein Teil dieses Kapitels.

Persönliche Anziehungskraft wird in Ihrer Psyche erzeugt, aufgebaut und gefestigt, bevor sie nach außen projiziert und auf andere ausgestrahlt wird. Zur Ausstrahlung persönlichen Magnetismus als Optimum Ihrer Anziehungskraft kann es aber nur kommen, wenn die FOLGENDEN VORAUSSETZUNGEN gegeben sind.

1. Sie müssen ein inneres »Leuchten« erzeugen.
2. Sie müssen dieses Leuchten nach außen ausstrahlen.
3. Sie müssen mit Ihren Augen lächeln.

Wie erzeugen Sie ein INNERES »LEUCHTEN«? Natürlich können Sie einen Magnetismus nicht ausstrahlen, den Sie nicht haben. Wie bekommen Sie ihn?

Die Technik der Erzeugung des inneren »Leuchtens« besteht darin, daß man bewußt und gezielt in sich eine seelisch-geistige Grundstimmung hervorruft, die Aufmerksamkeit, Angeregtheit, Begeisterung, ein Hochgefühl positiver Erwartung und Selbstvertrauen in sich vereint. Sie müssen ganz bewußt und intensiv das Aufkommen dieser Hochstimmung in Ihrem Leben spüren. Intensivieren Sie sie, bis sie Sie schließlich ganz ausfüllt. Die Intensivierung dieser Hochstimmung erzeugt einen inneren Druck, der sich nach außen Bahn brechen will. Halten Sie ihn aber unter Kontrolle. *Sie geben Ihre Hochstimmung frei, sobald und soweit es Ihnen wünschenswert erscheint.*

Sie stellen so eine vibrierende innere Gespanntheit her, die von den Merkmalen der beschriebenen Hochstimmung getragen ist. Auf diese Weise erzeugen Sie das innere Leuchten – das, was Ihren persönlichen Magnetismus, den Sie auf andere ausstrahlen können, ausmacht.

Versuchen Sie so oft wie möglich, diese Hochstimmung in sich hervorzurufen. Üben Sie das zunächst, wenn Sie allein sind, vorzugsweise an einem ruhigen Platz, wo keine Störungen oder Zerstreuungen zu befürchten sind. Üben Sie sich, diese – im wesentlichen gefühlsmäßigen – Regungen in sich hervorzurufen, eine jede für sich.

Stellen Sie eine Liste dieser Regungen, dieser Gefühle auf. Schreiben Sie sie auf einen Zettel, den Sie bei sich haben und in

Augenblicken des Leerlaufs ansehen können. Schreiben Sie sie in folgender Reihenfolge auf: *Aufmerksamkeit, Angeregtheit, Begeisterung, Hochgefühl positiver Erwartung und Selbstvertrauen.*

Und dann: Üben, üben und nochmals üben, wie Sie jede einzelne Regung hervorrufen und intensivieren können.

1. *Fühlen Sie sich aufmerksam!*
   Fühlen Sie sich hellwach, geladen von funktionierender Aufmerksamkeit. Werden Sie sich deutlich Ihrer selbst und Ihrer Umgebung bewußt. Machen Sie sich klar, daß Sie wachsam sind, bereit zu handeln . . . bereit, augenblicklich zu reagieren.
2. *Fühlen Sie sich angeregt!*
   Werden Sie lebendig. Spüren Sie, wie Ihr Nervensystem von einem Schauer durchdrungen wird. Atmen Sie ein wenig schneller!
3. *Fühlen Sie sich begeistert!*
   Erleben Sie einen Gefühlsaufschwung. Steigern Sie Ihre Gefühlsspannung. Erzeugen Sie in sich das Gefühl, »auf dem Dach der Welt« zu sitzen!
4. *Erwarten Sie freudig etwas Positives!*
   Stellen Sie sich vor, daß im nächsten Moment irgend etwas sehnlichst Erwünschtes, etwas für Sie Wundervolles passieren wird!
5. *Bauen Sie dann Ihr Selbstvertrauen auf!*
   Ihr unbedingtes Selbstvertrauen befähigt Sie, Ihr Vertrauen auch auf die anderen – Ihre Partner, Ihre Freunde – zu setzen. Machen Sie sich bewußt, daß Sie im Begriff sind zu erreichen, was Sie sich wünschen, zu tun, was Sie zu tun wünschen. Seien Sie Ihrer selbst sicher, absolut sicher! Und machen Sie sich bewußt, daß Sie das Bewußtsein Ihres Selbstvertrauens und das Gefühl Ihrer Stärke auf andere übertragen können – daß Ihre emotionale Stärke Sie wie eine Aura umgibt, die jeder Mensch in Ihrer Nähe intensiv empfindet!

Üben Sie die Erzeugung dieser Regungen, die, wie gesagt, hauptsächlich Gefühlsregungen sind. Beginnen Sie damit, jeweils eine nach der andern – in der angegebenen Reihenfolge – einzuüben. Beobachten Sie dann, wie intensiv Sie jede einzelne dieser Regungen erleben. Halten Sie dann die dadurch erzeugte Stimmung durch. Schließlich werden Sie *fähig sein, alle diese Elemente zu vereinen in der einen einzigen Hochstimmung, die Ihren persönlichen Magnetismus ausmacht.*

Doch Hochstimmung zu erzeugen und zu üben, genügt natürlich nicht; Sie müssen ebenso lernen, Ihren persönlichen Magnetismus zu erhalten und einzusetzen.

Der nächste Schritt ist daher die KONTROLLIERTE FREISETZUNG dieses inneren Leuchtens als ausstrahlende und unmittelbar projizierte Anziehungskraft. Wenn Sie einmal den intensiven Druck Ihrer inneren Hochstimmung erreicht haben, können Sie den persönlichen Magnetismus freisetzen. Sie können ihn ausstrahlen durch die *geistige Vergegenwärtigung, daß Sie fühlen, wie Sie es tun.*

So strahlen Sie das innere Leuchten Ihrer magnetischen Persönlichkeit aus, und dieses kommt als äußere Wirkung zur Geltung. Denken Sie daran, daß persönlicher Magnetismus durch das Zurückhalten von intensivem emotionalem Druck erzeugt wird. Er wird ausgestrahlt dadurch, daß Sie ihn intensiv freisetzen und gezielt auf einzelne oder Gruppen richten, auf die Sie Anziehungskraft ausüben möchten.

Sie können Ihre Hochstimmung auch intensivieren, wenn Sie Ihren persönlichen Magnetismus in Vorstellungen von Elektrizität begreifen: als Strahlung, als Projektion elektromagnetischer Wellen, als elektrodynamische Anziehung innerhalb des elektromagnetischen Feldes um Sie herum . . . und *Sie sind der Generator des Elektromagnetismus, der andere anzieht, wenn Sie »den Strom einschalten»!* Und Sie sind sich bewußt, daß Sie innerhalb Ihres »magnetischen Feldes« alles an sich ziehen können, was Sie wünschen.

Üben Sie sich in dieser wirkungsvollen Technik, Ihren persönlichen Magnetismus auf andere Menschen zu übertragen. Üben Sie sich in dem Bewußtsein, daß Sie ein inneres Leuchten erzeugen können, so daß Sie mit einer Art Aura umgeben sind, und dieses Leuchten auf andere Menschen ausstrahlen können. Mit der Zeit wird Ihnen dies zu einem selbstverständlichen Attribut Ihrer Persönlichkeit werden.

Wir kommen nun zum dritten Geheimnis des persönlichen Magnetismus: MIT DEN AUGEN LÄCHELN.

Die meisten Menschen glauben fälschlicherweise, sie müßten mit dem Mund lächeln. Lächeln Sie mit dem Mund zuerst, so sieht das unecht und gezwungen aus. Versuchen Sie, prüfen Sie es vor dem Spiegel!

Gehen Sie wie folgt vor: *Versetzen Sie sich zunächst in das Gefühl innerer Heiterkeit und freundlichen Wohlwollens, so daß Ihnen nach Lächeln »zumute« ist.* Lächeln Sie dann – mit den Augen! Stellen Sie sich zunächst einfach ein humorvolles Zwinkern Ihrer Augen vor. Dann vertiefen Sie diese Vorstellung, und – Ihr Selbstbildnis beweist es – Ihre Augen lächeln! Ja, Sie können tatsächlich mit den Augen lächeln. Sogar Lachen können Sie mit den Augen.

Das ist keineswegs etwa eine Neuentdeckung von mir. Jegliches »Persönlichkeitstraining« bedient sich dieser Übung. Jeder Erfolgsberater, jeder Lehrer an welcher Schauspielschule immer, sogar manche Schlagertexter kennen die Wirkung dieses Lächelns; ein alter englischer Schlager heißt: »When Irish eyes are smiling« (»Wenn irische Augen lächeln«).

Die psychologische Erklärung dafür, daß Sie zunächst von innen heraus lächeln sollten und dann mit den Augen, ist sehr einfach: Sobald Sie bewußt versuchen, eine Gemütsbewegung mimisch auszudrücken (es sei denn, Sie hätten eine jahrelange Ausbildung oder die berufliche Erfahrung als Schauspieler oder Schauspielerin), *werden Sie sich Ihrer selbst und Ihres Bemühens bewußt.* Und Sie sehen tatsächlich lächerlich aus, wenn Sie sich verkrampfen, weil Sie Ihrem Gesicht einen bestimmten Ausdruck aufzwingen wollen, selbst wenn Sie nur mit den Lippen lächeln wollen!

Vermeiden Sie es also, bewußt mit den Lippen zu lächeln, und denken Sie überhaupt nicht an Ihren Mund. Denken Sie auch nicht an Ihren Gesichtsausdruck, wenn Sie lächeln. Ihnen ist einfach nur nach Lächeln zumute, und drücken Sie dieses angenehme Gefühl zuerst mit den Augen aus.

Sie müssen also jeden »aufgesetzten« Ausdruck vermeiden, und das können Sie nur, indem Sie überhaupt nicht an die Mundhaltung denken!

Und so macht man das (überprüfen Sie es vor dem Spiegel): Sobald sie innerlich ein Lächeln in sich aufsteigen fühlen und dieses angenehme Gefühl mit einem heiteren Zwinkern in den Augen ausdrücken, *verändert sich Ihr gesamter Gesichtsausdruck auf ganz natürliche Weise,* ohne jede bewußte Bemühung oder Anstrengung Ihrerseits!

Zwangsläufig bilden sich Lachfältchen in den Augenwinkeln. Die Augen fangen an zu strahlen: sie werden ausdrucksvoller, anziehender. Die Lippen entspannen sich, und die Mundwinkel gehen leicht nach oben. Die Wangen heben sich, der gesamte Gesichtsausdruck wird lockerer. Innerhalb von Sekunden haben Sie ohne jede Verkrampfung ein natürlichheiter strahlendes Gesicht, einen freundlich-gutgelaunten Gesichtsausdruck.

Im allgemeinen ist dieser mimische Ausdruck bereits angemessen und völlig ausreichend – und in den meisten Situationen empfehlenswert. Wenn Sie sich aber danach aufgelegt fühlen und die Situation es erlaubt, dann lassen Sie Ihr leichtes Lächeln übergehen in ein allumfassendes klares, freundliches Lächeln, an dem auch Ihr Mund teilnimmt: Sobald sich Ihre Lippen geöffnet haben und Ihre Zähne sichtbar geworden sind, bleibt Ihnen nichts anderes übrig als ein großes, befreiendes Lächeln.

Wenn Sie jedoch Ihre Lippen zu einem Lächeln öffnen, das nicht aus innerer Gestimmtheit kommt, dann bringen Sie nur ein gezwungenes und dümmlich wirkendes Lächeln (nach der Art so mancher Zahnpastareklame) oder eine unangenehmes Grinsen zustande.

Sie gehen immer *sicher, wenn Sie aus innerer Heiterkeit heraus lächeln,* dann zuerst mit den Augen lächeln . . . und den Rest dem natürlichen Ablauf überlassen.

Wenn Sie also persönlichen Magnetismus ausstrahlen wollen wie die in allen Lebensbereichen Erfolgreichen, die ihrer Anziehungskraft mehr verdanken als manchen anderen Fähigkeiten, dann machen Sie sich die Regel zur Gewohnheit: *Erzeugen Sie ein inneres »Leuchten«, strahlen Sie dieses »Leuchten« nach außen aus und lächeln Sie mit den Augen!*

Kapitel 25

Ihr bester Freund und Ratgeber

Eine der wirkungsvollsten Methoden, die eigene Bewirkung und Leistung zu steigern, besteht darin, daß Sie mit einem Freund zusammenarbeiten, der Ihnen in jeder Sekunde uneingeschränkt und bedingungslos zur Verfügung steht: *er ist allerdings nur ein »Geist«!*

Verstehen Sie das nicht als irreführenden Hokuspokus oder einen Trick okkulter Pseudopsychologie. Es handelt sich um eine der einfachsten und dazu sehr leicht anzuwendenden psychologischen Techniken zur eigenen Leistungssteigerung, die bisher entwickelt wurden. Jedes Handeln, bei dem Sie diese Technik anwenden, wird erfolgreich beeinflußt werden.

Ihr Freund und Helfer – besagter Geist – ist Ihr eigener Geist oder, was vielleicht treffender ist, Ihr besseres Ich oder auch Ihr Ideal-Ich. Mit seiner Hilfe bringen Sie allerhand fertig.

Und so wird es gemacht: Sie stellen sich einfach bildlich vor, wie Ihr anderes Ich aus Ihrem Körper heraustritt, sich neben Sie stellt und Sie bei Ihren täglichen Aktivitäten – wohlwollend, aber kritisch – beobachtet. Wiederholen Sie diese Übung, bis sie in Ihrer Vorstellung leicht vollziehbar und fest verankert ist. Sie stehen dabei immer außerhalb Ihres eigenen Körpers; *Sie beobachten ganz objektiv, unparteiisch, sehr sorgfältig und sehr kritisch, wie gut oder schlecht Sie eine jede Ihrer Aufgaben bewältigen.*

Im Grunde handelt es sich dabei nur um eine Art unvoreingenommener, unparteiischer SELBSTANALYSE mit Hilfe der bereits erörterten Technik der Gedankenprojektion, eine hervorragende Imaginationsmethode, deren Anwendung ich in allen meinen Büchern empfohlen habe. Die Gedankenprojektion ist eine Technik zur Leistungssteigerung in allen Lebensbereichen und für alle Menschen, die sich ihrer bedienen.

Es wird Ihnen mehr Spaß als eine nüchterne Selbstanalyse machen – und zu besseren Ergebnissen führen –, wenn Sie sich vorstellen, Sie ständen außerhalb Ihres eigenen Körpers und sähen sich zu, so, wie die anderen Menschen Sie sehen.

Der Sinn der Sache ist, daß *Sie sich bei der Bewältigung Ihrer täglichen Aufgaben selbst kritisch zusehen, um festzustellen, ob Sie alles so gut wie möglich machen.*

Nehmen wir zum Beispiel an, Ihr Telephon läutet. Nun beobachten Sie – oder vielmehr Ihr nach außen projizierter Geist –, ob Sie den Anruf mit einem freundlichen Wort beantworten oder ob etwa der Klang Ihrer Stimme Gereiztheit über die eingetretene Störung verrät. Ihr Geist kontrolliert auch, ob Sie Ihrem Partner im weiteren Verlauf der Unterhaltung ständig Gesprächsbereitschaft signalisieren. Bleibt Ihre Stimme freundlich? Vermitteln Sie dem Anrufer den Eindruck, daß sein Anruf Ihnen willkommen ist? Finden Sie den rechten Ton, die richtigen Worte, um ihn davon zu überzeugen? Ihr Geist sieht und hört alles – kritisch und unvoreingenommen – und gibt Ihnen einen Begriff davon, wie gut Sie diese einfache, aber wichtige Aufgabe gelöst haben: einen Telephonanruf nicht als Störung zu behandeln, sondern in ihm ein positives Zeichen zu sehen (man nimmt Sie immerhin für wichtig genug, Sie anzurufen).

Ihr Geist muß ein guter, ja Ihr bester Freund werden. Schließlich sind Sie selbst dieser Geist – und wenn Sie schon mit sich selbst nicht auf gutem Fuße stehen, werden Sie auch kaum zu jemand anderem freundliche Beziehungen haben können. Fragen Sie also Ihren Geist (immer in Ihrer Vorstellung natürlich): Wie habe ich es gemacht? Wie hätte ich es besser machen können? Was muß ich lernen oder üben, um überzeugender zu sein? Beraten Sie, diskutieren Sie darüber mit Ihrem anderen Ich (immer in Ihrer Vorstellung natürlich). Machen Sie sich klar, daß Ihr Geist Sie mit kritischer Unvoreingenommenheit von außen betrachtet, wie es ja auch Ihre Mitmenschen tun.

Sie fragen nun vielleicht, ob die Vorstellung, ständig von außen beobachtet zu werden, Ihnen nicht ein Gefühl der Befangenheit aufdrängen muß. Ich muß gestehen: Ja. Aber *es wird eine heilsame Befangenheit sein,* ganz und gar nicht jene Art von Befangenheit, die Verwirrung, Unbehagen, Angst oder gar Panik verursacht.

Was verbindet sich mit dem Begriff »heilsame Befangenheit«? Diese Befangenheit schüchtert Sie nicht ein; sie gibt Ihnen etwas: die wohlerwogene Absicht, das genau vorgestellte Ziel, die kontrollierte Handlung; schließlich die geplante, bewußte Leistungssteigerung. Das heißt, daß Sie nicht nur die allgemeine Richtung Ihres Zieles anvisieren, sondern bewußt, wohlüberlegt, direkt und gekonnt genau »ins Schwarze« treffen wollen.

Sie sollten sich deshalb dieser Technik der Projektion Ihres eigenen Geistes bedienen, damit Sie mit ruhiger Unvoreingenommenheit beobachten können, wie Sie Ihre täglichen Aufgaben lösen – *immer mit dem direkten Ziel Ihrer eigenen Leistungsverbesserung vor Augen.*

Damit wenden Sie eine psychologisch fundierte Technik an, die einfach und wirksam ist und Ihnen mit Sicherheit sogar noch Spaß machen wird.

Kapitel 26

Eine Mauer und zwei Wege

Der amerikanische Lyriker Robert Lee Frost (1875–1963), der es fertigbrachte, mit seinem bewundernswerten lyrischen Werk einer der volkstümlichsten Dichter Amerikas zu werden, wurde einmal gebeten, eines seiner Gedichte zu interpretieren. Er antwortete: »Unsinn! Soll ich vielleicht dasselbe noch einmal in schlechterem Englisch sagen?«

Das ist sicherlich keine zimperliche Sprache eines Mannes, der diese Sprache wie kaum ein anderer unserer Zeit beherrschte! Nein, verehrter Robert Frost, Sie sollen es nicht noch einmal oder anders sagen; Sie haben es in aller Klarheit gesagt! Ich meine nur, daß man es wieder und immer wieder sagen muß. Ich denke an Ihr Gedicht über die Mauer:

»Ehe ich eine Mauer baute, würde ich fragen:
Was soll ich einschließen, was soll ich ausschließen?
Denn es gibt etwas, das Mauern nicht liebt, nicht will,
das alle Mauern niederreißt.«

Aber dann antwortet Ihnen Ihr Nachbar:

»Gute Mauern machen gute Nachbarn.«

Darüber habe ich lange nachgedacht. Machte die große Chinesische Mauer gute Nachbarn? Machte die Maginotlinie in Frankreich – eine Art umgekehrter, nicht nach oben, sondern nach Maulwurfsart ins Erdreich gebauter Mauer – gute Nachbarn? Macht die Berliner Mauer gute Nachbarn?

Man versteht, warum der Dichter die seiner eigenen Meinung widersprechende Behauptung sarkastisch dem Nachbarn in den Mund legt.

Dann habe ich mir über meine eigenen Mauern Gedanken gemacht. Ich wohne in einer hübschen Gartenlandschaft, in der es sehr unpassend wäre, Ziegel- oder Steinmauern zur Abgrenzung der Grundstücke zu errichten. Damit wir Nachbarn uns dennoch ungestört voneinander fühlen, haben wir hohe grüne Büsche und blühende Hecken wachsen lassen. So kann ich draußen in der Sonne sitzen und lesen oder schreiben, ohne durch den Anblick der spielenden Nachbarkinder oder des mit ihnen herumtollenden Hundes abgelenkt zu werden. Ich höre wohl ihre Stimmen, ihr Lachen, aber sie stören mich nicht.

In unserem Fall *braucht es keine hohen Mauern, damit wir gute Nachbarn sein können.*

Ein weiteres Gedicht von ROBERT LEE FROST fällt mir ein. Es handelt von den »beiden Wegen, die in einem gelben Wald sich voneinander trennen«. Lange steht ein Wanderer und blickt in beide Richtungen, so weit er sehen kann. Dann entscheidet er sich für einen der Wege und schreitet auf ihm davon – wie wir es ein Leben lang immer wieder tun müssen, wenn wir vor die Wahl zwischen zwei Wegen gestellt werden und wissen, daß wir niemals mehr zurückkommen können.

Jawohl: *Jede Weggabelung verlangt unsere Entscheidung! Jedesmal ist unsere Wahl bedeutungsvoll und unwiderruflich!*

Eines Tages werden wir zurückblicken. Wir werden uns nur noch an die allerwichtigsten Wegkreuzungen unseres Lebens erinnern. Aber von einer jeden werden wir mit Robert L. Frosts Worten sagen müssen: *»Jedesmal wurde alles entschieden.«*

Kapitel 27

Entschlossen und beharrlich streben!

Der amerikanische Präsident der zwanziger Jahre CALVIN COOLIDGE, dessen Platz in der Geschichte nicht unbestritten bzw. in vielem nicht geklärt ist, war dafür bekannt, daß er gründlich nachzudenken pflegte, bevor er sprach, und wenn er dann sprach, dann drückte er sich regelmäßig bemerkenswert kurz und bündig aus.

Das tat er zum Beispiel auch, als – wie es die Tradition erheischt – sein Präsidenten-Porträt aufgehängt wurde. Er stand lange nachdenklich vor dem Bild, und niemand sagte ein Wort. Plötzlich wandte sich Präsident Coolidge seinem Begleiter zu und sagte ruhig: »Finde ich auch!« und entfernte sich.

Von Coolidge stammt auch der folgende Ausspruch, der uns eine höchst BEMERKENSWERTE EINSICHT nahelegt: »Nichts kann geduldige Ausdauer ersetzen. Das Talent nicht: es gibt zahllose erfolglose Menschen mit Talent. Das Genie nicht: verkannte Genies sind fast sprichwörtlich. Bildung nicht: die Welt wimmelt von gescheiterten Gebildeten. *Beharrlichkeit und Entschlossenheit allein sind beinahe allmächtig.* Unter dem Motto ›Beharrlichkeit‹ wurden die Probleme der Menschheit bisher gelöst, und so werden sie auch in Zukunft gelöst werden.«

Allein diese Feststellung müßte dem Expräsidenten einen bevorzugten Platz in der Geschichte sichern. Jeder Schüler sollte diesen Lebensleitsatz auswendig hersagen können und wissen, daß mit Beharrlichkeit und Entschlossenheit nicht

»nur« die Probleme der Menschheit gelöst worden sind und auch in Zukunft gelöst werden, sondern natürlich auch seine eigenen gelöst werden können. Wie einfach und direkt könnte der Weg zum Erfolg dann verlaufen!

Es wäre wirklich vernünftiger, die tiefgründige und wahre Erkenntnis CALVIN COOLIDGES zu verarbeiten als die Behauptung seines berühmten Vorgängers W. HARDING, dessen Ansicht, daß »alle Menschen gleich geschaffen sind«, allein schon jeder Anthropologe widerlegen könnte. Ist es für Sie etwa nicht besser zu wissen, daß Sie, obwohl von Natur nicht »gleich geschaffen«, dennoch durch entschlossenes und beharrliches Streben Ihren Mitbewerbern nicht nur »gleich«, also ebenbürtig in der Leistung, sondern überlegen werden können?

Wenig Gutes und viel Unglück sind schon aus der unbegründeten Illusion von der selbstverständlichen Gleichheit aller Menschen entstanden; aber überwiegend Gutes verdanken wir dem Geiste der Beharrlichkeit und Entschlossenheit.

Gleichheit wird uns nicht durch die Natur oder einen natürlichen Prozeß beschert. Sie kann auch nicht durch unsere Umwelt hergestellt oder von irgendeiner »wohlwollenden« Regierung verordnet werden. *Die Tatsache und die Anerkennung unserer »Gleichheit« – unter vielen – müssen wir uns zuerst verdienen:* und schon das ist nicht ohne beharrliche und entschlossene Bemühung möglich.

Die auf diese Art einmal wohlerworbene Gleichheit – im Sinne von Ebenbürtigkeit – aber ist natürlich kein Grund, unsere Bemühungen einzustellen. Es ist nur natürlich, daß jeder Mensch *mit der gleichen Entschlossenheit und Beharrlichkeit weiterstrebt und schließlich erreicht, daß er als überlegen anerkannt werden muß.*

In den freien Ländern der westlichen Welt, wo jeder Mensch die Möglichkeit hat, seinen Fähigkeiten, seiner Entschlossenheit und Beharrlichkeit entsprechend vorwärtszukommen, ist das Prinzip der Anerkennung wohlerworbener Gleichheit wie auch überlegener Leistung grundsätzlich garantiert. Es gilt ohne Ansehung der Person, des Geschlechts, der Rasse oder

Religion, und so muß es auch gelten (wo es verletzt wird, müssen wir nach besten Kräften einschreiten). Und dieses Prinzip gewährleistet nicht nur Gleichheit; auch außerordentliche Erfolge, die den Tüchtigen dem Niveau der Gleichheit unter vielen entheben, lassen sich von jedem Ausgangspunkt aus erzielen. Beispiele dafür gibt es genügend.

Lassen Sie sich nicht einreden, daß es anders sei. Auch heute noch bestätigt sich diese Feststellung jeden Tag!

Es ist sehr bedauerlich, daß so viele Menschen dazu verleitet wurden, ihre Energie darauf zu verschwenden, Gleichheit als ihr Recht zu fordern. Mit dem gleichen Energieaufwand – in Leistung umgesetzt – hätten sie »Gleichheit« oder sogar »Überlegenheit« auf ganz natürliche Weise erreichen können.

Solche Leistungen erreicht man jedoch nur auf dem von CALVIN COOLIDGE gewiesenen Weg entschlossenen und beharrlichen Strebens. »Unter dem Motto ›Beharrlichkeit‹ wurden die Probleme der Menschheit bisher gelöst, und so werden sie auch in Zukunft gelöst werden.« Beachten Sie bitte, daß Coolidge bereits damals von der »Menschheit« sprach, also nicht von irgendeiner privilegierten Rasse oder überhaupt von einer privilegierten Gruppe.

Beherzigen wir also die Worte dieses als Politiker bemerkenswert stillen, nachdenklichen Mannes: »Nichts kann geduldige Ausdauer ersetzen. Das Talent nicht: es gibt zahllose erfolglose Menschen mit Talent. Das Genie nicht: verkannte Genies sind fast sprichwörtlich. Bildung nicht: die Welt wimmelt von gescheiterten Gebildeten. *Beharrlichkeit und Entschlossenheit allein sind beinahe allmächtig.* Unter dem Motto ›Beharrlichkeit‹ wurden die Probleme der Menschheit bisher gelöst, und so werden sie auch in Zukunft gelöst werden.«

Auch Sie sind auf dem besten Wege zum Erfolg Ihrer Persönlichkeit und Ihres Strebens, wenn Sie entschlossen und beharrlich weitermachen.

Kapitel 28

Ihre Gefühle und die der anderen

Verbitterung ist eine weitverbreitete und gefährliche, krankhafte Gefühlshaltung. Wir alle hegen bisweilen Ressentiments. Wer sie aber nicht schnell und für immer wieder los wird, endet unweigerlich in der Verbitterung.

Namhafte Psychologen weisen nachhaltig auf die Gefahren hin, die dieser Haltung anhaften. Auch sehen sie darin den untauglichen Versuch des Betroffenen, sein eigenes Versagen rechtfertigend zu entschuldigen (anderen Menschen und sich selbst gegenüber, indem irgendwelchen anderen Ungerechtigkeit und unfaires Verhalten angelastet wird). *Ständiges Gekränktsein aber richtet sich nach innen und wächst sich zu Selbstmitleid aus,* zu einem chronischen qualvollen Gemütszustand, zu dessen Linderung der Betreffende ständig das Mitgefühl und die Hilfsbereitschaft seiner Mitmenschen fordert.

Es gibt wohl kaum unangenehmere Zeitgenossen als Menschen, deren Überempfindlichkeit in Selbstmitleid umgeschlagen ist. Solche Menschen meinen, alle anderen müßten sich dauernd und ohne Rücksicht auf deren eigene Obliegenheiten und Schwierigkeiten um ihr körperliches, geistiges und vor allem um ihr gefühlsmäßiges Wohlergehen bemühen. Sie erwarten (und fordern zugleich) nie endende Dankbarkeit noch für die kleinsten Gefälligkeiten oder Dienste, die sie diesen anderen möglicherweise früher einmal erwiesen haben. Dabei sind sie der Auffassung, daß diese »Schulden« nur durch immerwährendes Mitgefühl und tatkräftige Hilfsbereitschaft abgegolten werden könnten. Lassen die »Schuldner« nur im geringsten in ihrer Aufmerksamkeit nach, sind ihnen Enttäuschung und Verbitterung der »Vernachlässigten« sicher.

Krankhafte Überempfindlichkeit führt leicht zu Selbstmitleid, das die Ursache auch so vieler anderer gefühlsmäßiger Fehlentwicklungen und ernst zu nehmender Gemütskrankheiten ist. Solche Störungen und die daraus resultierenden Fehlleistungen sind weitgehend die Folge negativen Denkens.

Aber *Selbstmitleid ist im besonderen eine Auswirkung gekränkter Gefühle.* Solcher Gekränktheit, die auf die Dauer zur Verbitterung wird, erwächst oft wilder Zorn, der sich wie in einer Spirale zu Haß und Rachebedürfnis steigert und nicht selten mit Mord oder Wahnsinn endet. Bewußte und unbewußte Rachewünsche, gekoppelt mit intensiven Haßgefühlen, die sich in blindwütigen Aktionen nach außen entladen, stellen sogar die üblicherweise zu befürchtende Reaktion auf zutiefst verletzte Gefühle dar. Mord und Totschlag sind dann nur die extremsten Konsequenzen.

Zwar ist Rache sicherlich nicht das einzige Motiv für Mord (allerdings ist sie oft genug das wesentliche Tatmotiv), und Feuerwaffen sind zweifellos nicht die einzigen Mordinstrumente, doch weist die Statistik aus, daß in den Vereinigten Staaten von Amerika seit 1900 mehr als drei viertel Millionen Menschen in ihren Wohnungen erschossen wurden (ja – allein schon in ihren Wohnungen). Diese schockierende Zahl spricht wohl für sich selbst.

Wenn auch gekränkte Gefühle und beleidigtes Selbstwertgefühl – wogegen wir alle keineswegs gefeit sind – beruhigenderweise in den meisten Fällen nicht zu Mord und Wahnsinn führen, so verursachen sie doch ein so hohes Maß an Spannungen, Gereiztheiten und verhängnisvollen Reaktionen, daß wir uns aufrichtig dem BEMÜHEN verschreiben sollten:

- uns gegen Gefühlskränkungen zu wappnen; wenn möglich, sie zu vermeiden;
- sämtliche derartige Regungen möglichst schnell wieder loszuwerden, einschließlich kleinlicher Übelnehmereien und Ressentiments, an denen wir uns geradezu gern anzuklammern pflegen.

Es ist übrigens – wie Sie sicher bemerkt haben werden – von Anfang an nicht meine Absicht gewesen, mich in diesem Buch auf eine systematische oder erschöpfende Behandlung psychologischer Themen einzulassen. Gegenstand dieses Buches, wie überhaupt meines »Schlüsselwerks«, sind BEWÄHRTE ERFOLGSMETHODEN, und zwar im Fall dieses Bandes Erfolgsmethoden der Persönlichkeitsbildung. Im Hinblick auf diese Zielsetzung, der Sie sich durch die Lektüre gleichsam angeschlossen haben, ist dieses Kapitel trotz der bei weitem nicht erschöpfenden Behandlung aller psychologischen Aspekte bestimmt von großem Nutzen – wenn Sie für die Nutzanwendung sorgen!

Überlegen wir also, wie wir gekränkte Gefühle, die, wie gesagt, von alltäglichen Ressentiments bis zur Verbitterung reichen, vermeiden können oder – sofern sich schon ein derartiger Komplex in unserer Gefühlsstruktur aufgebaut haben sollte – wie wir sie wieder loswerden können.

Zunächst sollten wir uns vergegenwärtigen, was gekränkte Gefühle »am Leben hält«, so daß wir verbittert sind oder zu werden drohen. Es ist das *wiederholte Neudurchleben einer als schmerzhaft empfundenen Erfahrung der Vergangenheit in unserer Erinnerung.*

Wenn wir das wissen, sollten wir auch in der Lage sein, weitere schmerzliche Selbstverletzungen unserer Gefühle zu vermeiden. Hat sich in unserem Gemütsleben bereits Verbitterung, und sei sie auch noch so gering, eingenistet, so müssen wir sie um so schneller wieder loswerden. Und auch dies sollten wir wissen: Gekränktheit ist immer eine – wenn auch für uns schädliche – Abwehrreaktion auf eine wirkliche oder vermeintliche Verletzung des uns kostbaren Selbstwertgefühls, auf einen erfolgten oder befürchteten Angriff auf unsere Person, unsere persönlichen Verhältnisse (Familie, Freunde usw.) oder unseren Besitz.

Wie können wir nun einen wirkungsvollen Keil zwischen die als schmerzhaft empfundene Erfahrung und unsere Reaktion treiben? Wir können das auf mancherlei Weise. Hier ein paar RATSCHLÄGE:

Ignorieren Sie die Kränkung! Man kann die Fähigkeit, tatsächliche oder eingebildete unangenehme Ereignisse der Vergangenheit zu ignorieren, zur Kunst entwickeln und sich dadurch viele unnötige Sorgen, Ängste und Seelenqualen ersparen. Vergangenes ist vorbei; Sie können die Vergangenheit nicht ändern, auch wenn Sie diese noch so oft in Gedanken wiederbeleben. Was nützt es Ihnen, sich an ein schmerzliches Erlebnis zu klammern und Vergangenes wieder und wieder zum Leben zu erwecken? *Was Sie nicht ändern können, sollten Sie vergessen.*

Leichter gesagt als getan? Ja, vielleicht – je nachdem! Wenn Sie ein sehr feinfühliger Mensch sind, wäre der Einwand, zumindest teilweise, berechtigt. Sind Sie leicht verletzbar? Sind Sie überempfindlich gegenüber allem, was andere sagen oder tun, so daß Sie jedes Wort übelnehmen, das nicht auf eine Schmeichelei hinausläuft? Ist die Haut Ihres Gefühlslebens so »dünn«, daß die geringfügigste gesellschaftliche Zurücksetzung eine schmerzliche Wunde hinterläßt? Und all das meinen Sie, lasse sich in Ihrem Fall nicht ändern? Sie müssen nur wollen! Sprechen wir einmal miteinander darüber – jetzt.

Schaffen Sie sich ein dickeres Fell an! Um es gleich zu sagen: Es muß nicht ganz so dick sein wie das des Generals der US-Marineinfantrie Smedley Butler, der als »Höllenhund« in die Geschichte eingegangen und nach seinen eigenen Worten von oben und unten her zahllose Male beschimpft worden ist. Wie reagierte er darauf? War er verletzt, beleidigt? »Wenn ich jemanden höre, der mich anpöbelt, weigere ich mich auch nur hinzusehen, wer da überhaupt redet«, sagte er.

»Ja«, werden Sie sagen, »Ihr General war eben ein robuster Soldat, aber ich bin nur ein zartes, zitterndes Veilchen.« Nun gut, mein liebes Veilchen, dann wird es höchste Zeit, daß wir das Zittern und Zagen aufgeben. Dazu muß man kein Haudegen sein.

Davon war zum Beispiel auch Bernard Baruch weit entfernt, ein ruhiger, höflicher und kultivierter Mann, der kluge und zurückhaltende Berater von nicht weniger als sechs Präsidenten der Vereinigten Staaten von Amerika. Lernen Sie von ihm, wenn er sagt: »Kein Mensch kann mich je demütigen oder verletzen. Ich gestatte es ihm nicht«.

So können auch Sie jede Kränkung entschärfen, bevor sie noch Ihre Gefühle in Aufruhr versetzt. *Lassen Sie sich durch nichts und niemanden kränken oder beleidigen!* Ignorieren Sie einfach alles, was darauf abzielen könnte!

Ihr Körper hat einen eingebauten »Thermostaten«, der eine gleichmäßige Körpertemperatur von etwa 37 Grad Celsius garantiert, gleichgültig, ob die Außentemperatur unter dem Gefrierpunkt ist oder tropische Hitzegrade erreicht. Prägen Sie Ihrem Unterbewußtsein ganz bewußt Vorstellungsbilder eines – ganz ähnlich funktionierenden – »Gefühlsthermostaten« ein, der Ihre Gefühle angenehm und gleichmäßig temperiert erhält, auch wenn Sie eiskalte Duschen der Nichtbeachtung oder hitzige Angriffe feindseliger Wut über sich ergehen lassen müssen – was uns allen ja zwangsläufig hin und wieder passiert. Sie brauchen auf derartige Gefühlsstürme, die Sie umtoben, nicht zu reagieren. Bleiben Sie gleichmütig und unbeirrbar.

Der große französische Philosoph Michel Eyquem de Montaigne vertrat einen Standpunkt, der auch Ihnen helfen könnte, niemals gekränkt zu sein: »Ein Mensch wird nicht so sehr verletzt durch das, was ihm zustößt, als vielmehr durch seine Ansicht über das, was ihm zustößt.« Es geht also im Grunde *nicht um das, was Ihnen geschieht, sondern um das Gefühl, das Sie angesichts eines Geschehens empfinden.*

Bauschen Sie nicht jeden Maulwurfshügel einer Zurücksetzung zu einem Hochgebirge der Kränkung auf. Und machen Sie aus Mücken keine Elefanten. Fühlen Sie sich nicht gleich tief verletzt, wenn Sie einmal nicht »gebührend« beachtet werden. Wenn Ihnen jemand aber wirklich einmal so richtig eins auswischen will, dann lassen Sie ihn an Ihrer Gemütsruhe und inneren Ausgeglichenheit abprallen.

Denken Sie daran: *Ihre Gekränktheit verletzt nicht denjenigen, der Sie beleidigt, sondern nur Sie selbst.* Warum sollten Sie sich bewußt selbst verletzen wollen? Wenn Sie sich in schlaflosen Nächten (nach dem Klischee alten Wuduzaubers) voller

Grimm vorstellen, Sie zerstechen das Konterfei Ihres Gegners mit Stecknadeln, so tut ihm das nicht im geringsten weh; aber es schadet Ihnen selbst. Wenn Sie schon nicht – wie die Bibel es fordert – Ihre Feinde lieben können, sollten Sie zumindest sich selbst genügend lieben, um nicht Ihren Feinden Macht über Ihr Glück, Ihre Seelenruhe und Ihre Gesundheit einzuräumen.

Wenn also für Sie ein Anlaß, verletzt oder beleidigt zu sein, erkennbar wird, ignorieren und vergessen Sie ihn! Nehmen Sie sich selbst nicht zu ernst und schon gar nicht andere Menschen, wenn diese Sie ärgern oder wie immer provozieren. Denken Sie sofort an etwas anderes. Ihr Geist kann nicht zwei verschiedene Gedanken auf einmal verfolgen. Also *konzentrieren Sie sich auf etwas, das Sie von der Möglichkeit, Schmerz zu empfinden, ablenkt.* Beschäftigen Sie sich in Gedanken oder Taten mit irgend etwas anderem. Lassen Sie sich von Arbeit oder Spiel gefangennehmen.

Sollten sich schmerzliche Regungen gleichwohl hartnäckig durchsetzen wollen, lachen Sie ihnen ins Gesicht. Jagen Sie sie davon! Seien Sie erhaben über jedes Ressentiment. Machen Sie sich den Grundsatz eines Mannes wie DWIGHT EISENHOWER zu eigen. Er riet, man solle keinen Gedanken an jemanden verschwenden, den man nicht leiden kann.

Aber nehmen wir an, Sie fühlen sich trotz allem verletzt. Die Kränkung hat sich in Ihrem Gemüt festgesetzt. Wie machen Sie sich wieder frei davon? Sie werden feststellen, daß Sie ebenso, wie Sie Gekränktheit vermeiden, auch wieder von ihr loskommen können. Die meisten Menschen halten es für ganz natürlich, ab und zu gekränkt, beleidigt, verletzt zu sein. Erst wenn sie sich darüber klarwerden, daß ihre gekränkten Gefühle ständig schlechte Laune, Unzufriedenheit – und Schlimmeres – hervorrufen, beschließen sie, sich von ihnen freizumachen und in Zukunft möglichst jedes Ressentiment zu vermeiden.

Dieses Kapitel will Ihnen klarmachen, wie gekränkte Gefühle entstehen und wieviel Unglück eine solche Gefühlshaltung, insbesondere wenn sie sich zur Verbitterung verhärtet, Ihnen bereiten kann. Sie wissen auch, wie Sie dies vermeiden können. *Und damit haben Sie schon begonnen, Ihre Einstellung gegenüber Ihrer eigenen Gefühlshaltung zu verändern* und Empfindlichkeiten, die Ihnen eigen sind (oder sollte ich sagen: die Sie beherrschen?) kritisch zu überwachen; Sie sind im Begriff, sie abzulegen.

Wenn Sie sich jedoch von alteingeschliffenen Komplexen tiefverwurzelter Verbitterung befreien wollen, bietet sich Ihnen eine BEWÄHRTE METHODE an, die Sie zunächst vielleicht überraschen wird, die Sie jedoch nicht von der Hand weisen sollten.

Sehr wichtig ist dabei, daß Sie *zu einem einfühlenden Verständnis für gerade diejenigen finden, von denen die Kränkung ausgeht.* Vielleicht hatten diese Menschen berechtigte Gründe (oder sie glaubten zumindest, solche zu haben) für ihr Verhalten, das Sie als Kränkung empfanden.

Ich selbst habe für meinen Teil lange und im bewußten Bemühen um Objektivität darüber nachgedacht und zu ergründen versucht, warum ich in Fällen, da ich mich zutiefst getroffen fühlte, von anderen Menschen verletzt worden war. Ich stellte fest, daß es sich fast immer um folgerichtige Reaktionen auf ein Verhalten, das ich ihnen gegenüber zuvor an den Tag gelegt hatte, gehandelt hat.

Ich bin ziemlich sicher, daß auch Sie, wenn Sie den Verletzungen Ihrer Seele ehrlich und möglichst objektiv auf den Grund gehen, entdecken werden, daß in den meisten Fällen *Sie selbst den Anlaß für die feindselige Haltung Ihrer »Widersacher« gegeben haben.*

Wenn es sich aber so verhält, dann bedeutet das selbstverständlich, daß Sie in den meisten Fällen gar keine haltbaren Gründe haben, gekränkt zu sein. Ändern Sie also Ihre Haltung! Wenn Sie selbst durch ein Handeln oder Verhalten Ihrerseits jemanden gekränkt und dadurch seine Angriffe herausgefordert haben, dann sollten Sie *die Kränkung – am besten sofort – rückgängig machen.* Sie könnten sich bei ihm entschuldigen oder ihm Vorschläge machen, wie Ihre Beziehungen zu normalisieren seien und seine Verstimmung beseitigt werden kann. Lassen Sie hingegen den Dingen einfach ihren Lauf, wird sich der Betreffende weiterhin feindselig verhalten, und der unheilvolle Kreislauf findet kein Ende.

Sehr viele Nachlässigkeiten, Unverständlichkeiten und sogar Grobheiten, die Ihre Verstimmung oder Empörung hervorrufen, sind allerdings *von ihren Verursachern überhaupt nicht beabsichtigt;* sie erklären sich einfach aus dem sehr menschlichen Zug, daß jeder bis über die Ohren in seinen eigenen Problemen steckt und seine eigenen Ziele verfolgt – wie Sie die Ihren!

Manche Menschen fühlen sich *bereits verletzt, wenn sie nicht gegrüßt oder »nicht besonders herzlich« gegrüßt werden.* Das ist natürlich unsinnig. Meist handelt es sich ohnehin bloß um ein Versehen, einen Irrtum.

Doch selbst wenn man Sie einmal offenkundigerweise absichtlich übersieht, ist das kein Grund, sich verletzt zu fühlen, wodurch Sie nur sich selbst schaden. Als Persönlichkeit von Anziehungskraft haben Sie es in der Hand, Ihren Umgang mit Menschen frei zu wählen und nach Ihren Vorstellungen zu gestalten.

Andererseits sollten Sie, wenn Sie sich übergangen fühlen, ganz einfach sich selbst und den Beleidiger Ihres Selbstwertgefühls oder Ihrer Interessen nicht zu ernst nehmen. Vielleicht geschah auch das völlig unbeabsichtigt. Versuchen Sie alles, was Ihnen an Unangenehmem oder sogar an Schmerzhaftem widerfährt, im Zusammenhang mit den Problemen, Zielsetzungen und der persönlichen Einstellung Ihrer Gegner zu sehen. Sie werden feststellen, daß manche Menschen von ihrem Standpunkt aus eine gewisse Berechtigung haben – oder dies zumindest meinen – für ein Verhalten, das Sie als kränkend oder verletzend empfinden.

Diese Einsicht macht Sie frei von unangebrachter und schädlicher Überempfindlichkeit.

Kapitel 29

Gehen Sie auf andere Menschen zu!

Persönliche Anziehungskraft, die wir als Magnetismus gekennzeichnet haben, ist eine sehr wünschenswerte Eigenschaft. Aus der Fähigkeit, auf andere Menschen anziehend zu wirken, können sich große persönliche Vorteile ergeben. In Kapitel 24 dieses Buches haben Sie erfahren, wie Sie die von Stars der Bühne, des Films und Fernsehens ganz selbstverständlich praktizierten Methoden anwenden können, um sich persönlichen Magnetismus anzueignen und diese Ihre Anziehungskraft gegenüber anderen auszustrahlen. Es besteht kein Grund, in diesem Kapitel zu widerrufen, was dort gesagt wurde.

Ich möchte aber darauf hinweisen, daß es auch ANDERE METHODEN gibt, die Menschen für sich einzunehmen. Eine dieser Methoden führt zu ebenso wünschenswerten Ergebnissen wie die der Entfaltung persönlicher Anziehungskraft, geht aber von einem nahezu entgegengesetzten Prinzip aus. Um es genau zu sagen: Wenn Sie die Methode anwenden, deren Wert ich hier hervorheben möchte, *werden Sie Menschen nicht anziehen, sondern auf sie zugehen.*

Die amerikanische Postgesellschaft »Western Union« brachte eines Tages den Slogan heraus: »Schreiben Sie nicht – telegraphieren Sie!« Dieser Vorschlag ist sehr vernünftig, und ich habe ihn oft weitergegeben.

Ein paar Jahre später pflegte man angehenden Verkäufern und Managern in den USA einzuimpfen: »Schreiben Sie nicht, telegraphieren Sie nicht – *gehen Sie hin!*

»Hingehen« hat entschiedenermaßen bedeutende Vorteile für sich:

Hingehen – wo das Geschäft ist!
Hingehen – wo Geld ist!
Hingehen – wo Menschen sind!
Hingehen – wo etwas passiert!
Hingehen – wo es menschlich zugeht!

Doch davon handelt dieses Kapitel nicht. In diesem Kapitel soll nur eine einfache Methode beschrieben werden, wie Sie andere Menschen veranlassen können, möglichst das zu tun, was Sie gern möchten. Um das zu erreichen, müssen Sie hingehen oder, anders gesagt, auf die anderen zu- und eingehen. Folgende VORGEHENSWEISEN bieten sich Ihnen an:

○ *Finden Sie heraus, was Ihren Gesprächs- oder Verhandlungspartner gerade beschäftigt:*
Gehen Sie zu ihm hin und unterhalten Sie sich mit ihm darüber. Wahrscheinlich hält er Sie für einen äußerst interessanten Gesprächspartner, weil Sie auf das eingehen, was ihn beschäftigt – auf den Kernpunkt dessen, was ihn im Moment besonders interessiert.

○ *Finden Sie heraus, wo die Interessen Ihres Gesprächspartners liegen:*
Gehen Sie zu ihm und stellen Sie ihm Fragen – nicht plump, sondern indem Sie Ihre eigenen Interessen andeuten. Versuchen Sie, Ihre eigenen Interessen mit den seinen in Übereinstimmung zu bringen. Wenn Ihre und seine Interessen nahe beieinanderliegen und wenn es Ihnen gelingt, Ihre und seine Interessen aufeinander abzustimmen, schaffen Sie ein festes Bündnis, das einigen Belastungen standhalten wird.

○ *Finden Sie heraus, welche Überzeugungen Ihr Gesprächspartner hat:*
Gehen Sie zu ihm mit Ihren eigenen Überzeugungen. Benutzen Sie jedoch Ihre Überzeugungen als Plattform, um den seinen beizupflichten, sie zu bestätigen, zu erhärten. Stellen Sie eine Brücke her zwischen Ihren Überzeugungen und seinen Überzeugungen. Verbinden Sie Ihre Überzeu-

gungen fest mit den seinen, und Sie werden über eine Art geistige Festung verfügen, zu deren Verteidigung er sich, mit Ihnen verbündet, bereit finden wird, solang es nicht unmöglich wird.

- *Finden Sie heraus, welche Wünsche Ihr Gesprächspartner hat:*
  Gehen Sie zu ihm hin und bieten Sie ihm an, ihm bei der Erfüllung seiner Wünsche zu helfen. Sie können keinen größeren Einfluß auf einen Menschen gewinnen, als durch die Fähigkeit und Bereitschaft, seine Wünsche zu erfüllen, und zwar, wenn irgendmöglich, vollständig und sofort.

Einiges Persönlichkeitstraining und ein gewisses emotionales Potential sind erforderlich, um aufgrund Ihres persönlichen Magnetismus andere Menschen zu bewegen, auf Sie zuzukommen. Hingegen erfordert es lediglich Bereitwilligkeit und etwas Bemühung Ihrerseits, zu anderen hinzugehen. In beiden Fällen *erreichen Sie das Ziel – den persönlichen Kontakt, der es ermöglicht, sich zum gegenseitigen Nutzen miteinander zu verbinden.*

Wenn Sie in dieser Hinsicht Erfolg haben wollen, müssen Sie die Flexibilität aufbringen, die Überlegungen, Interessen, Überzeugungen und Wünsche des Partners genau einzuschätzen und, was nicht weniger Flexibilität erfordert, Ihre eigenen Überlegungen, Interessen, Überzeugungen und Wünsche denen des Partners anzupassen. Nur so können Sie mit ihm als Verbündetem auf ein gemeinsames Ziel zusteuern.

Diese BEWÄHRTE ERFOLGSMETHODE setzt voraus, daß Sie bereit sind zu geben, bevor Sie nehmen. Sie beruht auf dem *Grundsatz, daß es nicht nur »besser ist, zu geben statt zu nehmen«, sondern daß es notwendig ist zu geben, um nehmen zu können.*

Der Manager, auf dessen Schreibtisch ich einmal die hintergründige, kalligraphisch präsentierte Botschaft zu sehen bekam: »Seien Sie vernünftig, machen Sie es so, wie ich es will!«, meinte das durchaus ernst; andere Chefs schockieren zwar niemanden mit einer solchen »Mitteilung«, denken aber das gleiche.

Der Verkäufer, der sagt: »Hier sind unsere Spezifikationen; die Angebotsfrist beträgt zwei Wochen«, blufft ebensowenig wie der Personalchef, der ausschreiben läßt: »Von den Bewerbern um diese Stelle erwarten wir (die und die) Qualifikationen.«

Früher konnte man vielleicht noch Erfolg haben, indem man versuchte, andere Menschen zu beherrschen, indem man Druck auf sie ausübte und sie dann beeinflußte, alles nach den autoritär aufgenötigten Vorstellungen »derer von oben« zu erledigen (optimal war diese Methode nie); heutzutage können Sie jedenfalls *nur Erfolg haben, wenn Sie kooperativ auf die Vorstellungen all der Menschen eingehen, von denen Ihr Erfolg abhängt.* Das heißt, Sie müssen auf die Zielvorstellungen Ihrer Vorgesetzten wie auch Ihrer Mitarbeiter eingehen. Und das heißt wiederum, daß Sie deren Interessen berücksichtigen, deren Politik unterstützen, deren Wünsche erfüllen müssen.

Wird aber, wer das tut, nicht zu einem willenlosen Opportunisten, dessen einziger Wunsch darin besteht, anderen zu gefallen? Keineswegs!

Sie benötigen erheblich mehr Willenskraft, Ihre eigenen Wünsche hintanzustellen, als wenn Sie Ihre Wünsche mit Druckmitteln durchsetzen – wenn Sie das überhaupt *könnten.* Es erfordert bedeutend mehr Kraft, sich freundlich anzupassen, als rücksichtslos zu herrschen – wenn Sie das überhaupt *könnten.* Zur Kooperation gehört mehr Intelligenz als zur Obstruktion – wenn Sie sich Obstruktion überhaupt leisten *könnten.*

Beachten Sie bitte, daß es bei den vorstehenden Erwägungen immer heißt: »Wenn Sie könnten«; Tatsache ist nämlich: *Sie können nicht! Niemand kann das!*

Wenn Sie mit Menschen zu tun haben, von deren Entscheidungen Ihr Erfolg abhängt, dann können Sie ihnen Ihre Wünsche nicht aufzwingen. Sie können über sie nicht rücksichtslos verfügen. Sie können den von diesen Menschen gewählten Weg zum Erfolg nicht blockieren. Sie können Ihre Vorstellungen nicht mit Gewalt durchsetzen. Sie müssen sich den Vorstellungen der anderen anpassen.

Das bedeutet nicht, daß Sie nicht – jederzeit – konstruktive Vorschläge machen könnten. Man wird das sogar von Ihnen erwarten, wird Sie darum bitten, falls Sie auf Ihrem Gebiet ein Experte sind. Je mehr Verbesserungen Sie dann vorschlagen, um so schneller werden Sie Ihre Ziele erreichen.

Wiederholen wir kurz, worauf der Erfolg der in diesem Kapitel erörterten Methode beruht. Vor allem: *Gehen Sie hin!* Sodann: Finden Sie heraus, womit der andere sich beschäftigt . . . dann wird sich Ihnen seine Aufmerksamkeit zuwenden. Finden Sie heraus, welche Interessen er hat . . . dann werden sich Ihre Interessen mit den seinen verbinden lassen. Finden Sie heraus, welche Überzeugungen er hat . . . dann wird er, in den eigenen Überzeugungen unterstützt, Ihr Verbündeter sein, wenn es darum geht, Sie zu verteidigen. Und wenn Sie ihm noch bei der Erfüllung seiner Wünsche zu helfen vermögen . . . *Sie müssen geben, bevor Sie nehmen können!*

Wer es sich zur Lebensregel macht, zuerst zu geben, und tatsächlich zuerst gibt, der braucht sich um das Nehmen keine Sorgen mehr zu machen. Eine Persönlichkeit muß das wissen.

Kapitel 30

Bereit sein!

Der Leitsatz der Pfadfinder heißt: »Allzeit bereit!« Ich glaube, es lohnt sich, einmal intensiv darüber nachzudenken, ob wir – und wozu wir – bereit sind; bereit sind als Menschen – das meine ich.

Wir müssen bereit sein *in bezug auf alles, was uns im Leben an Erfreulichem gegönnt ist, aber auch was uns an Leidvollem widerfährt.*

Der englische Publizist MALCOLM MUGGERIDGE hat, als er als Auslandskorrespondent des »Manchester Guardian« in Moskau weilte, einmal gesagt: »Religion setzt weise voraus, daß es Leiderfahrung und Unglück gibt, und daher überlebt sie; wogegen sich weltliche Utopien unvermeidlich als trügerisch erweisen und bald zunichte werden.«

Wir sollten uns der Einsicht, daß uns auch Unglück widerfahren kann, nicht völlig verschließen. Auch LEIDERFAHRUNG gehört nun einmal zum menschlichen Leben. *Das sollte von jedem einzelnen erkannt und ohne Bitterkeit oder fatalen Pessimismus akzeptiert werden.* Und das gilt sowohl im Hinblick auf großes Leid als auch in bezug auf all die größeren oder kleineren Mißgeschicke, denen wir nicht ausweichen können. Akzeptieren wir sie in der Erkenntnis, daß wir nicht nur zu unserem Vergnügen auf der Welt sind, sondern um den Lebenskampf zu bestehen.

Viele Menschen leben in ständiger Angst vor dem Tod. Der Tod ist für sie das Unglück schlechthin, das ihnen droht. Sie erleben den Ablauf der Zeit wie das Ticken einer Uhr das –

infolge ihrer Angst – mit jedem Tag bedrohlicher wird, bis es zum Glockenschlag anschwillt.

Wir brauchen nicht zu fragen, ob uns einmal die Stunde schlägt; wir wissen es. Wir brauchen uns aber auch nicht vor dem Unvermeidlichen tagtäglich zu Tode zu ängstigen. Wir sollten jedoch auf den Tod gefaßt sein. Allen Aufbegehrenden möchte ich JONATHAN SWIFTS Bekenntnis entgegenhalten; er schrieb: *»Es ist unmöglich, daß etwas so Natürliches, etwas so Notwendiges und Allgemeines wie der Tod von der Vorsehung der Menschheit als Übel zugedacht worden sein könnte.«*

Das Bild der Lebensuhr hat ein unbekannter Dichter in folgende Verse gefaßt:

Die Uhr des Lebens wird nur einmal
am Anfang deiner Tage aufgezogen.
Wer kann dir Auskunft geben
und sagen, wann sie stillesteht?
Wo endet deines Lebens Bogen?

Jetzt ist die einzige Zeit, da Leben,
dein Lieben und Mühen, dir gehören will.
Vertraue nicht auf morgen.
Die Zeiger deiner Lebensuhr
stehen dann vielleicht schon still.

Sie haben keinen Einfluß auf die Länge Ihres Lebens, aber seine Breite und Tiefe – die auch Höhe in sich schließt – können Sie bestimmen. Innerhalb dieser Dimensionen erfahren Sie das unwiederholbare Wunder Ihres Lebens; denn *das Leben ist ein Wunder, und es ist unwiederholbar.*

Unsere Unfähigkeit, das Leben zu erklären, ist vielleicht der beste Beweis dafür, daß das Leben ein Wunder ist. Und zu diesem Wunder, das wir nicht erklären können, gehört auch der Tod. Wir wissen nicht einmal, ob der Tod überhaupt ein Unglück ist – oder ob unser Sterben, wie es die großen Weltreligionen lehren, nicht ein glückliches Eingehen in den unendlichen Geist ist.

GEFASSTSEIN AUF DAS UNVERMEIDLICHE und Bereitsein, das, was wir für ein Unglück halten – wenn es eintritt –, zu akzeptieren, bedeutet natürlich nicht, daß wir uns an das Unglück klammern, uns seinetwegen sorgen oder täglich sein Eintreffen befürchten sollen. Wir haben bereits erörtert, wie unerläßlich eine zuversichtliche Grundhaltung und wie abträglich eine auf Unglück und Mißerfolg ausgerichtete Erwartungshaltung ist.

Haben wir aber einen Schicksalsschlag hinzunehmen, so werden wir nicht überwältigt sein; *wir werden reagieren, wie wir es uns vorgenommen haben: mit Fassung.* Wir sind darauf vorbereitet, daß uns auf unserem Lebensweg auch Leid beschieden sein wird. Dessenungeachtet werden wir unsere Lebensreise zuversichtlich und vertrauensvoll fortsetzen.

Die Redensart »Gewarnt sein heißt gewappnet sein« ist nicht nur physisch zu verstehen. Sie hat im Sinne der in diesem Kapitel behandelten Thematik auch Bedeutung für unser geistig-seelisches Verhalten und insbesondere für unser Gefühlsleben. Im voraus zu wissen, daß weder Freude noch Leid uns endgültig bestimmt sind, heißt, bereit zu sein und gegenüber dem Leben eine realistische Haltung einzunehmen, die nicht auf utopischen Hoffnungen basiert, die sich doch eines Tages, wie MALCOLM MUGGERIDGE sagte, »unvermeidlich als trügerisch erweisen und bald zunichte werden«.

Wir müssen uns darauf *einstellen, im Leben Glück wie auch Unglück gewachsen zu sein.* Vom Gesichtspunkt eines Dichters aus, der den Menschen in ihrem von den Wechselfällen des Schicksals diktierten Verhalten zusah, sagte RUDYARD KIPLING abgeklärt: »Nimm Triumph- und Unglücksgehaben gelassen hin und behandle die beiden Täuscher genau gleich.«

Unsere Lebensbahn bewegt sich aufwärts und abwärts. Indem wir dies begreifen und akzeptieren, stellen wir in unserer Persönlichkeit jenes Gleichgewicht her, das der große Psychologe und Arzt KARL MENNINGER die »vitale Balance« genannt hat. Wir sind »bereit«, ohne ängstlich zu sein; denn in dem heiteren Bewußtsein unseres Bereitseins verlieren wir unsere Ängste und erlangen jenes lebenswichtige Gleichgewicht und jene Gefaßtheit, mit denen wir den unvermeidbaren Wechselfällen des Lebens entgegentreten können.

Kapitel 31

Reden – ein Weg zum Erfolg

Wie Sie reden, was Sie sagen, zu wem Sie sprechen und wann Sie sich äußern – das kann weitgehend über Ihren Erfolg im Leben entscheiden.

Diese Feststellung ist einer genaueren Erörterung wert. Natürlich würden detaillierte Ausführungen darüber, wie man reden, was man sagen, zu wem man sprechen und wann man reden sollte, nur einigermaßen erschöpfend behandelt, ein ganzes Buch füllen, wahrscheinlich sogar Bände, und nicht nur dieses eine Kapitel. Die Vermittlung von Sprechtechnik und Redekunst kann selbstverständlich nicht das Anliegen dieses Buches sein; diesbezüglich sei auf die reichlich vorhandene einschlägige Literatur verwiesen.

Fangen wir mit dem elementaren Erfordernis an, dem FLÜSSIGEN SPRECHEN, denn das ist wichtig. Und gehen wir ruhig von einem denkbar schlechten Beispiel aus – von mir selbst.

Ich nenne mich selbst als Beispiel aus zwei Gründen: Zum einen konnte ich als Kind überhaupt nicht sprechen; jedenfalls habe ich so furchtbar gestottert, daß ich in der Schule zum Beispiel keine Gedichte vortragen konnte und auch von der Rede freigestellt wurde, die damals noch jeder Schüler der College-Abschlußklasse halten mußte. Zum anderen weiß ich noch genau, was ich unternahm, um meine Sprechunfähigkeit zu überwinden und fließend sprechen zu lernen. Aufgrund meiner eigenen Erfahrung kann ich versichern, daß man fließend sprechen lernt, indem man einfach spricht.

Für den unwahrscheinlichen Fall, daß Sie von ebenso dürftigen Voraussetzungen ausgehen müssen wie ich damals, *möchte ich Ihnen folgenden Rat geben:*

1. Sprechen Sie drauflos, wagen Sie es einfach, und Sie werden es auch können.
2. Fangen Sie mit den leichtesten Übungen an; gehen Sie dann jeweils schrittweise zur nächstschwierigen Aufgabe über.

Da ich stotterte, weil ich Hemmungen hatte, und da die meisten Menschen mehr oder weniger gehemmt sind, mag es für Sie nützlich sein zu erfahren, wie ich mich von meinen Hemmungen befreite. Zunächst hielt ich mich an die eine Empfehlung: Ich redete, redete drauflos. Wie ich das machte? Ich fing einfach – entsprechend der anderen Empfehlung – mit der leichtesten Übung an und ging dann schrittweise zur nächstschwierigeren Aufgabe über.

Das heißt: *Ich begann zunächst stumm mit mir selbst zu reden.* Ich erlebte so die Sprechimpulse und die Sprechbewegungen – lautlos. Und da ich allein war, hatte ich keine Hemmungen zu üben, und da ich keinen Ton von mir gab, stotterte ich natürlich auch nicht. *Dann begann ich zu flüstern – kein Problem! Ich flüsterte also lauter . . . und lauter. Schließlich sprach ich mit natürlicher Lautstärke* und immer noch lauter – zu mir.

Nach dem REZEPT DER KLEINEN SCHRITTE sprach ich zunächst mit mir selbst vor dem Spiegel, dann gezielt mit einzelnen Menschen, dann mit kleinen Gruppen, später dann vor Bürgerversammlungen, vor großem Auditorium aus Kreisen der Wirtschaft und Politik – und schließlich redete ich im Radio in der »Stimme Amerikas«, die in der ganzen Welt gehört wird.

Auch Sie können auf diese Art und Weise (wahrscheinlich ohne das Handikap, das mir mit meinem Stottern anhing) *lernen, flüssig zu reden, einfach durch – Reden.* Sprechen Sie mit so vielen Menschen wie nur möglich über jedes beliebige Thema. Halten Sie aber keine Rede; äußern Sie nur Ihre Meinung. Äußern Sie die beiläufig, leichthin, gutgelaunt und freundlich.

Jede ungezwungene Unterhaltung verläuft und endet nach den ihr eigenen Gesetzen. Wenn Sie keine Antwort fordern, erhalten Sie wahrscheinlich auch keine. Wenn Sie also wollen, daß das Gespräch weitergeht, dann stellen Sie eine Frage. Der erste Schritt zu jeder Unterhaltung mit anderen Menschen (oder wenn Sie ein neues Thema innerhalb einer Unterhaltung anschneiden möchten) sollte darin bestehen, daß Sie freimütig zugeben, etwas nicht zu wissen. Sagen Sie dann, daß Sie etwas darüber erfahren möchten oder müssen, und bitten Sie Ihren Gesprächspartner um diese Information. Ein für sein Unterhaltungstalent bekannter Freund sagte mir einmal auf meine gezielte Frage, *niemand scheut Zeit und Mühe, wenn er anderen Menschen etwas erklären »dürfe«.*

Ihr Weg zur Verbesserung Ihrer Fähigkeit, fließend zu reden, führt also über den geeigneten Einstieg zu Gesprächen. Dabei werden Sie zwangsläufig mit vielen verschiedenen Einzelpersonen und Gruppen Kontakte aufnehmen müssen. Somit lernen Sie gleichzeitig auch die nicht weniger wichtige KUNST DES BITTENS. Anstatt, wie es im Titel dieses Kapitels heißt, zu sagen: »Reden – ein Weg zum Erfolg«, sollte man eigentlich postulieren: *Bitten – ein Weg zum Erfolg.* Gehen Sie dabei folgendermaßen vor:

1. Bitten Sie andere Menschen, Ihnen Informationen zu geben, die Sie benötigen, um Ihre Ziele zu erreichen.
2. Bitten Sie andere Menschen zu tun, was diese Ihrer Meinung nach tun sollten, um Ihnen zu helfen, Ihre Ziele zu erreichen.
3. Bitten Sie andere Menschen, Ihnen zu vermitteln, was Sie zur Erreichung Ihrer Ziele brauchen.

Es gibt erprobte psychologische Prinzipien (die an anderer Stelle dieses Buches, ausführlich aber in meinem Buch *»Wunscherfüllung«* behandelt sind), um Menschen zu motivieren. Wendet man solche Prinzipien innerhalb vernünftiger Grenzen an, dann *werden andere Menschen tun, worum man sie bittet.* Natürlich will oder kann nicht jeder zu jeder Zeit alles erfüllen, worum er gebeten wird, aber – nach dem GESETZ DER WAHRSCHEINLICHKEIT – wird es immer genug Menschen geben, die sich Ihren Bitten nicht verschließen und Ihnen zum Erfolg verhelfen.

Was den Inhalt Ihrer Gespräche betrifft, die zu führen zweckmäßig sind, so möchte ich Sie noch einmal an Kapitel 20 erinnern, das die Spruchbänder beschreibt, die wir alle »auf unserer Brust tragen«, jene unsichtbaren Spruchbänder, auf denen geschrieben steht: Ich möchte wichtig sein! Ich möchte anerkannt werden! Ich möchte bewundert werden!

Sprechen Sie mit den Menschen über *das, was diese am meisten interessiert; es ist deren eigene Person!* Formulieren Sie Ihre einleitende Frage so, daß Ihr Partner sich ermutigt fühlt, über sich zu reden, und hören Sie ihm zu! Sie werden überrascht sein, in welchem Maße INTERESSIERTES ZUHÖREN Ihre Hemmungen beseitigt und wie es Ihnen das beste Material liefert, Ihre Unterhaltung fortzusetzen. Sie spüren deutlich, wie Ihre Fähigkeit wächst, durch Reden zum Erfolg zu gelangen.

Wenn Sie nun aber soviel Zeit auf das Zuhören verwenden (wie Sie sollten), können Sie dann noch fließend reden (wie Sie sollten)? Das kann eigentlich gar keine Frage sein: Natürlich sollen Sie sich an jeder Unterhaltung aktiv beteiligen: kurz aber aktiv! Das schafft zunächst ein wenig Übung – nicht genug allerdings, um Sie auch redegewandt zu machen. *Die beste Methode, fließend reden zu lernen, ist ununterbrochen zu sprechen.* Natürlich können Sie das nicht mit Gesprächspartnern praktizieren, ohne diese sträflich zu langweilen. *Üben Sie deshalb für sich allein, und zwar folgendermaßen:*

Sprechen Sie ständig – laut – mit sich selbst. Stellen Sie sich vor, Sie seien Rundfunksprecher und müßten eine halbe Stunde durch spontanes Reden »füllen« – ohne »Leerstellen«. Wenn Sie allein zu Hause sind, gehen Sie von Zimmer zu Zimmer und beschreiben Sie, was Sie sehen. Sprechen Sie im normalen Unterhaltungston. Reden Sie ohne Unterbrechungen. Beschreiben Sie das Mobiliar . . . wo und wann Sie es gekauft haben . . . ob es ersetzt oder repariert werden sollte. Beschreiben Sie die Wände, die Decke, den Fußboden, alles im Zimmer, was Ihrer Meinung nach verbessert werden sollte.

Reden Sie nur immer weiter ... ununterbrochen ... fließend.

Sie können auch, wenn Sie allein in Ihrem Wagen sind, wenn Sie in die Stadt oder auf das Land fahren, mit sich selber sprechen. Oder versetzen Sie sich in die Rolle eines Reiseberichterstatters, der die vorüberziehende Landschaft beschreibt und im Konversationston einen Dauervortrag darüber hält. Beschreiben Sie, was Sie sehen: Szenerie, Gebäude, Menschen, Ihre Eindrücke von ihnen und so weiter. Wenn Sie jeden Tag allein zu Ihrer Arbeit fahren, so nutzen Sie diese ausgezeichnete Gelegenheit zum Üben. Damit Sie sich nicht täglich wiederholen und schließlich langweilen, sollten Sie öfter Ihre Fahrtrouten wechseln oder einfach mehrere Male pro Woche sonst irgendwohin fahren, um fließendes Reden zu üben.

Denken Sie auch daran, die Qualität der Stimme zu verbessern; auch das ist sehr vorteilhaft. Es gibt ausgezeichnete Bücher der Stimm- und Sprechschulung im Selbstunterricht; noch besser ist es natürlich, bei einem guten Lehrer einen Rhetorikkurs zu absolvieren.

Schließlich ist es auch wichtig, mit wem Sie sprechen. *Je mehr Sie sich mit erfolgreichen Leuten unterhalten, desto erfolgreicher werden Sie selbst sein.*

Um der Übung willen und aus Gründen der Kollegialität und Menschlichkeit sollten Sie zwar mit allen Menschen einen freundlichen Umgang pflegen, zumal mit Kollegen in gleicher oder untergeordneter Position. Mehr lernen, mehr profitieren werden Sie aber von Gesprächen mit den führenden Leuten Ihrer Firma und mit Leuten, die sich in kultureller oder wirtschaftlicher Hinsicht als Persönlichkeiten bereits profiliert haben.

Worüber können Sie sprechen, um ihr Interesse zu erregen? Erinnern Sie sich an die unsichtbaren Spruchbänder, die selbstverständlich auch diese Menschen auf ihrer Brust tragen: Ich möchte wichtig sein! Ich möchte anerkannt werden. Ich möchte bewundert werden!

Gehen Sie im Gespräch mit wichtigen Leuten immer auf diese weitgehend unbewußten, aber beinahe zwangshaften

Bedürfnisse eines jeden Menschen ein, und Sie werden immer mit dem, was Sie sagen, Interesse finden.

Bieten Sie einflußreichen Leuten auch Ihre Mitarbeit an, besonders zur Unterstützung von deren kulturell-gesellschaftlichen Ambitionen und wohltätigen Zwecken gewidmeten Bestrebungen. Lassen Sie Ihre Bereitwilligkeit mitzuhelfen in Ihrer Unterhaltung durchblicken. Das wird Sie in die Lage versetzen, zwanglos mit den wichtigsten Leuten in Kontakt zu bleiben.

Machen Sie Ihrem Chef – möglichst dem höchstgestellten Mann im Betrieb – *Vorschläge, die Sie für vorteilhaft und realisierbar halten.* Doch versichern Sie sich vorher so weit wie möglich, daß Ihre Vorschläge hieb- und stichfest sind. Machen wir uns nichts vor. Ein Chef weiß aufgrund seiner in der Regel längeren Erfahrung und gehobenen Position (normalerweise) eine Menge mehr als zum Beispiel ein junger Angestellter mit viel geringerer Erfahrung oder überhaupt die ihm Untergebenen (vorausgesetzt natürlich, daß er seinen Chefposten zu Recht innehat).

Das schließt jedoch nicht aus, daß Sie neue und bessere Ideen haben können. Worauf ich hinaus will, ist: Gehen Sie keine unnötigen Risiken ein! *Bringen Sie Ihren Vorschlag möglichst immer in Form einer Frage vor.* Sagen Sie zum Beispiel: »Ich habe mich gefragt, ob . . . (und dann folgt Ihr Vorschlag). Was halten Sie davon . . .?« Oder: »Haben wir die Möglichkeit in Betracht gezogen, daß . . . (Ihr Vorschlag)?« Oder: »Was wird Ihrer Meinung nach geschehen, wenn . . . (Ihr Vorschlag)?«

Wenn Sie Ihren Vorschlag in Form bescheidener Fragen vorgetragen haben und er abgelehnt wird, können Sie immer noch sagen: »Diese Bedenken sind mir auch gekommen; aber in Anbetracht Ihrer größeren Erfahrung wollte ich gern Ihre Meinung kennenlernen, die – unter Umständen – die Sache hätte vertretbar machen können.« So kann sich Ihr Chef in seinem Selbstwertgefühl nur bestärkt sehen und wird Ihnen den Versuch nicht verübeln – im Gegenteil: er wird Sie als kooperativen Mitarbeiter in Erinnerung behalten.

Sollte Ihr Vorschlag jedoch angenommen werden, dann waren Sie es, der ihn als erster gemacht hat, und Sie können, in welcher Form immer, mit einer Anerkennung rechnen (die Sie sachlich und nicht unbescheiden entgegennehmen). Wenn Sie also Ihre Ideen in Form von Fragen vorbringen, so wird das grundsätzlich immer vorteilhaft für Sie und ohne Risiko sein, ganz gleich, ob Ihre Ideen angenommen werden oder nicht.

Nach der Lektüre dieses Kapitels werden Sie, hoffe ich, im Sinne des Kapiteltitels richtig verstehen, inwiefern Reden Ihnen den Weg zum Erfolg bahnen kann, und auch richtig einschätzen können, daß das hier Gesagte nur Anregungen für ein sehr weites Feld *richtigen Verhaltens sind, dessen Erfolg bei flüssigem Reden beginnt und schließlich davon abhängt, was man sagt, wie man es sagt und wem.*

Wenn Sie – daran besteht kein Zweifel – Ihr Verhalten auf diesem Gebiet zu perfektionieren vermögen, dann kommen Sie entscheidend voran auf dem Weg zu einer markanten und erfolgreichen Persönlichkeit.

Kapitel 32

Reden – ein Weg zur Gesundheit

Nicht zufällig habe ich dieses Kapitel nicht mit dem Titel *»Reden – ein Weg zu seelischer und emotionaler Gesundheit«* überschrieben – wie Sie noch sehen werden.

Natürlich können Sie sich durch Reden nicht von einer Krebskrankheit heilen oder von irgendeinem anderen, in erster Linie körperlichen Leiden; und jene Gurus und »Wunderheiler«, die bei ihren Anhängern den Glauben an eine Behandlung wecken, die nicht die bestmögliche, medizinisch gesicherte Therapie für das betreffende Leiden ist, erweisen ihren leichtgläubigen Zuläufern einen verhängnisvollen Dienst.

Nachdem damit klargestellt sein sollte, daß man nicht alle Krankheiten über einen Leisten schlagen und nach ein und demselben Schema behandeln kann, möchte ich Ihnen die erstaunliche heilende Kraft des Redens vor Augen führen.

Zunächst aber möchte ich erklären, warum ich im Titel dieses Kapitels das Wort »Gesundheit« verwendet habe, ohne – wie es zutreffender erscheinen könnte – einschränkend zu sagen, daß es sich um die seelische und emotionale Gesundheit handelt. Der Grund dafür ist, daß die Begriffe »seelisch« und »emotional« oder auch »gefühlsmäßig« sich weitgehend dekken. Ich werde daher in der Regel nur das Wort »seelisch« benutzen (wie es auch viele namhafte Psychologen tun).

Ferner sollten wir uns darüber im klaren sein, daß *kein Leiden ausschließlich seelischer oder ausschließlich körperlicher Natur ist; immer besteht eine gegenseitige Wechselwirkung.* Seele und Körper mögen zwar unterschiedlich stark an einer

Krankheit beteiligt sein, die dann eben entweder überwiegend körperliche oder überwiegend seelische Ursachen hat; aber fast immer sind an einem Leiden Seele und Körper ursächlich beteiligt und auch von den Folgen des Leidens betroffen.

Viele Menschen wissen nicht, daß die meisten Leiden, obwohl deren typische Krankheitssymptome und überhaupt alle spür- oder sichtbaren Beeinträchtigungen körperlicher Art sind, seelische Ursachen haben. Es handelt sich hierbei um sogenannte PSYCHOSOMATISCHE KRANKHEITEN, die als *körperliche Krankheiten, denen seelische Ursachen zugrunde liegen,* definiert werden können.

Es ist seit langem bekannt, daß über die Hälfte aller Patienten, die einen Arzt aufsuchen oder in Krankenhäusern untergebracht sind, an psychosomatischen Krankheiten leiden, eben solchen körperlichen Krankheiten, die seelische Ursachen haben. In zunehmendem Maße werden immer mehr körperliche Leiden als psychosomatische Krankheiten diagnostiziert, auch wenn der Patient selbst vielleicht nichts davon erfährt. Einige – und nicht wenige – unter den Fachleuten von Rang und Namen gehen sogar soweit zu behaupten, *daß neunzig Prozent aller Krankheiten seelische Ursachen zugrunde liegen.*

Ein Patient mit einem gebrochenen Arm ist natürlich der Ansicht, daß es sich bei seinem Unfall um ein rein physisches Geschehen handelte – und das stimmt letzten Endes auch. Aber hinter dem physischen Unfallgeschehen mag unter Umständen das unbewußte Wunschziel gestanden haben, sich einer Verantwortung zu entziehen, etwas Unerfreuliches, Peinliches und Gefährliches nicht auf sich nehmen zu müssen – das Unterbewußtsein stellt mit dem gebrochenen Arm den willkommenen Ausweg zur Verfügung: Jetzt kann jeder sehen, daß es mir nicht möglich ist, der mir gestellten Anforderung nachzukommen!

Der gebrochene Arm ist ein harmloses Beispiel. Es gibt Menschen, die erblinden, die ganz oder teilweise gelähmt werden, die diese oder jene ausgefallene Krankheit bekommen (obwohl es Krankheiten gibt, die sich für solche Fluchtreaktionen ganz besonders anzubieten scheinen) – nur um einer widerwärtigen Lage zu entkommen oder um eine glaubhafte Entschuldigung zu haben, sich einer unerwünschten Anforderung entziehen zu können. Manchmal dienen solche Erkrankungen sogar der unbewußten Selbstbestrafung für ein verdrängtes oder unterdrücktes Schuldgefühl.

Neben den psychosomatischen Störungen mit vorwiegend körperlichen Symptomen, die selbst zu bleibenden körperlichen Gebrechen führen können, gibt es natürlich auch die ganze Skala SEELISCHER KRANKHEITEN, die von einfachen Hemmungen bis zu geistiger Umnachtung reichen. Die Situation ist völlig unkontrollierbar geworden. So stellte *»Time Magazine«* vor einiger Zeit fest: »Wenn alle fünfzehntausend praktizierenden Psychiater der Vereinigten Staaten von Amerika, alle Sozialarbeiter und alle psychotherapeutisch tätigen Psychologen ihre gesamte Arbeitszeit dazu verwendeten, auf jeden einzelnen Kranken einzugehen, so könnten sie gerade nur einen von zehn rein seelisch kranken Patienten, die Hilfe brauchen, behandeln.«

Ich gebe nicht vor, eine Lösung für ein so schwerwiegendes Problem liefern zu können. Aber ich möchte eine einfache – und sehr erfolgreiche – Form VORBEUGENDER THERAPIE vorschlagen, die seelische und emotionale Spannungen verringern hilft, welche, ungelöst und längere Zeit angestaut, sehr oft zu ernsthafteren Störungen führen.

Die vorbeugende Therapie, die ich meine, besteht darin, daß man sich ausspricht. Die Aussprache führt auch seitens eines Gesunden zu dem, was Psychiater bei der Behandlung von Kranken »Katharsis« (wörtlich »Reinigung«) nennen: zur Befreiung von inneren Spannungen und seelischen Konflikten. Für den Laien bedeutet das: *Sich seinen Kummer von der Seele reden!* Regen Sie sich nicht auf, bis Sie »vor Wut kochen« und dann versäumen, »den Dampf abzulassen«, wie es Ihnen passiert, wenn Sie auf irgendeine von tausend verhängnisvollen Arten »durchdrehen«. Grämen Sie sich nicht, bis es Ihnen »den Magen umdreht« oder »das Herz abdrückt« und es dann tatsächlich zu solcher Organsprache kommt (wodurch Sie sich dann eben eine psychosomatische Krankheit eingehandelt hätten).

Manche Psychologen sind der Ansicht, daß seelische Krankheit nicht etwa die Summe verschiedener Störungen ist, sondern tatsächlich auf sich verschlimmernden Phasen ein und derselben grundlegenden Störung beruht.

Natürlich ist das eine vereinfachte Darstellung des Problems. Da die erste Phase der Störung in der Verdrängung einer unerwünschten oder schmerzlichen Erfahrung (Erinnerung) oder eines unerwünschten oder unerlaubten Handelns besteht – die zur Entstehung von gefühlsmäßigen Spannungen und seelischem Streß führt –, folgt daraus, daß dieser zunehmend gefährliche Zustand aufgehoben werden kann durch *emotionale Abreaktion, durch die Entschärfung des verdrängten Konfliktstoffes, und zwar ganz einfach dadurch, daß sich der Betreffende »ausspricht«.*

Seit Sigmund Freud (er wurde 1856 in Nordmähren geboren und starb 1939 während seines Londoner Exils) das Heilverfahren der Psychoanalyse entwickelte, besteht die grundlegende psychotherapeutische Behandlung darin, daß der Patient, der von seinen Verdrängungen und somit seinen seelischen Fehlleistungen befreit werden soll, sich ausspricht.

Die einfachen Anregungen, die ich hier gebe, sind natürlich kein Ersatz für eine psychiatrische Behandlung. Eine solche ist im Falle einer Geisteskrankheit oder einer schweren Neurose (pathologischen Grades) jedenfalls geboten. Wenn das Verdrängte so tief im Unbewußten eines Menschen verborgen ist, daß es nur durch Psychoanalyse aufgedeckt werden kann, ist zur Behebung der seelischen Störung die professionelle Hilfe eines Psychiaters oder eines qualifizierten Psychotherapeuten unerläßlich.

Wenn hingegen Sie sich völlig darüber im klaren sind, *was Sie quält und was Ihre emotionalen Spannungen und seelischen Konflikte verursacht,* und wenn Sie sich davon zu befreien wünschen (was natürlich unbedingt notwendig ist), dann sollten Sie sich aussprechen. Wenn Sie erst einmal die Entscheidung getroffen haben, sich aussprechen zu wollen, müssen Sie nur noch entscheiden, mit wem Sie sprechen wollen. Das ist natürlich sehr wichtig.

An erster Stelle sind ein Psychiater oder ein in Psychotherapie spezialisierter Psychologe zu nennen. Solche Spezialisten sind jedoch nicht nur teuer, sondern auch vielbeschäftigte Leute: ihre Dienste werden weitgehend von seelisch Schwerkranken in Anspruch genommen. Doch sie können aufgrund ihres umfangreichen Wissens und ihrer Erfahrung seelische Spannungen oft in nur wenigen Sitzungen heilen.

Alsdann wäre Ihr Hausarzt eine ausgezeichnete Wahl. Praktische Ärzte oder, wie man jetzt sagt, »Ärzte für Allgemeinmedizin« wissen heutzutage (wenn sie à jour geblieben sind) eine Menge über Psychotherapie. Ihr Hausarzt hat zudem – und das ist ein Vorteil für Sie – einen guten Überblick sowohl über Ihren Gesundheitszustand als auch über Ihre persönlichen Verhältnisse. Auch wird er beurteilen können, ob Sie allenfalls einer Spezialbehandlung bedürfen.

Die ideale Bezugsperson ist natürlich – wenn Ihr Verhältnis harmonisch und auf Vertrauen gegründet ist – Ihr Ehepartner. Es hat keinen Wert und liefe nur auf ein Zeichen mangelnden Vertrauens hinaus, Ihren Partner von Ihren Problemen auszuschließen. Bei ihm (oder ihr) können Sie sich aussprechen über das, was Sie quält.* Sein teilnehmendes Verständnis ist vielleicht genau das, was Sie brauchen. Ich persönlich war immer überzeugt, daß Psychotherapie ebenso wie Nächstenliebe zu Hause beginnen sollte.

Oder *sprechen Sie sich bei einem guten Freund aus.* Aber reden Sie über Ihre ureigensten persönlichen Probleme nicht mit dem nächstbesten Bekannten, nur weil Sie sich ausspre-

* Im amerikanischen Original dieses Buches sind meist sowohl Männer als auch Frauen angesprochen. Das ermöglicht die deutsche Grammatik nicht ohne Schwerfälligkeiten, die auf Kosten der Lesbarkeit gingen. Man müßte ständig für beide Geschlechter gültig formulieren, also beispielsweise »Partner und Partnerin« oder »er bzw. sie«. Ich bitte daher die Leserinnen dieses Buches um Verständnis. So sollte denn auch klar sein, daß zum Beispiel ebensogut wie »er« auch »sie« die ideale Bezugsperson sein kann – wie überhaupt die in diesem Buch empfohlenen bewährten Erfolgsmethoden für Frauen genauso gültig und anwendbar sind wie für Männer (Anmerkung der Übersetzerin).

chen wollen. Ihr Gesprächspartner in dieser delikaten Angelegenheit kann nur ein echter Freund sein.

Bei wem auch immer Sie sich aussprechen, entfernen Sie, was Sie quält, aus Ihrer Psyche. Reden Sie es sich von der Seele! Werden Sie es los! Und dann vergessen Sie es!

Das ist die eine Möglichkeit, sich des Redens zu bedienen, um gesund zu bleiben.

Es gibt noch eine zweite: Wenn Sie ein einfaches psychologisches Problem haben, wenn Sie zum Beispiel in Gegenwart anderer Menschen verlegen und verwirrt und deswegen nicht in der Lage sind, sich flüssig zu unterhalten, müssen Sie nicht gleich einen Psychoanalytiker aufsuchen, um den verborgenen psychologischen Grund für Ihre Schwierigkeiten zu erfahren! Es ist durchaus nicht nötig, Ihre Kindheit zu erforschen, um herauszufinden, daß Ihr Vater oder Ihre Mutter Ihnen bisweilen, unter Umständen mitunter sogar unverdientermaßen den Hintern versohlt hat, weil Ihr kindliches Verhalten als »frech« oder »vorlaut« qualifiziert worden war.

Diese »Einsicht« wird – selbst wenn sie zutrifft – Ihre Hemmungen nicht beseitigen. Aber zwangloses Reden, selbst über die einfachsten Themen – mit jedem, bei jeder Gelegenheit –, *das wird Sie von Ihren Hemmungen befreien und Sie mit der Zeit zu einem gewandten Unterhalter machen* – ob Sie nun als Kind des öfteren oder nur selten in einer Art »gemaßregelt« wurden, für die heutzutage niemand mehr plädieren sollte. (Wie man lernt, sich flüssig zu unterhalten, haben Sie im vorausgehenden Kapitel 31 erfahren: »Reden – ein Weg zum Erfolg«.)

Sich häufig an interessanten Unterhaltungen zu beteiligen ist nicht nur ein gutes Erfolgstraining, sondern ein ebenso gutes Gesundheitstraining. Es regt Ihr Interesse an Menschen, Ideen und Schicksalen und überhaupt am Leben an. Es ermuntert Sie zum Mitmachen, zur TEILNAHME. Teilnahme sollte für Sie ein Schlüsselwort sein! Denn Teilnahme, deren innere Kehrseite die Anteilnahme ist, *beugt der Gefahr vor, daß Sie im Rückzug auf sich selbst ein isolierter Einzelgänger werden.* Und Isolation ist eine seelische Krankheit, die Ihnen – wenn sie sich einmal als Gewohnheit aufgedrängt hat – in zunehmendem Maße Schwierigkeiten und Leid verursachen wird. Teilnahme ist auch ein sicheres Gegenmittel gegen seelische Depression, die eine ernst zu nehmende seelische Störung ist oder sich zumindest zu einer solchen Krankheit auswachsen kann.

Mit Reden haben Sie also ein höchst natürliches Mittel zur Hand, gesund zu bleiben oder gesund zu werden. Sich auszusprechen kann natürlich nicht in allen Fällen helfen, aber in vielen; und es wird jedenfalls viel dazu beitragen können, Spannungen und Streß abzubauen, Angst und Hemmungen zu überwinden, eine Abkehr von der Umwelt sowie Depressionen zu verhindern. Man könnte die Liste der wohltätigen Wirkungen des Redens endlos fortsetzen; doch ich denke, mehr zu sagen sei nicht nötig.

Sie sind – sollte es daran fehlen – *aufgefordert, sich auszusprechen, sich freizureden, sich zu befreien!*

Kapitel 33

Zuhören – ein Weg, anderen zu helfen

Jede Medaille hat zwei Seiten. In den zwei vorangegangenen Kapiteln haben wir die eine Seite der Medaille betrachtet: Reden. Wir haben festgestellt, daß Reden ein Weg zum Erfolg ist (Kapitel 31) und, in vielen Fällen, ein Weg zur Gesundheit (Kapitel 32).

Drehen wir nun die Medaille um, dann sind wir beim Zuhören. Man sollte beim Reden nicht das Zuhören vergessen. *Reden und Zuhören sind zwei Seiten derselben Medaille. Die eine ist ohne die andere wertlos.*

Nachdem wir uns vom Nutzen des Redens überzeugt haben, wollen wir uns nun die Vorteile des Zuhörens vergegenwärtigen. Zuhören ist ein Weg, anderen zu helfen. Und indem Sie anderen helfen, helfen Sie sich selbst.

Erinnern Sie sich an das, was ich in den vorangegangenen Kapiteln sagte über die unsichtbaren Spruchbänder, die jeder von uns quer über der Brust trägt und die jedem, der uns begegnet (aber auch umgekehrt) bedeuten: Ich möchte wichtig sein! Ich möchte anerkannt werden! Ich möchte bewundert werden!

Sie wissen, daß diese unsichtbaren Zeichen uns und den anderen signalisieren, wie ein Mensch behandelt werden möchte. Ihr Erfolg und Ihre Beliebtheit hängen davon ab, wie gut Sie auf die durch diese unsichtbaren Zeichen signalisierten vitalen Bedürfnisse eines jeden Menschen einzugehen vermögen, das heißt, in welchem Maß Sie anderen dazu verhelfen, sich wichtig, anerkannt und bewundert zu fühlen.

Eines der wirkungsvollsten Mittel, anderen Menschen zum Gefühl zu verhelfen, daß sie wichtig sind und anerkannt werden, ist Zuhören. Hören Sie aufmerksam und mit unverhohlener Anerkennung zu, was andere Menschen Ihnen sagen, so daß diese wahrnehmen, wie wichtig Sie ihre Äußerungen einschätzen. Indem Sie zuhören, setzen Sie völlig unproblematisch eine der wirkungsvollsten Erfolgstechniken ein, die Sie sich vorstellen können.

Denken Sie auch daran, daß Sie durch Reden nichts erfahren können; *Neues erfahren Sie nur durch Zuhören.* Deswegen sollten Sie öfter zuhören als reden. Wenn Sie mit der richtigen Einstellung den richtigen Menschen zuhören, können Sie sich tatsächlich durch Zuhören den Weg zum Erfolg bahnen!

Aber Zuhören ist noch mehr. Durch Zuhören vermitteln Sie anderen Menschen nicht nur das Gefühl, wichtig, anerkannt und bewundert zu sein. Psychiater und Psychologen stimmen in der Ansicht überein, daß kein Mensch dauernd seelisch oder emotional völlig im Gleichgewicht ist. Glücklicherweise befinden sich allerdings die meisten Menschen, wenn sie ein Tief haben, nur in einer vorübergehenden Phase seelischer Angeschlagenheit, die sich vor allem in Spannungen und Streß, gelegentlich in Angstzuständen oder Depressionen äußert, wie sie im Leben eines jeden Menschen von Zeit zu Zeit vorkommen.

Man kann sich von solchen Belastungen befreien, indem man sich ausspricht – wie dies im vorangegangenen Kapitel beschrieben wurde. Um sich auszusprechen, *braucht ein seelisch angeschlagener Mensch einen sympathischen, verständnisvollen und hilfsbereiten Zuhörer.*

Wenn Sie ein solcher Zuhörer sind, befreien Sie jeden sich Ihnen gegenüber aussprechenden Menschen spontan von seinen ihn bedrückenden Belastungen: Sie werden gewissermaßen sein »heimlicher Seelenarzt«, dem gegenüber er tiefes Vertrauen faßt und zugleich ehrliche Dankbarkeit empfindet.

Wie wichtig unsere Zuwendung gerade heutzutage ist, ersehen Sie aus den allenthalben laut werdenden Klagen, niemand höre mehr zu. Minderheiten gehen auf die Barrikaden, weil die Behörden nicht zuhören (und daher auch nicht reagieren), wenn sie ihre Klagen und Forderungen vorbringen. Arbeiter und Studenten demonstrieren, um das »Establishment« zu zwingen, ihren Protesten zuzuhören und ihre Forderungen nach Veränderung zu erfüllen. Und eine der Hauptklagen der Jugendlichen ist, daß ihre Eltern nicht zuhören, wenn sie ihre Lebensvorstellungen und Wünsche vorbringen wollen. Die Eltern wiederum klagen darüber, daß die Jugendlichen nicht zuhören, wenn sie ihnen unter Berufung auf die größere Erfahrung ihres reiferen Alters Ratschläge erteilen oder Vorschriften machen wollen.

Beispiele gibt es genug. Doch die Notwendigkeit liegt auf der Hand: *Wir alle müssen einander zuhören.* Nur indem wir zuhören, können wir andere verstehen, und nur wenn wir wirklich verstehen, können wir angemessen reagieren, uns gegenseitig achten und ernsthaft zusammenarbeiten.

Kapitel 34

Wenn es am dunkelsten wird, leuchten die Sterne auf

Ein bedeutender Historiker, der sein ganzes Leben der Geschichtsforschung gewidmet hatte, wurde einmal gefragt: »Was halten Sie nach einem lebenslangen Studium der Geschichte für Ihre wichtigste Erkenntnis?«

Er erwiderte: *»Wenn es am dunkelsten wird, leuchten die Sterne auf.«*

Nach meiner Überzeugung ist dies eine sehr nützliche und ermutigende Feststellung. Sie sollten sie immer vor Augen haben. Sie wird in Ihren dunklen Stunden eine tiefe Quelle der Kraft sein.

Die Beweise für die Wahrheit dieser Feststellung sind so zahlreich, daß deren Aufzählung unmöglich ist und im übrigen langweilen würde. Gleichwohl sollte ich, denke ich, auf EINIGE BEISPIELE nicht verzichten. So möchte ich denn das Schicksal dreier bedeutender Persönlichkeiten der Geschichte herausgreifen und beschreiben, wie es in ihrem Leben dunkler wurde, als die meisten Menschen es sich vorstellen können, und wie dann für diese Männer wie durch ein Wunder die Sterne zu leuchten begannen.

JOHN STUART MILL, der später bedeutende englische Philosoph und Nationalökonom, erlitt 1826 im Alter von zwanzig Jahren einen schweren Anfall von Geisteskrankheit. Mill wurde von schwersten Depressionen derart heimgesucht, daß er tiefster Verzweiflung verfiel und viele Monate lang selbstmordgefährdet war. Damals kannte man noch keine erfolgversprechende Heilmethode für derart schwere psychische Störungen. Aber . . . als es für John Stuart Mill am dunkelsten wurde, begannen die Sterne zu leuchten. Wie durch ein Wunder vermochte er sich auf einmal aufzuraffen und über seinen gefährlichen Zustand hinwegzuschwingen.

Es gelang ihm, seine Persönlichkeit vollkommen neu aufzubauen; er entwickelte einen überragenden Intellekt und wurde einer der bedeutendsten Philosophen und Nationalökonomen seiner Zeit.

Der später durch sein Wirken an der Harvard-Universität und sein Schrifttum weltberühmt gewordene Psychologe WILLIAM JAMES war als junger Mann körperlich sehr zart und zerbrechlich gewesen. Er litt, wie man heute diagnostizieren würde, unter schweren psychosomatischen Störungen, die seine Augen und seinen Magen bösartig in Mitleidenschaft zogen. Damals war er erst dreiundzwanzig Jahre alt. Zwei Jahre später mußte er infolge seiner Leiden sein Studium gänzlich aufgeben und unterzog sich bei namhaften europäischen Ärzten zahlreichen Behandlungen. Seine seelischen Störungen verschlimmerten sich jedoch. Schließlich litt er unter solch starken Depressionen, daß er oft Selbstmordabsichten äußerte. Dann jedoch, als es am dunkelsten wurde, begannen auch für William James die Sterne zu leuchten. Er überwand seine körperliche und geistige Krankheit und genas völlig von seinen Leiden.

Er wurde einer der großen Denker unserer Zeit, eine Kapazität der Philosophie und der »Vater der angewandten Psychologie«. Als Schriftsteller und überragendster Lehrer der Harvard-Universität hat er zahllosen Menschen richtung- und wegweisende geistige Impulse gegeben und sie zur Entfaltung ihrer Fähigkeiten und Kräfte motiviert und inspiriert.

ABRAHAM LINCOLN erlitt im Laufe seines Lebens nicht nur einen, sondern mehrere Anfälle psychischer Störung. Lincolns Anwaltskollege beschrieb ihn als »hoffnungsloses Opfer der Melancholie« (zweifellos eines der schwersten seelischen Leiden). Die Verwandten seiner späteren Ehefrau hielten ihn denn auch für »geistesgestört«, und er bestärkte sie noch in dieser Überzeugung, als er an seinem Hochzeitstag, nachdem alle

Vorbereitungen für die Trauungszeremonie getroffen waren und die Hochzeitsgesellschaft bereits wartete, nicht erschien. Schließlich fand man ihn nach langem Suchen in seinem Zimmer in tiefer Niedergeschlagenheit, überwältigt von Gefühlen der Wertlosigkeit, Hoffnungslosigkeit und Schuld.

Dale Carnegie, der drei Jahre seines Lebens damit verbrachte, Abraham Lincolns Leben zu erforschen und seine Biographie zu schreiben, berichtet, daß Lincoln an Leib und Seele gefährlich erkrankt war und sich am Rande des tiefen und schrecklichen Abgrundes seiner Melancholie bewegte, oft unzusammenhängend redete und mit Selbstmord drohte. Er schrieb sogar ein Gedicht über den Selbstmord und ließ es veröffentlichen. Seine Freunde entwendeten ihm sein Messer, da sie das Schlimmste befürchteten . . .

Gleichwohl wurde er einer der größten Staatsmänner und der heute noch wohl am meisten verehrte Präsident der Vereinigten Staaten von Amerika. Die Devise seiner Politik »Regierung des Volkes durch das Volk für das Volk« – die er in seiner berühmten Rede auf dem Schlachtfeld von Gettysburg der im Sezessionskrieg zerfallenen Nation verkündete (und die seiner schlichten Menschlichkeit entsprach) – wurde nicht nur in Amerika, sondern in der ganzen Welt gehört und bleibt unvergessen.

»Wenn es am dunkelsten wird, leuchten die Sterne auf!«

Kapitel 35

Gehen Sie »es« an, dann kommt auch die Kraft!

Glücklicherweise habe ich eine sehr NÜTZLICHE LEBENSREGEL schon früh begriffen. Ich weiß nicht, wem ich diese Einsicht verdanke, und ich wünschte, ich wüßte es; dann würde ich dem Urheber dieser Lebensweisheit jeden Morgen nach dem Erwachen dankbare Gedanken widmen.

Was ich nämlich als sehr junger Mann schon lernte, läßt sich in den wenigen Worten zusammenfassen: *»Geh die Sache einfach an, und du wirst auch die Kraft dazu haben!«*

Diese einfache, fast schon allzu simpel anmutende Devise hat mich maßgebend motiviert und mich zu den jeweils entscheidenden zwei Schritten befähigt:

1. das, was ich vorhatte, tatkräftig in Angriff zu nehmen und
2. es tatsächlich erfolgreich zu Ende zu bringen.

Diese Erkenntnis war für mich persönlich nützlicher als jede andere gute Lehre, die mir je zu Ohren gekommen ist.

Wenn ich nicht felsenfest überzeugt gewesen wäre, daß mir durch das Handeln selbst irgendwie und von irgendwoher die Kraft zu diesem Tätigwerden zufließen würde, hätte ich nicht die Hälfte von dem, was ich zustandegebracht habe, je angefangen, geschweige denn zu Ende gebracht. (Ich spreche hier natürlich von Realisierungen, die nicht gerade leicht waren und die sich dann auch entsprechend gelohnt haben.)

Wie kann man sich das erklären, *daß der Akt des Handelns, im weiteren dann fortgesetztes Handeln, die Kraft entstehen läßt, die für die jeweilige Aktivität notwendig ist?*

Eine Antwort kommt von den Psychologen. Manche von ihnen sagen, daß der Mensch niemals mehr als die Hälfte seiner tatsächlichen Fähigkeiten zum Einsatz bringt. Andere gehen weiter und behaupten, daß wir bestenfalls ein Zehntel unserer vorhandenen Fähigkeiten einsetzen, was geistige Leistungsfähigkeit und insbesondere Gedächtnisleistung anbelangt. Das Mindeste, was wir also erreichen könnten, wäre, unsere Leistungen zu verdoppeln, und es ist nicht ausgeschlossen, daß wir sogar zehnmal soviel wie das Gewohnte leisten könnten. Da also jeder von uns normalerweise nur einen Bruchteil seiner Fähigkeiten einsetzt, könnte auch jeder viel mehr erreichen – wenn er es nur versuchte, wenn er nur was er vorhat unverzüglich in Angriff nähme: *Gehen Sie es an, dann kommt auch die Kraft!*

Henry Ford, der auf dem Gebiet praktischen Handelns und Bewirkens sicher mitsprechen kann, fand die einfache Formel: »Ob Sie glauben, eine Sache tun zu können oder nicht tun zu können – in beiden Fällen haben Sie recht.« Damit ist vor allem gesagt, daß man nur das verwirklichen kann, woran man glaubt, und daß man ohne diesen Glauben besser darauf verzichtet, eine Sache anzugehen.

Soviel ist sicher: *Jeder, der sich entschließt, etwas zu tun, und es tut, wird ein großes Kraftreservoir in sich entdecken.* Deshalb sollten Sie von Ihren Wünschen nicht träumen, von Ihren Plänen nicht reden – Sie müssen handeln! Wenn Sie sich zum Handeln entschließen und die Sache tatkräftig angehen, werden Sie auch die Kraft finden, sie zu einem erfolgreichen Ende zu bringen.

Thomas A. Edison glaubte, daß die Kraft seiner Ideen aus dem »Raum« komme. So jedenfalls formulierte er es in den letzten Jahren seines von Ideen erfüllten Lebens. »Sie finden«, sagte er, »das erstaunlich und schwer zu glauben; aber es ist wahr.« Heute fällt uns das nicht mehr so schwer zu glauben. Vielleicht hat er, der mehr Ideen als irgendein anderer Mensch hatte, den »Raum« des unendlichen Geistes kosmischer Dimension gemeint, zu dem wir – über unser Unterbewußtsein – Zugang haben.

Doch wie immer wir diesen »Raum« nennen (gläubige Menschen nennen ihn zu Recht »Gott«): wenn Ideen aus dem »Raum« kommen, so haben wir guten Grund zu glauben, daß auch die Kraft, die wir zu ihrer Verwirklichung brauchen, aus dem »Raum« kommt. Und genau so ist es; wieviel Kraft Sie auch brauchen werden, um das Ziel zu erreichen, das Sie sich fest vorgenommen haben, *sie wird Ihnen von »irgendwoher« zufließen.*

Wir sind bei weitem noch nicht in der Lage, auf alle unsere Fragen Antwort zu wissen. Ein Philosoph hat das humorvoll mit folgendem Bild illustriert: »Das Wissen des Menschen ist etwa vergleichbar dem eines Kartoffelkäfers, der sich in einem im Schiffsbauch eines riesigen Frachters ruhenden Kartoffelsack Gedanken darüber macht, wieso das Schiff fährt.«

Aber wenn wir auch nicht genau wissen, selbst wenn wir keinerlei Ahnung hätten, woher die fast unbegrenzte Kraft für das Gelingen unseres tatkräftigen Handelns kommt, so kann uns das doch *nicht abhalten, Nutzen aus der Tatsache zu ziehen, daß diese Kraft existiert und uns zur Verfügung steht.*

Zögern Sie also nicht mehr länger. Visieren Sie Ihr Ziel an und gehen Sie die Sache an – im sicheren Bewußtsein, daß alles, was Sie voll Glauben an Ihren Erfolg gezielt anstreben, auch erreichen werden. Fangen Sie noch heute an – die Kraft zum Handeln kommt mit dem Handeln selbst, und *indem Sie handeln, werden Sie auch die Kraft haben!*

Kapitel 36

Eine kleine Apologie des Lachens

Wo Sie auch hinkommen, überall können Sie überempfindliche Menschen antreffen. Diese Unglücklichen entdecken in jeder persönlichen Äußerung eine versteckte Beleidigung, in jedem nützlichen Vorschlag eine schlechtgetarnte Kritik, in jeder Unterhaltung eine Herausforderung zu Widerspruch und Rechthaberei.

Solche übertrieben ichbezogenen Menschen halten die geringsten Pflichten für schwere Belastungen, deren vermeintliches Gewicht nur erleichtert werden kann durch Zuwendung von Aufmerksamkeit und Mitleid. Routinearbeiten sind für sie riesige Realisierungen. Die notwendige Arbeit ist eine verabscheute schwere Bürde. Vor nur etwas schwierigeren Anforderungen verlieren sie den Kopf und lehnen in unbegründeter Panik ab.

Die Gefühle überempfindlicher Menschen werden nur allzuleicht verletzt, und dann reagieren sie mit bitterem Spott, übertriebener Feindseligkeit oder zumindest mit beleidigtem Schweigen. Die Aufmerksamkeit und Rücksichtnahme, die ihre Mitmenschen ihnen entgegenbringen, sind oft ziemlich fragwürdiger Art; man nähert sich ihnen, als »ginge man auf Eiern«. Sie werden eher bedauert als verurteilt; denn sie leiden viel mehr als ihre verständlicherweise ständig in Atem gehaltenen Mitmenschen.

Solche Überempfindlichkeit hat natürlich immer ihre psychologischen Gründe. Meist handelt es sich um *Menschen, die zutiefst enttäuscht sind – von der Liebe, von der Arbeit, vom Leben schlechthin.* Nur allzuoft hat dann das schmerzliche Gefühl der Verkürzung bereits die Form ernsterer neurotischer Störungen angenommen: hinter Aggressivität verbergen sich zumeist Komplexe, insbesondere solche der Minderwertigkeit.

Psychische Störungen bzw. Fehlleistungen bilden also zumeist den Hintergrund für das Verhalten solcher frustrierter Menschen, das sich vornehmlich in übertriebener Gereiztheit, Nörgelei und Rechthaberei, wenn nicht gar in feindseliger Aggressivität äußert.

Menschen mit diesen wenig sympathischen Charakterzügen (oder einigen davon) finden Sie hinter Arbeits- und Amtstischen, in der Schule, im Restaurant, im Autobus, überall. (Sie sollten prüfen, ob eines der genannten Symptome sich vielleicht auch bei Ihnen zeigt.)

Was haben all diese unglücklichen Menschen – außer den genannten Symptomen – gemeinsam? *Sie lachen selten oder nie!*

Wir alle lachen zuwenig. Wer zu lachen vermag, geht heiter durch das Leben; es ist ihm unmöglich, sich in ichbezogener Isoliertheit zu verschanzen. Und LACHEN hat auch sonst noch viel für sich.

Natürlich gibt es Gelegenheiten, bei denen Lachen nicht am Platz ist. Ich schlage nicht vor, daß Sie in Gegenwart eines Menschen lachen sollten, der traurig ist, oder überhaupt in einer Situation, deren Ernst dies nicht zuläßt. Doch wissen Sie ja selbst, daß »todernste« Anlässe verhältnismäßig selten sind.

Ich schlage auch nicht vor, daß Sie dröhnend lachen sollen. Ich meine ein unaufdringliches Lachen. *Nehmen Sie eine heiter-lockere Haltung gegenüber sich selbst, Ihrem »Prestige« und Ihren Problemen ein,* gegenüber heiklen Situationen und den Menschen, die solche Situationen verursachen, besonders aber, ganz allgemein, gegenüber dem Leben selbst. Lachen Sie oft und herzlich. Und wenn es unpassend ist, herzhaft und offen zu lachen, dann lachen Sie still vor sich hin oder nur still für sich; aber lachen Sie! Die Entspannungswirkung des Lachens – nicht des Geräusches, das Sie dabei machen – färbt auf Ihre gesamte Einstellung gegenüber Ihren täglichen Erfahrungen ab.

Was ist ein »stilles Lachen«? Wie bringen Sie es zustande? Gehen Sie vor, wie ich es in Kapitel 24 empfohlen habe: Lächeln Sie mit den Augen. Stellen Sie sich dann vor, wie Ihr eigenes Lachen klingt. Finden Sie, daß sich das albern anhört? Es ist nicht albern. Es bringt Sie zum Lachen, zu stillem Lachen, oder, wenn es angebracht ist, zu lebhaftem, lautem Lachen. *Sie werden im Lachen eine wahrhaft entspannende und fröhliche Alternative zu einem überspannten, ichbezogenen und unglücklichen Dasein entdecken!*

Bedenken Sie, daß Sie nicht über sich selbst lachen und gleichzeitig überempfindlich, egozentrisch und von Selbstmitleid überwältigt sein können. Nehmen Sie sich ruhig ein bißchen weniger ernst. Es gibt so viele Dinge, über die Sie weinen oder schimpfen oder – lachen können. Entscheiden Sie sich im Zweifelsfall für das Lachen! *Lachen ist ein Beweis Ihrer Überlegenheit,* ganz gleich, worum es sich für Sie handelt. Wenn etwas »nicht mehr zum Lachen ist« und Sie vermögen gleichwohl noch zu lachen, dann sind Sie stärker, als wenn Sie schimpfen.

Herzlichem Lachen kann kaum etwas widerstehen. Es wischt Angst, Traurigkeit und Ärger weg. Sogar Selbstmitleid und Animosität verlieren ihre Bedeutung und Last. *Lachen zerstreut, entleert destruktive Gefühle.*

Haben Sie einen erklärten Feind? Dann lachen Sie ihn aus, wenn Sie Mut haben und fähig sind, sich zu verteidigen. Nichts demoralisiert einen Gegner mehr, als ausgelacht zu werden. Das wußten schon die alten Griechen, deren Heerführer – folgt man HOMER – vor dem Kampf vor die Schlachtreihe traten und die Feinde beschimpften, verspotteten, *verlachten.*

Eine Beleidigung kann man ja ebenfalls am besten ertragen, indem man über sie lacht. (Wenn Sie über die Beleidigung nicht lachen können, haben Sie sie wahrscheinlich verdient.)

Sie sehen also, daß *Lachen auch eine Waffe ist, eine wirkungsvolle und sichere Waffe.* Benutzen Sie daher niemals diese Waffe gegen einen Freund. Lachen Sie nur *mit* Ihren Freunden; ausgelacht zu werden sollte das Ihren Feinden vorbehaltene Los bleiben, die dann allerdings Ihre Feinde bleiben werden.

Doch benutzen Sie die Waffe des Lachens vor allem gegen sich selbst: um Ihre eigenen unerwünschten Charakterzüge abzubauen: Angst, Traurigkeit, Selbstmitleid und all die negativen Gefühle, die sich in Ihrem Innenleben breitmachen, sobald dort Platz frei ist. Füllen Sie lieber Ihre »seelischen Hohlräume« mit dem Widerhall Ihres Lachens.

Wir alle sollten mehr lachen, vor allem aber – da es ja um Sie geht – Sie! Sie selbst, Ihre Freunde und alle, die Sie kennen, werden überrascht und erfreut die vorteilhafte Veränderung Ihrer Persönlichkeit bemerken, wenn Sie – sagen wir einmal – nur doppelt so oft zu lachen vermögen wie bisher!

Kapitel 37

Wie Sie unerwünschte Gewohnheiten ablegen können

Psychologen haben eine erstaunlich erfolgreiche Methode entdeckt, unerwünschte GEWOHNHEITEN abzulegen; man kann mit Hilfe dieser Methode vielleicht nicht alle unerwünschten Gewohnheiten abbauen, aber doch eine ganze Menge.

Wir Menschen sind nun einmal weitgehend »Gewohnheitstiere«. *Dabei sind natürlich viele unserer gewohnten, also eingeübten Verhaltensweisen wünschenswert und sogar notwendig.* Wenn wir über jede einzelne unserer Handlungen erst nachdenken müßten, würden wir mit Sicherheit in Kürze den Verstand verlieren. Und je mehr Routinetätigkeiten wir der eingeschliffenen Gewohnheit überlassen können, um so mehr Zeit haben wir für bewußtes Denken und schöpferisches Handeln frei. Eine wünschenswerte Gewohnheit, die uns ermöglicht, eine Aufgabe unbewußt perfekt zu erledigen, dient uns weit besser, als wenn wir den Ablauf bewußt steuern müßten (denken Sie nur zum Beispiel ans Autofahren).

Wir sollten die positive Seite des Gewohnheitsmäßigen und die Möglichkeiten, die sich daraus ergeben, nicht unterschätzen: Wir bedienen uns vieler wünschenswerter Gewohnheiten und sollten versuchen, diese noch zu mehren.

Demgegenüber gibt es auch schlechte Gewohnheiten. Manche sind unerwünscht, andere schädlich und wieder andere äußerst gefährlich. Solche Gewohnheiten sollten natürlich aufgegeben werden. Nur ist es oft sehr schwierig, sich von einer schlechten Gewohnheit zu befreien. Ein altes spanisches

Sprichwort sagt: »*Gewohnheiten beginnen wie Spinnweben und enden wie Stricke.*« Wenn Gewohnheiten uns einmal zu Fesseln geworden sind, können wir uns nicht mehr leicht von ihnen befreien.

Weil Gewohnheiten für uns eine so bedeutende Rolle spielen, haben Psychologen ihnen – ihrer Entstehung und ihrer Beseitigung – eingehende Arbeiten und Untersuchungen gewidmet und eine einfache, aber wirkungsvolle Methode zur Eliminierung schlechter Gewohnheiten entwickelt, deren Darstellung im vorliegenden Schlüsselbuch der Persönlichkeitsbildung für Sie von großem Nutzen sein kann.

Doch zunächst sollten wir uns *klarmachen, wie Gewohnheiten entstehen:*

1. Gewohnheiten nehmen ihren Anfang bei zunächst bewußten Handlungen. Sie sind sich bewußt, was Sie tun; und ob Sie es tun oder nicht, unterliegt Ihrer bewußten Entscheidung.
2. Infolge ständiger Wiederholung entzieht sich die betreffende Handlung immer mehr Ihrer bewußten Steuerung und gerät mehr und mehr unter den Einfluß der Automatismen Ihres Unterbewußtseins, dem der Vorgang mit jeder Wiederholung noch stärker eingeprägt wird.
3. Schließlich haben Sie überhaupt keine bewußte Kontrolle mehr über Ihr zur Gewohnheit gewordenes Handeln bzw. Verhalten; es wird zu einer Art »bedingtem Reflex«. Sobald bestimmte Voraussetzungen gegeben sind, wird, nun unbewußt, die Gewohnheit aktiviert. Die Gewohnheitshandlung wird vollzogen, ob Sie es wollen oder nicht. Je mehr Willenskraft Sie aufzubringen versuchen, um sie zu verhindern, desto mehr geraten Sie mit dem Gewohnheitsimpuls in Konflikt.

Wie nun können Sie eine schlechte Gewohnheit ablegen? Die Schwierigkeit besteht darin, den dem Unterbewußtsein eingeprägten Handlungsautomatismus, das Verhaltensmuster, das der Gewohnheit zugrunde liegt, auszumerzen. Das können Sie mit Hilfe der bewährten METHODE DES BEWUSSTEN NACHVOLLZUGS ERREICHEN:

Sie beseitigen die Gewohnheit, indem Sie den Prozeß, der zu ihrer Entstehung geführt hat, umkehren. Sie kehren ihn um, indem Sie die Gewohnheit von einer impulsiven, unbewußten Handlung zurückverwandeln in eine bewußte, überlegte Handlung, die Sie steuern und daher auch willentlich unterlassen können.

Dieses Umkehrverfahren beruht auf dem bewußten Nachvollzug des Unerwünschten. Das bedeutet, daß Sie absichtlich und bewußt genau das tun, und zwar in übertriebener Weise, was Sie gewohnheitsmäßig nicht mehr tun wollen, was Sie also nicht mehr impulsiv, unkontrolliert, unbewußt tun wollen. Wenn Sie bewußt, absichtlich und in übertriebener Weise eine gewohnheitsmäßige Handlung nachvollziehen, handeln Sie kontrolliert und bewußt. Und das ist genau das, was Sie wollen. Denn wenn Sie das, was Sie tun, unter Ihrer bewußten Kontrolle haben, dann liegt es auch in Ihrer Entscheidung, es zu unterlassen.

Hält die schlechte Gewohnheit an, so haben Sie sie nicht lange und nicht intensiv genug dem bewußten Nachvollzug unterworfen und daher nicht völlig die bewußte Kontrolle über sie erlangt, so daß die Gewohnheit Ihrem Willen entzogen geblieben ist.

Üben Sie also den bewußten Nachvollzug und denken Sie stets daran, *die betreffende Handlung bewußt, mit Absicht und in übertriebener Weise zu wiederholen.* Aktivieren Sie dann Ihre ganze Willenskraft, um die Handlung zu unterlassen. Es ist nur eine Frage der Übung und der Zeit, wann Sie die schlechte Gewohnheit lossein werden.

Betrachten wir hier nur ein Beispiel von vielen: STOTTERN. Man kann Stottern auf viele Arten heilen. Alle diese Heilmethoden sind in der Regel einfach anzuwenden, da im allgemeinen keine psychischen Mängel zugrunde liegen. Stottern wird verursacht durch seelische Spannungen, die eine Blockierung des höchst komplizierten Sprechapparates bewirken. *Die Ursache dieser Spannungen sind Hemmungen und die Angst vor der erneuten peinlichen Erfahrung des Stotterns,* das infolge Wiederholung eine unkontrollierte Gewohnheit geworden ist: ein »bedingter Reflex«, der eintritt, sobald der Betroffene mit anderen Menschen spricht. Die direkte Ursache ist die Blockierung der normalen Sequenzen des Sprechimpulses.

Viele Sprachkliniken benutzen die Methode des bewußten Nachvollzugs, um Menschen vom Stottern zu heilen. In diesen Sprachkliniken wird der Stotternde aufgefordert, absichtlich und bewußt bei jedem Wort, das er spricht oder liest, zu stottern. *Er übt sozusagen das Stottern.* Er blockiert absichtlich und bewußt seine Stimme bei jedem Wort und bei jeder Silbe. Er muß sich immer deutlich bewußt sein, daß er absichtlich falsch spricht – eben stottert – und daß er seine falsche Sprechweise kontrolliert und steuert.

Wenn der Patient sich völlig bewußt ist, daß er sein Stottern beherrscht und dessen Ursache, die Stimmblockierung bewußt auslöst, dann kann er das Stottern auch bewußt stoppen! Von diesem Moment an geht es nur noch darum, durch häufiges Reden und die Überwindung der Hemmungen gegenüber anderen Menschen den richtigen Gebrauch der Stimme zu erlernen. Dazu sind Übung und vor allem Praxis erforderlich.

Wir brauchen hier den Heilungsprozeß nicht in allen Einzelheiten bis zu seinem glücklichen Ende zu verfolgen. Was ich wiederholend betonen möchte, ist Folgendes: Wenn man eine Gewohnheit loswerden will, muß man zuerst die bewußte Kontrolle über sie gewinnen. Dazu bedient man sich der Methode des bewußten Nachvollzugs – der absichtlichen und bewußten Wiederholung des gewohnheitsmäßigen Handelns, bis dieses nicht mehr unbewußt abläuft, sondern zu einem bewußt vollzogenen Handeln wird – das man dann bewußt setzen oder auch bewußt unterlassen kann!

Die Methode des bewußten Nachvollzugs kann zur Beseitigung fast aller schlechten Gewohnheiten angewandt werden. Dazu gehört zum Beispiel das FINGERNÄGELKAUEN. Man gewöhnt es sich ab, indem man bewußt und absichtlich jeweils eine halbe Stunde lang seine Nägel kaut und dabei immer daran denkt, daß man sich absichtlich zu dieser törichten Handlung zwingt. Wer das oft genug wiederholt hat, um sich der Unart peinlich bewußt zu sein, wird endlich diese Gewohnheit ablegen können; ja Fingernägelkauen wird ihm so zuwider sein, daß schon der bloße Gedanke daran unerträglich ist.

Die Methode des bewußten Nachvollzugs kann auch angewandt werden, um Zähneknirschen, Gelenkeknacken, Gesichtszuckungen und alle Arten von nervösen Ticks zu beseitigen. Sie hilft, die unwillkürliche Wiederholung von Fehlern beim Schreiben oder Tippen bestimmter Wörter zu vermeiden. Sie beseitigt Fehler, die man sich beim Tennisspielen oder in anderen Sportarten angewöhnt hat, und versetzt den Sporttreibenden in die Lage, seinen Stil und seine Form erheblich zu verbessern.

Eine weitere Anwendungsmöglichkeit, von der jedermann profitieren kann, ist die LÖSUNG VON SPANNUNGEN in verschiedenen Bereichen des Körpers. Viele Menschen ballen unbewußt ihre Fäuste. Das erzeugt nicht nur Spannungen, sondern macht auch einen ungünstigen Eindruck auf andere. Diese unkontrollierte Gewohnheit kann durch den bewußten Nachvollzug leicht beseitigt werden: man ballt bewußt die Fäuste, öffnet sie wieder und hält die Hände entspannt. Mit Hilfe dieser wirkungsvollen Methode fällt es nicht schwer, unbewußte Muskelspannungen auch in anderen Körperregionen zu lockern. *Sie ist die am häufigsten empfohlene und angewandte Form der Entspannungstherapie.*

Zum Schluß noch eine Warnung: Die Methode des bewußten Nachvollzugs darf natürlich nicht angewandt werden, um Gewohnheiten zu eliminieren, deren exzessiver Vollzug gefährlich wäre, wie etwa im Fall von Drogengenuß oder Alkoholkonsum.

Andererseits sollten Sie am besten sofort anfangen, einer unerwünschten Gewohnheit, die Sie behindert oder bedrückt, mit Hilfe dieser bewährten psychologischen Technik den Kampf anzusagen. Der Erfolg stellt sich so schnell und sicher ein, daß Sie davon ausgehen können, Ihre Bemühungen in Kürze belohnt zu sehen.

Kapitel 38

Gehen Sie auf die Gefahr zu!

Als junger Mann, bevor ich noch meine kaufmännische Lehre begann – ich hatte weder eine Ausbildung noch Geld, noch irgendwelche Verbindungen zu einflußreichen Leuten, und es fehlte mir also an jeder der angeblich »unerläßlichen« Voraussetzungen für eine erfolgreiche Karriere –, spielte mir ein glücklicher Zufall eine Broschüre in die Hände, die den Titel trug: *»Anleitungen zur Führerschaft«* (heute würde man eher sagen »zur Führungspersönlichkeit«).

Einer der vielen hilfreichen Grundsätze, die ich aus diesem Büchlein lernte, lautete: *»Gehen Sie auf die Gefahr zu!«* Diese Empfehlung hat einen entscheidenden Einfluß auf mein Leben ausgeübt.

Es gibt viele Menschen, die eine vorzügliche, ja die denkbar beste Ausbildung – einschließlich Hochschulstudien an den bestrenommierten Universitäten – genossen haben und die dennoch niemals Führungskräfte sein werden, obgleich sie auf anderen Gebieten, insbesondere ihres Fachs, vielleicht sehr erfolgreich sind. *Niemand – ob mit oder ohne Hochschulausbildung – kann lange eine Führungsposition innehaben, wenn ihm die dazu notwendigen Führungseigenschaften abgehen.* Zu diesen gehört auch, daß er instinktiv auf die Gefahr zugeht und seinen Standort zwischen seinen Partnern, zwischen seinen Angestellten oder Parteifreunden oder wie immer mit ihm Verbündeten und der Gefahr einnimmt.

Führungseigenschaften sind zum Beispiel bei Tieren sehr deutlich festzustellen. Beim ersten Anzeichen einer Gefahr tritt das Leittier einer Herde aus der Menge hervor, setzt sich ab von den anderen – und gibt entweder das Signal zur Flucht oder geht auf die Gefahr zu. Täte es dies nicht, würde es nicht mehr lange Leittier sein!

Ganz ähnlich ist es in der Wirtschaft, in der Politik, in der Verwaltung. Ein Mann (oder eine Frau) in leitender Position muß mehr können als Organisationsrichtlinien geben und Aufträge erteilen. *Eine Führungspersönlichkeit muß die beschützen, die sie führt.* In Situationen der Gefahr muß der Führende aus der Menge der ihm anvertrauten Menschen hervortreten. Er selbst muß auf den Angreifer zugehen, direkt nach vorn. Er muß der Gefahr entgegengehen. Sein Platz ist zwischen der Gefahr und seinen Leuten. Wenn der Führende zögert oder strauchelt, muß er die Führungsposition bald abgeben. Seine Anhänger wenden sich von ihm ab und folgen einem anderen, dem, der den Mut und die Kraft hat.

Die Risiken sind also sehr groß. Menschenführung ist deshalb keine Sache der Furchtsamen. Es gehört mehr dazu als Verstand und Charakter. Menschen zu führen erfordert Mut, der spontan zur Geltung kommen muß. Menschen mit Führungsqualitäten wägen nicht das Für und Wider. Sie schätzen angesichts von Gefahren nicht das Risiko ab; sie überlegen nicht, was es sie »kosten« wird. Sie treten instinktiv hervor und *stellen sich zwischen die Gefahr und diejenigen, die sie führen, die Ihnen anvertraut sind.*

Wenn Sie Führungsqualitäten haben, werden Sie angesichts von Gefahren nicht warten, bis andere Ihnen zuvorkommen oder die Gefahr Sie überollt; Sie müssen auf sie zugehen. Nur dann wird man Sie als Führungspersönlichkeit einschätzen und respektieren.

Kapitel 39

Zupacken – Probleme lösen!

»Zupacken« ist heutzutage genau wie früher ein SCHLÜSSELWORT, wenn es darum geht, Probleme zu lösen. Das Wort »Zupacken« ist eine nützliche Devise für alle, die Probleme haben (und wer hat sie nicht?). Psychologen, Psychiater, Lebensberater und alle Spezialisten, die einen Beitrag zur Lösung von Problemen leisten, verwenden dieses Wort.

Wenn ein Wort – und die damit charakterisierte Handlungsweise – so häufig auftaucht, so sollten wir es einmal etwas genauer betrachten.

Da Zupacken den Weg zu einer wirkungsvollen Lösung von Problemen weist, sollten wir uns zunächst *klarmachen, welchen Platz Probleme in unserem Leben einnehmen.* Es ist ja nicht nur so, daß wir alle – jeder auf seine Weise – Probleme haben, sondern es scheint uns auch bestimmt zu sein, mit neuen Problemen fertig werden zu müssen. Sie werden uns manchmal in einer Menge und mit einer Regelmäßigkeit beschert, die den Vergleich mit Sandkörnern in einem Stundenglas nahelegen. Diese Regelmäßigkeit aber ist gut für uns – obwohl wir das nicht immer gleich bemerken.

Ein Leben ohne Risiken, Hindernisse und Probleme wäre nicht wert, daß wir morgens den Fuß aus dem Bett setzten. Am anderen Ende der Skala unserer Lebenseinstellung dürfen wir Glück nicht etwa als die Abwesenheit von Problemen und Schwierigkeiten betrachten. Glück besteht vielmehr in der erfolgreichen Lösung von Problemen und in der Überwindung von Schwierigkeiten.

Der Versuch, einem Problem auszuweichen, erfordert etwa ebensoviel Energie wie dessen Bewältigung. Versuchen Sie zu fliehen, und Sie werden feststellen, daß das Problem Ihnen überallhin folgt. *Packen Sie es an und lösen Sie es! Nur so wird es für immer verschwinden.*

Da mit einer gewissen Regelmäßigkeit immer wieder neue Probleme auf Sie zukommen, liegt es auf der Hand, daß Sie ebenso mit ihnen regelmäßig fertig werden müssen – sonst häuft sich beängstigend schnell gleich ein ganzer Berg von Problemen an, der Ihnen schließlich über den Kopf wächst. Es gibt bedrückend viele an Körper, Geist und Seele gebrochene Frauen und Männer auf der Welt, die allesamt Opfer der überwältigenden Last ihrer ungelösten Probleme geworden sind.

Die meisten psychischen Krankheiten können zumindest teilweise darauf zurückgeführt werden, daß die Betroffenen von der zunehmenden Zahl ihrer ungelösten Probleme erdrückt werden und nicht mehr in der Lage sind, mit ihnen fertig zu werden. *Als Ausweg fällt ihnen nur die Flucht in irgendeine Form seelischer Fehlanpassung ein.*

Ähnliches gilt auch für viele körperliche Krankheiten. Da etwa fünfzig bis neunzig Prozent aller körperlichen Beschwerden psychosomatisch sind (je nachdem, welchen Psychiatern Sie Glauben schenken), können auch die meisten körperlichen Krankheiten auf die aufgestaute Last unbewältigter Probleme zurückgeführt werden.

Sie können diesen schweren Folgen unbewältigter Probleme nur *vorbeugen, indem Sie diese bereits zu lösen beginnen, sobald sie sich abzeichnen.* Vermeiden Sie unter allen Umständen eine Anhäufung ungelöster Probleme! Wie können Sie dabei vorgehen?

Das Schlüsselwort heißt: »Zupacken!« Führende Psychologen, Psychiater und Lebensberater fassen ihre einschlägigen Erfahrungen folgendermaßen zusammen: In dem Maße, wie ein Mensch der Realität eines Problems direkt ins Auge blickt und sich tatkräftig mit ihm auseinandersetzt, geht er gestärkt aus diesem Kampf hervor. In dem Maße jedoch, wie er die

Realität einer großen oder kleinen Krise ignoriert oder ihr zu entfliehen versucht, vertieft sich die Kluft zwischen seinem tatsächlichen Verhalten und dem zur Krisenbewältigung notwendigen Handeln.

Wenn Sie also jedes vorhandene Problem unverzüglich und direkt angehen, wenn Sie sich mitten hineinstürzen und sich vorbehaltlos und realistisch mit ihm auseinandersetzen, werden Sie fast immer *eine geeignete Lösung finden und innerlich wie äußerlich gestärkt aus der betreffenden Situation hervorgehen.*

Beachten Sie bitte, daß ich von einer »geeigneten Lösung« sprach; denn nur eine geeignete Lösung kann eine geglückte Problembewältigung darstellen. Manche Menschen bringen sich und andere zur Verzweiflung, weil sie Perfektionisten sind; sie suchen nach »perfekten« Lösungen. Sie bestehen darauf, für jedes Problem die »einzig mögliche, die perfekte Lösung« zu finden. Auf diese Weise kommen sie selten oder nie zu einer schnellen und endgültigen Problembewältigung. Sie erwägen immer wieder die Vor- und Nachteile der gefundenen Lösung und übersehen ganz, daß sich in der Zwischenzeit bereits wieder neue Probleme – vielleicht schon berghoch – aufgetürmt haben.

Leistungsexperten (die wissen, daß Zeit ein wichtiger Leistungsfaktor ist) geben dazu folgenden Rat: Für die meisten Probleme gibt es keine einzig mögliche, keine beste aller denkbar besten Lösungen. Vielmehr bieten sich meist mehrere Lösungen an, von denen eine jede im Moment »gleich gut« erscheint – von denen im Hinblick auf die Notwendigkeit einer schnellen Entscheidung eine jede geeignet ist. Und *eine geeignete Lösung ist ausreichend!*

Außerdem ist die – scheinbar – zweitbeste Lösung, wenn sie schnell beschlossen und in die Tat umgesetzt wird, wirkungsvoller als eine – scheinbar – bessere Lösung, deren Durchführung soviel Zeit in Anspruch nimmt, daß sich in der Zwischenzeit eine Vielzahl neuer Probleme angesammelt hat.

Wir kommen also zu dem Ergebnis, daß wir unsere Probleme nicht nur anpacken müssen, sondern daß wir sie unverzüglich anpacken und eine geeignete Lösung möglichst schnell herbeiführen müssen.

Durch Ignorieren oder Ausweichen schaffen wir Probleme nicht aus der Welt. Wir gewinnen keinen Abstand von ihnen, indem wir vor ihnen zu fliehen versuchen. Denken Sie daran: Sie können Ihren Problemen nicht entfliehen. Sie müssen ein jedes Problem angehen, und sich unter Aufbietung aller Kräfte mit ihm auseinandersetzen, bis Sie eine geeignete Lösung finden. Nur auf diese Weise schaffen Sie es endgültig aus dem Weg.

Wenn ich von der »Aufbietung aller Kräfte« spreche, meine ich damit, daß Sie wirklich alles daran setzen, wirklich, wenn es nötig ist, Ihr Letztes geben sollten. Vielleicht kennen Sie die Story des Malers, der ein derart interessantes Rot fertigbrachte, daß die Fachwelt der Kunstszene ihn als den größten Maler seiner Zeit feierte, der aber auf die Frage: »Wie bringen Sie Ihre Rottöne her?« nicht einmal von seiner Arbeit aufschaute und bloß sagte: »Mit Blut.« Sie müssen nicht gerade Ihr Blut hergeben! Aber Sie müssen Ihre Probleme ohne Schonung Ihrer Person angehen. *Sie müssen sie ganz einfach um jeden Preis lösen.*

Glück und Anerkennung werden denen zuteil, die Probleme zu lösen verstehen.

Die Weltbevölkerung nimmt ständig zu, und zwar jährlich um Millionen – und das, obwohl täglich Tausende von Menschen verhungern! Dieser Tatbestand stellt schon für sich ein Problem dar, das uns über den Kopf zu wachsen droht. Das Problem wird aber noch erschwert durch die Tatsache, daß die ständig wachsenden Menschenrassen zunehmend dazu verleitet werden, Gewalt für wirkungsvoller zu halten als Bemühung. Der Beitrag zur Problemlösung im großen kann nicht in Aggression und Zerstörung bestehen. So werden immer neue Probleme geschaffen, die nicht gelöst werden . . .

Um so mehr werden heutzutage Menschen gebraucht, die ihre eigenen und die Probleme anderer zu lösen verstehen. Wir brauchen »Problemlöser« – nicht die aus dem Elfenbeinturm, sondern die des zupackenden Typs.

Sind Sie das? Wenn Sie das sind, wenn Sie Probleme zupackend zu lösen verstehen, dann werden Sie dringend gebraucht.

Kapitel 40

Wer droht, begibt sich in Gefahr!

Vielleicht hat zu keiner Zeit so vielen Menschen so große Gefahr gedroht wie heutzutage. Die meisten Menschen scheinen aber nicht einmal wahrzunehmen, daß sie selbst diese Gefahr verursachen!

Mehr denn je sind brutale Sachzerstörung sowie die gewissenlose Verletzung und Tötung meist völlig unschuldiger Menschen an der Tagesordnung. Diese Straftaten sind sehr oft als Drohung gemeint, sind aber als solche wirkungslos, denn sie können ja nichts anderes bewirken als den Wunsch nach Rache und Vergeltung. Man kann nur hoffen, daß die Anführer solcher zu Terroraktionen aufgewiegelten Aktivisten die Untauglichkeit ihrer aggressiven Methoden, mit denen sie sich selbst und andere Menschen in Gefahr und ins Elend bringen, bald erkennen oder zu dieser Einsicht gezwungen werden können. Das denkbar schlechteste »Beispiel« gibt allerdings die »große Politik«.

Um mich nicht dem Vorwurf einer übertriebenen Reaktion auf die zu einem Krankheitssyndrom unserer Zeit ausartende Gewalttätigkeit auszusetzen, möchte ich auf eine GRUNDTATSACHE hinweisen, die sich im Laufe der Menschheitsgeschichte immer wieder als wahr erwiesen hat: *Wer andere bedroht, begibt sich in Gefahr.*

Um es vereinfacht und ganz deutlich zu sagen – denn dies ist eine Frage von Leben und Tod –: In der größten Gefahr befinden sich diejenigen, die in dem Streben nach Macht andere durch Drohungen einschüchtern. Der Bedrohte mag in

Gefahr sein; der Drohende *ist* in Gefahr. Das gilt im großen wie auch im kleinen, in der großen Politik wie auch im Alltag.

Wer einen anderen Menschen bedroht, zieht augenblicklich den unversöhnlichen Haß des Bedrohten auf sich und ist allein schon deswegen in großer Gefahr.

Drohungen verfolgen den Zweck, Furcht einzuflößen. Aber sie lösen nicht nur Furcht und Verunsicherung aus, sondern auch Wut und Haß. Wenn aber Wut und Haß kein Ventil der in unmittelbarer Gewaltausübung bestehenden Abreaktion finden, werden sie verdrängt und sickern in das Unterbewußtsein ein, das auf versteckten Wegen nach Möglichkeiten sucht, die Furcht zu überwinden; hieraus erwächst die beständige Gefahr für denjenigen, der die furchteinflößende Drohung ausstieß. Anderen zu drohen, ist tatsächlich eine äußerst gefährliche Sache. Das gilt für den anmaßenden Chef wie auch für den überheblichen Arbeitnehmer, für den mit Einschüchterung arbeitenden Konkurrenten wie auch für jeden Gegner.

Wer andere bedroht, sollte bedenken, daß der Bedrohte meistens die Möglichkeit hat, sich vorzubereiten und Zeit, Ort und Methode zu wählen, *um der Verwirklichung der Drohung entgegenzutreten, erfolglosenfalls aber um sich zu rächen.*

Ich möchte es Ihnen in aller Deutlichkeit sagen: Wenn Sie jemand anderen bedrohen, so heißt das nichts anderes, als daß Sie eine Zeitbombe mit sich herumtragen, die zu irgendeinem – Ihnen unbekannten – Zeitpunkt explodieren und vielleicht den oder die anderen, sicher aber Sie selbst vernichten wird.

Wahr ist allerdings, daß auf diese riskante Art heutzutage weitgehend Politik betrieben wird: Block- und Staatspolitik, Wirtschafts- und Sozialpolitik, Kommunal- und Privatpolitik. Fast einer jeden Tageszeitung, jedem Fernseh- oder Radioprogramm können wir Äußerungen entnehmen, die direkte oder indirekte Drohungen beinhalten, sei es gegen Einzelpersonen (Exponenten einer Idee oder Inhaber einer Funktion) oder gegen Gruppen (Parteien, Klassen, Interessenverbände, religiöse, völkische, rassische Minderheiten), gegen Regierungen, ganze Völker und die Institutionen unserer Gesellschaft usw. Die tollkühne Unbefangenheit, mit der solche Strategen der

Einschüchterung Drohungen aussprechen, zeugt davon, daß sie sich überhaupt nicht der Gefahr bewußt sind, in der sie selbst oder die von ihnen vertretenen Gruppen sich befinden. So unglaublich es klingt: *Immer mehr Menschen glauben, daß sie anderen ungestraft drohen können. Sie können es nicht!*

Wer eine Drohung ausspricht, ist vor allem auch deswegen gefährdet, weil er bei einem oder unter Umständen vielen Menschen die Furcht vor einem Verlust weckt. Es ist eine bekannte *Tatsache, daß Menschen für Gewinn und Vorteil arbeiten, aber kämpfen, wenn es darum geht, Verluste zu vermeiden.* Manche der Betroffenen werden nicht offen kämpfen; manche werden auch nicht in der Lage sein, offen oder sofort zu kämpfen; aber jeder, der von Verlusten bedroht ist, wird feindselig reagieren und danach trachten, sich früher oder später am Urheber der Bedrohung (der Gruppe, dem Volk usw.) zu rächen.

Machtbesessene Menschen, die ihre Macht aggressiv ausbauen wollen, indem sie anderen Furcht und Schrecken einflößen, haben allen Grund, sich selbst am meisten zu fürchten; denn, wie SENECA in den Tagen des römischen Imperiums schrieb: *»Wen viele fürchten, der muß viele fürchten.«* (Diese Feststellung bezog sich auf JULIUS CÄSAR.)

Menschen, die Drohungen im Alltag aussprechen, sind natürlich nicht immer gleich in Lebensgefahr, obwohl auch das bisweilen der Fall ist. Häufiger sind sie als Folge ihres Verhaltens einfach der Ablehnung, der Zurücksetzung oder Kränkungen ausgesetzt. Meistens jedoch gelten sie, zum Beispiel als Nachbarn oder Stellenbewerber, einfach als unerwünscht oder inakzeptabel.

So erleben denn auch so manche Studenten plötzlich die Revanche des »Establishments« (dem sie einst so lautstark entgegengetreten waren), indem sie Schwierigkeiten haben, eine Anstellung zu finden. Es mag vielleicht ein ziemlich kindliches Vergnügen bereitet oder sogar als »große Tat« gegolten haben, Dozenten, die die Interessen der Industrie verteidigten, bei ihren Vorlesungen ausgepfiffen oder in einen, das Universitätsgelände durchrauschenden Bach geworfen zu haben; nur sollten dann dieselben Leute ein paar Jahre später nicht erwarten, daß ebendiese Industrie auf ihre Mitarbeit gewartet hat. Die Personalchefs großer Unternehmen haben ein ausgezeichnet funktionierendes Nachrichtensystem, und Datenspeicher haben ein langlebiges Gedächtnis. (Das ist, verehrte Leser, falls Sie jung und Student sind, keine Drohung, sondern ein Hinweis auf Tatsachen.)

Und ganz ähnlich ergeht es auch Politikern, die sich vor den Karren aggressiv protestierender Minderheiten spannen ließen: sie merken eines Tages, daß eine Minderheit (ganz gleich, wie lautstark drohend und aggressiv sie sich gebärdet) nach den Wahlen eben nur eine Minderheit bleibt.

Betrachten wir ruhig jede Drohung als eine »Garantie« für spätere Vergeltung. Der Tag der Abrechnung kommt immer. Und wer durch aggressive Einschüchterung Macht zu erlangen glaubt, begibt sich selbst in die größte Gefahr.

Diese Lektion erteilt die Geschichte. *Eine Persönlichkeit von Format und menschlichem Rang erlebt Drohung und Aggression nur als Beobachter, der untaugliche Mittel verwirft.*

Kapitel 41

Erfolgsgarantie Aufmerksamkeit

»Ich möchte Ihre Aufmerksamkeit lenken auf ...« ist zwar ein von Rednern immer wieder benutzter Standardsatz, aber kein besonders guter. Wir hören meistens dann gar nicht mehr genau hin und lassen das, was unsere Aufmerksamkeit hätte fesseln sollen, an uns vorbeirauschen.

Dessenungeachtet ist es für jeden, der persönlichen Erfolg anstrebt, von höchster Wichtigkeit, daß er in der Lage ist, seine *Aufmerksamkeit auf den jeweiligen Inhalt seines Denkens oder den Gegenstand seines Tuns konzentrieren zu können.*

In Ihrer Fähigkeit, einer Sache Ihre volle Aufmerksamkeit zuwenden zu können, unter Umständen Ihre Aufmerksamkeit wie einen Laserstrahl auf etwas Bestimmtes konzentrieren zu können, liegt fast schon die Garantie für Erfolg.

Umgekehrt ist mangelnde Aufmerksamkeit die Ursache vieler vermeidbarer Fehler. Sie kann zahllose Folgen haben. Die Folge mag sich auf den gereizten Einwurf Ihres Gesprächpartners beschränken: »Sie hören mir ja gar nicht richtig zu!« Die Folge mangelnder Aufmerksamkeit kann aber auch lebensbedrohende oder tödliche Folgen wie etwa bei einem Verkehrsunfall haben.

Wenn man bedenkt, daß der menschliche Geist unbewußt, das heißt ohne bewußte Aufmerksamkeit, so viele lebenswichtige Vorgänge perfekt steuert und abwickelt, dann ist es eigentlich verwunderlich, daß man sich nicht unbedingt auf die unbewußte Steuerung verlassen kann, sondern auch auf die bewußte Aufmerksamkeit angewiesen ist.

Obwohl das Unterbewußtsein die »Vorrats- und Speicherkammer des Gedächtnisses« ist, lernen wir normalerweise nicht aufgrund (unbewußter) innerer Erfahrung, sondern *aufgrund bewußter Lernprozesse, bei denen unser Konzentrationsvermögen sehr wichtig ist.* Ich habe schon oft mehrere Seiten eines Buches gelesen, während ich mit meinen Gedanken ganz woanders war, um später festzustellen, daß ich mich an nichts von dem erinnern konnte, was ich gerade »gelesen« hatte.

Alle Gedächtnisübungen basieren auf intensiver, bewußter Konzentration der Aufmerksamkeit. Obwohl wir unser Auto weitgehend unbewußt steuern, müssen wir unsere bewußte Aufmerksamkeit wachhalten, um auf plötzliche, unerwartete Gefahren reagieren zu können. Die meisten Autounfälle sind darauf zurückzuführen, daß der Fahrer sich nicht bewußt auf »defensives Fahren« konzentrierte. Wir müssen unsere Aufmerksamkeit auch auf die Möglichkeit der Unaufmerksamkeit der anderen Fahrer richten.

Geistesabwesende Menschen sind Opfer ihrer mangelnden bewußten Aufmerksamkeit.

Es wurde bereits wiederholt auf die immense Macht unseres Unterbewußtseins hingewiesen. Doch vergessen wir nicht: Von allen Erfahrungen, die unser Unterbewußtsein prägen, ist die wichtigste unser (bewußtes) Denken. *Gezieltes Denken ermöglicht uns die Programmierung unseres Unterbewußtseins und die Gesamtgestaltung unseres Lebens.* Denken ist die lenkende Kraft in unserem Leben, im Positiven wie im Negativen.

Doch *die Aufmerksamkeit ist nicht nur Voraussetzung für jegliches konzentriertes Denken, sondern auch für bewußtes Wahrnehmen.* Ihr verdanken wir unsere Erfahrung der Außenwelt, das Erlebnis der Wunder der Natur.

Mangelnde Aufmerksamkeit wird mitunter so schwer bestraft und konzentrierte Aufmerksamkeit regelmäßig so hoch belohnt, daß ich dieses kleine Kapitel beschließen möchte, wie ich es begonnen habe: Ich möchte Ihre Aufmerksamkeit lenken auf . . . Ihre Aufmerksamkeit. Sie kann Ihr Leben verändern.

Kapitel 42

Wie Sie der Vereinsamung vorbeugen können

Viele Menschen sind aufgrund ihrer Lebensumstände oder ihrer Beschäftigung allein. Das heißt nicht unbedingt, daß sie einsam sind. Alleinsein kann, muß aber nicht Einsamkeit bedeuten. Andererseits kann man sich auch inmitten der größten Menschenmenge einsam fühlen.

Das Gefühl der Einsamkeit ist bedrückend. Es kann zu einer Neurose werden, indem es sich über die verschiedenen Stadien allgemeiner Niedergeschlagenheit, Reizbarkeit und Depression schließlich zu einer schweren psychischen Störung entwickelt, die von Psychiatern als MONOPHOBIE (Furcht vor dem Alleinsein) bezeichnet wird. Sie sollten daher das Unbehagen vor der Einsamkeit energisch bekämpfen, sobald Sie auch nur das leiseste Anzeichen einer solchen Entwicklung verspüren.

Das Gefühl der Vereinsamung läßt sich schrittweise und mit dauerhaftem Erfolg bekämpfen. Der erste und wichtigste Schritt besteht in der Erkenntnis, was Einsamkeit in Wirklichkeit ist. Sie werden überrascht sein! Die meisten Menschen denken, Einsamkeit bestehe darin, daß man »allein ist« oder »einen Menschen vermißt«. Wenn auch Sie das glauben, bleibt Ihnen die wirkliche Ursache verborgen, und Sie finden daher auch kein Heilmittel.

Psychologen sagen, daß Menschen, die unter Einsamkeit leiden, sich selbst nicht leiden können. Sie können mit sich selbst nicht fertig werden, wenn sie allein sind. Ihre Aufmerksamkeit konzentriert sich ganz auf ihr eigenes Selbstwertgefühl, von dem sie eine bestimmte, offenbar wenig erfreuliche Vorstellung haben.

Wenn Sie unter Einsamkeit leiden, *bedeutet das, daß Sie sich – in einer feststehenden Umgebung, in der Sie sich selbst gegenüberstehen und entscheiden müssen, was Sie mit sich allein anfangen – nicht leiden können.* Es bedeutet, daß Sie auch die Rolle, die Sie in der Gesellschaft anderer Menschen spielen, nicht leiden können. Deswegen ziehen Sie sich auch von den anderen Menschen zurück und flüchten in sich selbst, bis Sie sich von allen abgesondert und »allein in der Menge« fühlen.

Sehen wir den Tatsachen ins Auge: Diejenige Person, mit der Sie die meiste Zeit Ihres Lebens verbringen, sind Sie selbst. Alle anderen, ganz gleich, wie liebenswert, wie gesellig, wie interessant sie sein mögen, können nicht jeden Tag, jede Stunde, jede Minute mit Ihnen verbringen, und irgendwann kommt die Zeit, in der diese Menschen überhaupt nicht mehr da sind.

Da voraussichtlich auch Sie Ihren Lebensabend zu einem erheblichen Teil mit sich allein werden verbringen müssen, sollten Sie *lernen, sich selbst zu mögen.* Das hat nichts mit Selbstgefälligkeit zu tun. (Die Menschen sind nicht annähernd so selbstgefällig, wie sie zu sein scheinen, wenn sie andere zu beeindrucken versuchen.) Wenn Menschen mit sich allein sind, neigen sie eher dazu, sich ohne Illusionen ehrlich einzuschätzen. Deswegen empfindet man, wenn man sich selbst nicht genügend mag und vor allem nicht gerne mit sich selbst allein ist, dieses seelische und gefühlsmäßige Unbehagen, das eben mit dem Wort »Einsamkeit« bezeichnet wird.

Ihr Gedächtnis bewahrt Erinnerungen, die Sie bedrängen. Aus Ihrem Unterbewußtsein steigen verdrängte, verschüttete Erfahrungen hoch. All das versammelt sich in Ihrem Bewußtsein – und das mögen Sie nicht. Psychologen haben herausgefunden, daß übersensible, reizbare, zu Kritik und Nörgelei neigende Menschen, die ihrer Umgebung mit diesen Eigenschaften auf die Nerven gehen, *die gleiche unzufriedene, kritische Einstellung sich selbst gegenüber beibehalten, wenn sie allein sind.* Vielleicht leiden diese Menschen unter einem Schuldgefühl. Auf jeden Fall aber sind sie einsam.

Ich kann es auch einfacher ausdrücken: *Wenn Sie gut mit anderen Menschen auskommen, werden Sie auch »gut Freund« mit sich selbst sein* – und damit haben Sie bereits das Problem der Einsamkeit im Kern gelöst.

Doch was können Sie tun, wenn Sie tatsächlich allein und von Einsamkeit bedroht sind? Am besten tun Sie – gar nichts! Allerdings ist in diesem Zusammenhang dieses »Nichtstun« ein sehr irreführender Ausdruck; aber es handelt sich zunächst einmal tatsächlich um fast totale körperliche Inaktivität. Körperliche Inaktivität in Zeiten des Alleinseins versetzt Sie in die Lage, zwei der erfreulichsten und lohnendsten geistig–seelischen Beschäftigungen nachzugehen: der Meditation und der Kontemplation.

Worin besteht die heilsame Wirkung der MEDITATION, also besinnlichen Nachdenkens? Eine innere Stimme regt sich: »Sei still und wisse: Ich bin der Herr, dein Gott!« Religionsstifter, Philosophen und Denker, große Männer und Frauen haben zu allen Zeiten solche Worte in sich vernommen, *haben, um mit sich allein zu sein, die Stille aufgesucht und »mit der Seele« dem Pulsschlag des Lebens und der höheren Erfahrung des Seins gelauscht.*

Ich empfehle Ihnen, die Biographien solcher Großen des Geistes und der Seele zu lesen. Und ich möchte Sie fragen: War JESUS einsam, als er vierzig Tage und vierzig Nächte allein in der Wüste verbrachte? Oder war beispielsweise HENRY DAVID THOREAU, der Schriftsteller, Philosoph und Sozialkritiker, einsam in den Jahren, die er in seinem selbstgebauten Blockhaus am Waldensee bei Loncord verbrachte (er berichtete darüber in seinem auch in deutscher Sprache erschienenen Tagebuch »*Walden*«)?

Allein und still zu sein, nach innen gerichtet zu lauschen – mit einem Wort: zu meditieren –, ist eine der schönsten und lohnendsten Erfahrungen, die ein Mensch in seinem Leben machen kann. Meditierend werden Sie sich nicht einsam fühlen.

Kommen wir nun zu der anderen Beschäftigung, der Sie mit Geist und Seele nachgehen können, während Sie sich körperlich ausruhen: der KONTEMPLATION. Kontemplation ist gewissermaßen eine Kunst, die ein unbeschreibliches Glücksgefühl vermittelt; es ist die *Kunst, Dingen unserer Erscheinungswelt beschauliche Aufmerksamkeit zuzuwenden, bis Sie sich in tiefer Versunkenheit im Geiste mit allem eins fühlen* – mit dem Ding und mit der ganzen Schöpfung. Gegenstand der Kontemplation kann alles sein: ein Vogel im Flug, ein Kunstwerk, das Sie beeindruckt hat, oder die unglaublichen »alltäglichen« Dinge, die Sie vor Ihrem Fenster oder in Ihrem Haus sehen.

Es bedarf, um in den Genuß solchen Glücks zu kommen, allerdings einer empfänglich-offenen Einstellung und einer gewissen Gestimmtheit. Sie geht zum Beispiel jenen Flugpassagieren ab, die im Flugzeug sofort ihre Gesichter in einer Zeitung vergraben (und damit wohl demonstrieren wollen, daß dies für sie ein Arbeitstag wie jeder andere ist und der Flug ihnen nicht mehr bedeutet als eine Fahrt mit der U-Bahn). Ich bin selbst oft in verschiedensten Teilen der Welt geflogen. Für mich ist jeder Flug eine aufregende Erfahrung! Ich betrachte gerne die Wolken, die sich ständig verändern, aber immer großartig sind – und da bin ich mittendrin! Bei Tageslicht bewundere ich das weite Panorama der Erde unter mir, mit ihrer Vielfalt von Mustern wie ein Flickenteppich, der von Mensch und Natur geschaffen wurde. In der Nacht schaue ich aus dem Fenster auf die Lichter, die manchmal verstreuten Juwelen gleichen und dann und wann ihren strahlenden Glanz zu einem einzigen großen Feuerwerk vereinen. Vor mir liegt ein Fragment des Universums. Bewegt nehme ich daran teil. Kann sich jemand inmitten solcher Bilder unserer grandiosen Erscheinungswelt einsam fühlen?

Schauen Sie sich nur um – *Sie finden unbegrenzte Möglichkeiten der Kontemplation und damit eine unversiegbare Quelle tiefer Freude!* Sie können nicht einsam sein, wenn Sie voll in Anspruch genommen sind von der beschaulichen Betrachtung der größten oder kleinsten Dinge unseres geheimnisvollen und großartigen Universums.

Natürlich brauchen Sie nicht erst herumzufliegen oder überhaupt zu reisen, um sich an unserer Welt zu erfreuen. Wenn Sie Ihren bequemen Sessel nicht verlassen können oder nicht verlassen wollen, kommt die »Welt« über Bücher, Zeitungen, Radio und Fernsehen ja auch zu Ihnen. Und nicht nur die Welt als Schauplatz immer wieder neuen, faszinierenden Geschehens, auch interessante Menschen aus Gegenwart und Vergangenheit lernen Sie kennen. Sie können sich mit ihren Ideen, ihrer Arbeit, ihrem Wirken und mit ihrem Schicksal befassen und daraus lernen. Auch auf diese Weise erschließen sich Ihnen unbegrenzte Möglichkeiten der Kontemplation.

Um Gefühle der Vereinsamung nicht aufkommen zu lassen, wird immer wieder empfohlen, sich in rege, AKTIVE TÄTIGKEIT zu stürzen, sei es in Form harter Arbeit oder sportlicher Betätigung oder seien es Hobbys oder beispielsweise Konzentrationsspiele.

Wenn Sie sich in solcher Betätigung lediglich «verlieren« wollen, um zeitweise sich selbst zu entfliehen – das heißt im ganzen sich selbst zu vergessen –, dann wird dieses Fluchtmittel sehr bald seine Kraft einbüßen, und Sie werden am Ende körperlich, geistig und seelisch erschöpft Ihre Fluchtbetätigung aufgeben und mehr unter den Symptomen Ihrer Einsamkeit leiden als zuvor. Wenn Sie sich hingegen Arbeit, Sport oder Hobby in erster Linie *aus Spaß an der Sache* hingeben, dann haben Sie mit Sicherheit ein wirksames und interessantes Mittel zur Vorbeugung gegen Einsamkeit gefunden.

Es steht natürlich außer Frage, daß der KONTAKT MIT MENSCHEN, die wir lieben oder gern mögen oder interessant finden, der Gefahr der Vereinsamung eminent vorbeugt. Ich erwähne diese Möglichkeit aber an letzter Stelle, weil manche Menschen sich so sehr vom Zusammensein mit anderen abhängig machen, daß sie geradezu davor *zurückschrecken, ihrem eigenen Selbst auch nur einige Zeit allein gegenüberzustehen.*

Aber Sie und ich, wir alle werden unseren Lebensabend voraussichtlich einmal allein mit uns selbst verbringen müssen. Und, wie ich schon sagte, die anderen Menschen – wie liebenswert, gesellig und interessant sie auch immer sein mögen – können nicht jeden Tag und jede Stunde mit uns verbringen und sind im übrigen vielleicht eines Tages auch gar nicht mehr da, um uns noch Gesellschaft leisten zu können.

Übernehmen Sie also die Verantwortung für sich selbst unabhängig von denen, die Sie lieben. Bringen Sie unbedingt sich selbst Sympathie entgegen! *Wenn Sie sich so, wie Sie sind, selbst nicht akzeptieren können, dann müssen Sie sich ändern* und zu der Persönlichkeit werden, die Sie akzeptieren, die Sie gern mögen und mit der Sie gut auskommen, wenn Sie allein mit ihr sind. Denn wenn Sie mit sich selbst – allein – nicht auskommen können, wird keine noch so ausgeklügelte Flucht Sie vor der Einsamkeit schützen können.

Stehen Sie hingegen mit sich selbst auf gutem Fuß, dann haben Sie in Ihrer eigenen Person einen »Gefährten«, der immer da sein wird, um »mit Ihnen« die Wunder des Universums zu bestaunen – die wir sehen und mit Freude erleben können, über die wir lesen und meditieren können und deren Wesen wir durch Kontemplation erfassen können.

Kapitel 43

Setzen Sie beim Problem an, nur so finden Sie die Lösung!

»Die Welt gehört denen, die Lösungen finden!« Diese Redensart scheint mir nicht übertrieben zu sein.

Zeigen Sie mir den Menschen, der gewohnt ist herauszufinden, worin ein Problem besteht und wie man es lösen kann – und der nicht sowohl privat als auch beruflich Glück und Erfolg hat!

Nichts ist der seelisch-geistigen Stabilität abträglicher als ein Leben voller unbeantworteter Fragezeichen. Demgegenüber gibt es nur wenige Tätigkeiten, die befriedigender und lohnender sind, als Antworten auf Fragen und Lösungen für Probleme zu finden.

Wir brauchen (wie vor allem in den Kapiteln 35 und 39 dargelegt wurde) Menschen, die dafür sorgen, daß Anliegen, Pläne, Projekte in Angriff genommen werden. Aber noch dringender brauchen wir Menschen, die *herausfinden, was zu tun ist und wie es am besten getan werden könnte.* Die Welt wimmelt von Menschen, die irgend etwas tun, indem sie einfach drauflos »machen«, ohne sich zu kümmern, worin das Problem besteht und wie es gelöst werden könnte; auch wenn sie alles mögliche wissen, kann, wenn das Wissen nicht auf das jeweilige Problem angesetzt und nicht richtig ausgewertet wird, nicht die richtige Lösung gefunden werden.

Es wäre mitunter besser, wenn sie nichts täten, nichts wüßten. Dann könnten sie wenigstens ganz von vorn anfangen, vom Ausgangspunkt allen Beginnens aus, so daß ihre Überlegungen dann die Chance hätten, richtig zu sein. *Zuerst muß das Problem gesehen und »eingekreist« werden; erst dann kann man auf die richtige Lösung kommen.*

Sogar Regierungen sind, wie man oft genug sieht, mit Machern geschlagen, die eifrig falsche Lösungen durchsetzen – nicht etwa weil sie sich keine Mühe gäben (das möchte ich nicht generell behaupten), sondern weil sie handeln, in diesem Fall regieren, *ohne auf das eigentliche Problem einzugehen – wie sollte man es dann richtig lösen können?!* Die Weltgeschichte liefert eine Menge Beispiele dafür, wie man Dinge falsch machen kann, indem man Lösungen erzwingt, die deshalb die falschen sind, weil sie das Problem nicht lösen.

Das Wirtschaftsleben ist diesbezüglich ganz besonders anfällig. Man hat sich einmal vorgestellt, daß Computer Abhilfe schaffen könnten. Aber meine persönliche Erfahrung mit den Computern der von mir geleiteten Unternehmen läßt diesen hoffnungsvollen Schluß nicht zu. Macht ein Computer einen Fehler (sei es infolge Fehlprogrammierung oder sei er technisch bedingt), bewegt sich dieser gleich in so astronomischen Größenordnungen, oder er vervielfältigt sich derart, daß hundert Menschen in einem Jahr nicht so viele Fehler machen könnten.

Ich war mein Leben lang Geschäftsmann. Jetzt, im Ruhestand, habe ich genug Zeit gehabt, mich all der Fehler zu erinnern, die ich gemacht habe; ich habe sie sogar analysiert und bin zum Ergebnis gekommen, daß die gravierenden von ihnen hätten vermieden werden können, wäre ich nur jeweils von der richtigen Lösung ausgegangen.

Von jeder AUSBILDUNG erwartet man zu Recht, daß sie Wissen vermittelt, wie man auf einem bestimmten Fachgebiet Lösungen finden kann. So weit so gut. Der Haken ist nur, daß kaum eine Ausbildung klarmacht, wie man ganz allgemein Lösungen findet. Und doch müßte das höchste Ziel jeder Ausbildung sein, die Menschen zum Erfolg zu befähigen: was heißt, für Probleme Lösungen zu finden. Unter Erfolg verstehe ich die Erreichung des Lebensziels. Zu diesem Zweck *muß jede Ausbildung vor allem drei fundamentalen Erfordernissen gerecht werden:*

1. Sie muß dem Lernenden solide und möglichst auch praxisbezogene Kenntnisse vermitteln, so daß er von seinem künftigen Erfolg überzeugt sein kann.
2. Der Lernende muß motiviert werden, zunächst herauszufinden, was er wissen und tun muß, um sich seinen Erfolg zu sichern, und er muß für sein ganzes Leben motiviert werden, alles zu tun, um sein Lebensziel zu erreichen.
3. Er muß einfache Erfolgsmethoden an die Hand bekommen, die er immer wieder anwenden kann, um sein Lebensziel zu erreichen. Dazu gehört wesentlich eine persönliche Erfolgsformel, ein Leitspruch, der auch als Zielanweisung für das Unterbewußtsein dient.

Darin erschöpfen sich die Ziele der Ausbildung natürlich in keiner Weise; diese grundlegenden Erfordernisse gehören jedoch zum Wichtigsten, das eine jede Ausbildung, und zwar welche auch immer, jungen Menschen fürs Leben mitgeben kann.

Wenn Sie in der Politik oder Verwaltung, in der Wirtschaft, im Erziehungs- oder Sozialwesen oder wo immer (beruflich oder privat) tätig sind und im Leben Großes erreichen wollen, dann finden Sie jeweils heraus, wo das Problem liegt und wie es am besten gelöst werden kann. Sie brauchen Ihre Idee nicht unbedingt selbst in die Tat umzusetzen. Es gibt vielleicht Menschen, die das sogar besser können als Sie. *Aber der große Erfolg – und allenfalls auch die Belohnung – fällt demjenigen zu, der die Lösung findet!*

Kapitel 44

Grundlegende Erfordernisse jeder Ausbildung

Dieses Buch ist *mit Absicht nicht in der Art eines systematisch aufbauenden Lehrbuches konzipiert.* Zum einen erwecken »Lehrbücher« leicht Angst und deshalb unterschwelligen Widerstand. Zum anderen möchte ich Sie nicht langweilen: deshalb wechseln die Themen von Kapitel zu Kapitel eher »bunt« ab.

Auf diese Weise möchte ich Ihnen sehr unterschiedliche BEWÄHRTE ERFOLGSMETHODEN DER PERSÖNLICHKEITSBILDUNG nahebringen und Ihnen in aller Kürze und in möglichst großer Vielfalt ein Programm mit dem erklärten Ziel anbieten, *wie Sie werden können, was Sie sein möchten.*

In diesem Kapitel möchte ich allerdings noch einmal auf eine Überlegung zurückkommen, die schon im vorhergehenden Kapitel angetönt wurde. Sie hängt mit meinen Vorstellungen über Erziehung und mit den drei grundlegenden Erfordernissen zusammen, mit denen alle Erziehung beginnen muß, wenn diese gewährleisten soll, daß junge Menschen im Leben Erfolg haben werden.

Die zumeist praktizierte Erziehung oder Ausbildung könnte man in ihrem Anfangsstadium mit einem leeren Treibstofftank vergleichen: es ist noch keine »Energie für die Fortbewegung« vorhanden. Dann wird der Tank mit Wissen »vollgefüllt«. *Das leistet normalerweise unsere konventionelle Erziehung immer. Doch dann versagt sie.* Wie bekommen junge Menschen den »Zündschlüssel« für die Verwertung und Nutzanwendung ihres angesammelten Wissens? Wie werden sie motiviert, im

Leben Erfolg zu haben? Wird ihnen ein Wort über ihr Lebensziel mitgegeben?

Zu Beginn – und in vielen Fällen noch gegen Ende – unserer Schulausbildung kann Erfolg natürlich nicht in den Begriffen ganz bestimmter Berufe definiert werden. Noch am Ende der Ausbildung kann man nur etwa sagen: »Er hat die (oder die) Schule absolviert« oder: »Sein Wissen, sein Fleiß versprechen eine ganze Menge!« Der jeweilige Grad des Könnens – so unterschiedlich er bei den einzelnen Schülern ist – wird nach eher formalen Kriterien beurteilt. Das berührt aber nicht die Tatsache, daß jeder Erziehungs- und Ausbildungsprozeß den schon erwähnten GRUNDLEGENDEN ERFORDERNISSEN gerecht werden muß oder (sagen wir im Hinblick auf die herrschenden Verhältnisse besser) gerecht werden müßte – und das gilt nun nicht nur für Schüler, sondern auch für jeden Erwachsenen, der sich auf Erfolgskurs bringen will:

Zuerst müssen Sie aufgrund Ihres erworbenen Wissens und Könnens *überzeugt sein, daß auch Sie Erfolg haben können.* Diese Überzeugung bewirkt gleichsam die »Zündung«. Ohne Zündung gibt es kein Starten. Allzu viele Menschen kommen niemals auch nur schrittweit voran, weil ihnen der zündende selbstbewußte und freudige Glaube an ihr eigenes Können fehlt, und damit muß jeder Start in eine erfolgreiche Zukunft mißlingen.

Sodann *müssen Sie auf Ihr Ziel hin motiviert sein.* Sie müssen herausfinden, was Sie wissen und können müssen, um sich Ihren Erfolg zu sichern. Diese Ihre Motivation verwandelt Ihr Vertrauen in Ihre eigenen Fähigkeiten und Ihr Können in Aktivität. Aktivität an sich kann nun allerdings nützlich oder schädlich sein – ganz unabhängig davon, daß sie möglicherweise auf sehr wünschenswerte Antriebe zurückgeht. Es hat aber keinen Sinn, daß Sie heroisch Ihr Pferd satteln und in die falsche Richtung stürmen. Zum Vertrauen in Ihre Fähigkeiten muß die auf ein bestimmtes Ziel hin ausgerichtete Motivation hinzukommen. Sie müssen bereit sein, auch den Preis für den von Ihnen angestrebten Erfolg zu bezahlen. *Sie müssen ein Ziel haben, und dieses Ziel muß genau festgelegt sein;* sonst werden

Sie Wissensstoff ansammeln, für den Sie schließlich keine Verwendung haben.

Alles, was man vom Leben erwartet, hat seinen Preis, was nicht immer nur in Geld auszudrücken ist, Geld spielt zwar meistens auch eine Rolle; sie ist aber von untergeordneter Bedeutung, da letzten Endes jeder soviel Geld erwerben kann, wie er braucht. Nein – Sie müssen bereit sein, für den Erfolg in anderer Münze zu zahlen: Sie müssen Zeit opfern, sich anstrengen, sich noch mehr anstrengen! Sie müssen lernen, planen, Probleme klarstellen und Lösungen finden. Sie müssen in Bewegung bleiben, tätig sein. Die Aneignung von Wissen gewährleistet noch lange nicht, daß Sie auch die Notwendigkeit einer klaren Zielrichtung erkennen.

Schließlich gibt es – neben dem Vertrauen auf das erworbene Wissen und Können und der bewußten Zielrichtung – noch eine dritte wesentliche Voraussetzung, die jedem Erziehungs- bzw. Ausbildungsprozeß zugrunde liegen sollte: Sie müssen einfache bewährte Erfolgsmethoden zur Hand haben, mit deren Hilfe Sie all Ihre Ziele erreichen können. Eine der wirkungsvollsten Methoden besteht darin, *sich eine persönliche Erfolgsformel zurechtzulegen:* einen Leitspruch, der, auf das Lebensziel abgestellt, als tägliche Zielanweisung dient. (Ich habe in meinem Buch *»Lebenserfolg«* in mehreren Kapiteln beschrieben, wie man einen solchen Leitspruch, zumal in der Kurzform eines prägnanten Slogans, kreiert und in Verbindung mit lebhaften Vorstellungsbildern wirksam einsetzt.) Wenn Sie zum Beispiel Schriftsteller werden möchten, könnte Ihr persönlicher Erfolgsslogan heißen: »Ich tippe jeden Tag eine Seite!«

Es ist nicht zu verstehen, daß die Pädagogen es bis heute nicht geschafft haben, jungen Menschen bewährte Erfolgsmethoden und deren Anwendung zu lehren. Ich kenne keine Schule, keine Universität, keine Mittel- oder Berufsschule, die etwas Derartiges in ihrem Lehrprogramm aufzuweisen hätte. Und doch wäre das, neben dem Vertrauen in die eigenen Fähigkeiten und der genauen Zielvorstellung, eine der wesentlichen Grundlagen für den erfolgreichen Start ins Leben.

In vielen Ländern werden im Auftrag der Regierungen Erziehungs- und Ausbildungsprogramme für minderprivilegierte Bevölkerungsgruppen erarbeitet. Sie erfordern riesige Mengen an Steuergeldern; aber keines dieser Programme baut auf den drei beschriebenen wesentlichen Grundvoraussetzungen auf, die allein den Erfolg gewährleisten können und mit denen jede Erziehung und Ausbildung enden müßte.

Beobachten Sie einmal minderprivilegierte Gruppen in ihrem Alltag – wie sie ziellos, hoffnungslos und in Armut dahinleben – und stellen Sie sich dann diese einfachen Fragen:

- Sind minderprivilegierte Gruppen im Vertrauen auf eigene Fähigkeiten davon überzeugt, daß es ihnen gelingen kann oder wird, ihren Anteil vom Reichtum unserer Überflußgesellschaft zu erringen?
- Sind sie motiviert herauszufinden, was sie wissen und tun müssen, um zu Erfolg zu kommen, und lernen und arbeiten sie auf dieses Ziel hin?
- Wenden sie bewährte Erfolgsmethoden an, folgen sie einer einfachen, einleuchtenden Erfolgsformel, einem auf ein Ziel ausgerichteten Leitspruch, der für jedermann, der Erfolg haben will, unentbehrlich ist?

Wenn diese minderprivilegierten Gruppen noch keine Kenntnis von diesen drei wesentlichen Erfolgsvoraussetzungen haben, sollten wir uns fragen, warum es so ist und wessen Fehler es ist. Vor allem aber müssen wir fragen, warum das nicht sofort geändert wird.

Tragen Sie nach Kräften bei, das zu ändern!

Kapitel 45

Wir sind gegen Unglück nicht gefeit, aber gegen Verzweiflung

Dieses Kapitel geht auf ein Thema ein, das in einem Werk der Persönlichkeitsbildung nicht ignoriert werden kann: auf menschliches Leid. Ich hoffe, daß es eines Tages hilft, ein verzweifeltes Herz davor zu bewahren, daß es am Schmerz zerbricht.

Jedes Leben wird zu irgendeiner Zeit von Unglück heimgesucht, unausweichlich; denn Glück und Unglück gehören ebenso untrennbar zusammen wie Leben und Tod. Gewiß: Es gibt die Religion, und es gibt Philosophien, und viele Menschen finden darin Zuflucht und Trost. Ich nun möchte in diesem Zusammenhang nicht religiöse Aspekte erörtern und vielmehr ein einfaches VERFAHREN DER SELBSTHEILUNG aufzeigen, das auf jeden Fall den Schmerz zu lindern vermag.

Es bedarf wohl auch keiner Erörterung, welches Leid gemeint ist: es ist vor allem der schmerzliche Verlust von Menschen, die uns lieb und teuer und Teil unseres Lebens waren. Eines Tages sind sie von uns gegangen. Was *sollen* wir nun tun? Was *können* wir tun? *Was müssen wir tun?*

Jede Selbstheilung vollzieht sich in einem solchen Fall über vier unerläßliche Schritte. Man kann vielleicht auch sonst noch vieles tun; aber die vier nachfolgend beschriebenen Schritte sind *unumgänglich nowendig, wenn ein Mensch, der zutiefst getroffen ist, sein seelisch-geistiges Gleichgewicht wiedergewinnen soll.*

Jeder der vier Schritte beginnt mit einem »A«. Anstatt sie hier vorweg aufzuzählen, was unergiebig bliebe, wollen wir lieber Schritt für Schritt vorgehen; erst auf dem Boden der nötigen Erklärungen bekommen diese Schritte für Sie Sinn:

1. ANERKENNUNG: Zuerst müssen wir *vor uns selbst den Verlust eingestehen,* das heißt ihn anerkennen. Möglicherweise liegt in einem dumpfen Nichtglaubenwollen eine anfängliche Erleichterung. Aber bloße Betäubung durch Wirklichkeitsverweigerung erschöpft sich in kurzer Zeit an der unvermeidlichen, ständigen Konfrontation mit den Tatsachen. Immer weiter muß sich der Unglückliche auf seiner vergeblichen Flucht von der Realität entfernen, um seine Illusion aufrechtzuerhalten.
   Geist und Seele geraten in Gefahr, wenn wir ein Unglück vor uns selbst nicht eingestehen wollen. Es ist besser, tatsächlich ist es sogar notwendig, dem Unglück gerade und aufrichtig zu begegnen. Erleichterung und Kraft erwachsen uns aus dem Mut, der Wirklichkeit ins Gesicht zu sehen und uns zuzugeben: Es ist so, wie es ist.
   Nur wenn wir diesen ersten Schritt des Zugebens getan haben, wird es möglich, mit dem nächsten Schritt Erleichterung und Frieden für Geist und Seele zu erreichen.
2. ANNAHME: Indem wir uns den schmerzlichen Verlust realistisch eingestehen, machen wir den Weg frei für eine große geistig-seelische Kraft: die Annahme. Die Akzeptierung des Unvermeidlichen ist eine der großen menschlichen Leistungen: Der Mensch weiß, daß er keine Macht über die Wechselfälle des Lebens hat. Doch indem er sein Geschick annimmt, *wird ihm die Macht zuteil, zwar nicht die Ereignisse selbst, aber ihre Folgen zu beherrschen.*
   Vorbehaltlose Annahme des Unglücks – in Demut und Ehrfurcht vor dem Leben und dem ihm inhärenten höheren Sinn – gibt uns die ruhige, sichere Kraft zum Überleben und zur Bewältigung der Aufgaben, die auf uns zukommen. Und: Niemandem wird eine Last aufgebürdet, wenn er nicht auch die Kraft hat, sie zu tragen.
   Die Bereitschaft, die unvermeidlichen Schicksalsschläge des Lebens anzunehmen, ist eine hohe menschliche Leistung. Es ist sinnlos, gegen das Unvermeidliche anzukämpfen, es

wegzuleugnen, sich aufzulehnen oder es zu verfluchen. An einer alten Kathedrale in Holland ist die ewiggültige Wahrheit eingemeißelt: »So ist es. Es kann nicht anders sein.« Dieser Endgültigkeit können wir nur begegnen durch unsere Bereitschaft zur Annahme. WILLIAM JAMES rät: »Seien Sie bereit, Tatsachen hinzunehmen. Das Akzeptieren dessen, was geschehen ist, ist der erste Schritt zur Bewältigung der Konsequenzen eines jeden Unglücks.« Und in der Philosophie ARTHUR SCHOPENHAUERS klingt das so: »Ein guter Vorrat an Schicksalsergebenheit ist von größter Bedeutung für die Lebensreise.«

Durch Akzeptieren erreichen wir den geistig-seelischen Übergang von der Trauer zur Ruhe, vom Schmerz zum Zustand des Gleichgewichts.

Was aber folgt dann? Sollen wir den Rest unseres Lebens in diesem nicht ohne Mühe erkämpften Zustand der Ruhe verharren? Das wäre nicht weit von Interesselosigkeit entfernt. Natürlich können wir unser Leben nicht aufgeben.

3. ANPASSUNG: Indem wir uns anpassen, verleihen wir den Leistungen des Anerkennens und des Annehmens erst ihren wahren Wert. Ohne diesen weiteren Schritt verharren wir in einem passiven Seelen- und Geisteszustand, der zwar zunächst wohl eine Erleichterung, auf Dauer aber keine Lösung darstellt.

Nur mit Hilfe der Anpassung, des Einbeziehens unseres Ich in alle Veränderungen, die zur Regelung der Begleitumstände des Unglücks notwendig werden, können wir die immer drohende Möglichkeit einer Flucht aus der Wirklichkeit ausschalten. Wir müssen uns bereitwillig und vorbehaltlos jeder zur Bewältigung des Problems notwendigen Anpassung stellen, denn jeder Rückzug aus der Realität kann sehr bald schwere seelisch-geistige Erkrankungen nach sich ziehen.

Unsere Anpassung muß jedoch aus unserem inneren Einverständnis kommen. Wir müssen uns willig und ohne Vorbehalt in all die neuen Situationen einfügen, die sich ergeben haben. *Die Anpassung muß vollständig sein, und sie muß aus unserem eigenen Entschluß kommen.* Sie muß den Stempel unseres Mutes, unserer Entscheidung, unseres Willens tragen.

Kann man noch etwas tun? Ja – nach den erreichten Stationen des Anerkennens, des Annehmens und des Anpassens bleibt noch eine weitere »A«-Leistung zu vollbringen, vielleicht die leichteste, weil sie infolge der bereits vollzogenen schwierigen Schritte möglich gemacht wird; aber dieses letzte »A« – Aktivität – wird uns wieder in den Hauptstrom des Lebens zurückgelangen lassen:

4. AKTIVITÄT: Wir müssen uns, wenn wir uns den Folgen eines Unglücks stellen wollen, dazu *aufraffen, möglichst bald wieder voll aktiv zu werden.* Das heißt, daß wir nicht vor der Tür, die das Schicksal für immer geschlossen hat, untätig verharren, sondern uns tatkräftig auf die Suche begeben, welche Tür sich neu für uns öffnen wird. Wie es die Bibel sagt: »Suchet, so werdet ihr finden.« Immer öffnet sich eine neue Tür, wenn eine andere sich geschlossen hat. Hinter der Tür, die aufgeht, erwarten uns Aufgaben, Tätigkeiten, die unser Denken und die ganzen Energien in Anspruch nehmen, so daß wir vom Schmerz, der uns vielleicht immer wieder überwältigen will, weitgehend abgelenkt sind. Und wenn er uns übermannt, müssen wir uns vergegenwärtigen, daß unser Schmerz den Verlust nicht ungeschehen machen kann.

   Es empfiehlt sich, bei dieser Gelegenheit ein neues Betätigungsfeld zu suchen, eine Sache, die unseren Einsatz verdient, zum Beispiel, indem wir versuchen, anderen zu helfen. Dabei werden wir gewahr, daß auch andere Menschen Kummer haben, und finden uns leichter in den Schmerz des eigenen Verlustes. An seine Stelle wird sogar nach und nach der tiefe Wunsch treten, anderen zu helfen.

Vergegenwärtigen wir uns nochmals die einzelnen Schritte des hier dargestellten wirksamen Verfahrens der Selbstheilung: *Anerkennung, Annahme, Anpassung und Aktivität.* Wenn Sie je in eine Notlage kommen, erinnern Sie sich dieses Kapitels und dieser vier Schritte. Es handelt sich um einen unfehlbar wirksamen Prozeß, der Ihnen helfen wird, die verheißene neu sich öffnende Tür zu finden, durch die Sie in einen neuen Tag Ihres Lebens eintreten können.

So ist es auch gut, wenn Sie jetzt schon wissen, daß Sie alle Schicksalsschläge, die die Zukunft vielleicht für Sie noch bereithält, mutig meistern werden. Und Sie wissen auch, daß Sie, wenn es dazu kommt, die notwendige Kraft haben werden; denn (wie insbesondere in Kapitel 35 dieses Buches dargelegt wurde) die eigentliche Kraft kommt aus dem Handeln selbst. *Wenn Sie nur Ihr Problem angehen und handeln, dann wird Ihnen auch die Kraft zuteil!*

So findet Ihre Fähigkeit zum Überleben und zum Überwinden von Schicksalsschlägen *die entscheidende Kraftquelle in Ihrem Bewußtsein, Teil des unendlichen Ganzen zu sein,* das wir als vollkommene Harmonie erkannt haben, die keine ungelösten Probleme kennt – auch nicht die Ihren. Mit Hilfe dieser unbegrenzten Kraftreserven wird jedes Problem gelöst werden können.

Kapitel 46

Suchen Sie nicht Mitleid!

Unsere Welt steht nicht gerade im Ruf, die Erdenbürger zart und schonend zu behandeln. Wenn es Ihnen also darum geht, Mitleid zu erwecken, wird es Ihnen kaum an Gelegenheit fehlen.

Wenn wir aber mit unseren Problemen selbst fertig werden wollen, *brauchen wir nicht das Mitleid der anderen, sondern eigene Entschlossenheit.*

ANNETTE KELLERMANN zum Beispiel war als Kind gelähmt und kränklich. Erwartete sie Mitleid? Nein! Sie kämpfte um einen gesunden Körper. Mit eiserner Willensstärke trainierte sie unter fachmännischer Anleitung, bis sie ihr Ziel eines gesunden, durchtrainierten und auch ästhetisch perfekten Körpers erreicht hatte: sie wurde Weltmeisterin im Kunstspringen!

Ein gelähmter, schwächlicher kleiner Junge, namens GEORGE JOWETT, litt in seiner Jugend unter dem Mitleid, das ihm seine Umgebung wegen seiner Gelähmtheit und Schwächlichkeit entgegenbrachte. Er mobilisierte seine ganze Willenskraft und lud Geist und Körper mit Energie auf. Machen wir es kurz: George Jowett errang offiziell den Titel des stärksten Mannes der Welt!

Ein weiteres Beispiel lieferte uns HELEN KELLER. Sie war blind und taubstumm. Doch sie war entschlossen, ihre Behinderungen zu besiegen, indem sie sich der Hilfe für andere Körperbehinderte widmete (die größtenteils nicht annähernd so behindert waren wie sie selbst). Diese große Frau gab der

Sozialpädagogik ihres Jahrhunderts entscheidende Impulse. Dabei muß man festhalten, daß sie ihre eigenen körperlichen Behinderungen nicht wegtrainieren konnte; das war unmöglich. Helen Kellers große Leistung bestand darin, daß sie über ihre Behinderungen hinauswuchs und trotz ihrer eigenen Gebrechen ihre große Bedeutung durch ihr unvergeßliches Wirken erlangte.

Die moderne Medizin kann heutzutage zwar viele körperliche Beeinträchtigungen erfolgreich behandeln; aber selbst in all diesen Fällen spielt der WILLE ZUR GESUNDUNG seitens des Patienten eine große Rolle. Oft schlägt eine Heilbehandlung zunächst nicht an. Dann neigen viele Menschen – anstatt sich weiterhin um ihre Gesundung zu bemühen – dazu, aufzugeben und sich mit dem Mitleid anderer Menschen zu begnügen. Andere entschließen sich fest zum Durchhalten und lassen sich trotz aller Rückschläge nicht von ihrem Ziel abbringen. Es liegt auf der Hand, daß sie es, wenn es nicht menschenunmöglich ist, auch erreichen. *Für Kranke ist eine der besten Heilmethoden bereits die zuversichtliche Suche nach Heilungsmöglichkeiten!*

Natürlich gibt es körperliche Behinderungen wie HELEN KELLERS Blindheit und Taubstummheit, die bei noch so gutem Willen nicht behoben werden können. Sollten Sie sich in einer vergleichbaren Lage befinden, dann müssen Sie wie Helen Keller *versuchen, über Ihre Behinderung hinauszuwachsen,* indem Sie alles tun, um ein glückliches, erfülltes Leben zu führen trotz Ihrer Behinderung – wie immer beinträchtigend sie ist. Oft – wie im Fall Helen Kellers – ergibt sich gerade aufgrund der Behinderung ein neuer Weg.

LUDWIG VAN BEETHOVEN komponierte noch unsterbliche Symphonien, als er schon taub war. JOHN MILTON schrieb *»Das verlorene Paradies«* nach seiner Erblindung. ALEXANDER POPE war so gelähmt, daß er sich kaum bewegen konnte, und trotzdem wurde er einer der ganz Großen der angelsächsischen Literatur.

GAJUS JULIUS CÄSAR war Epileptiker, und doch eroberte er weite Bereiche der damals bekannten Welt. Wenn er fühlte, daß ein Anfall bevorstand, gab er Instruktionen, wie die Schlacht während seiner Bewußtlosigkeit weitergeführt werden sollte, und übernahm, sobald er wieder zu sich kam, als ob nichts geschehen sei, wieder das Kommando.

Franklin D. Roosevelt, infolge Kinderlähmung ein Krüppel, wurde Präsident der Vereinigten Staaten von Amerika. Und Robert Louis Stevenson war lungenkrank und kaum eine Stundes seines Lebens frei von Schmerzen und einem quälenden Husten. Und doch schrieb der weltberühmte Autor der *»Schatzinsel«* neben vielen spannenden Abenteuerromanen auch humorvolle Geschichten.

Die Aufzählung könnte man beliebig fortsetzen. Zahllose Beispiele lassen sich finden von Menschen, die gelähmt und schwächlich oder sonst körperbehindert waren und *die aufgrund ihrer Willenskraft die große Leistung vollbrachten, über ihre Gebrechen hinauszuwachsen.*

Zahllose Menschen überwinden tagtäglich ihre Behinderungen, indem sie diese annehmen, auf sich nehmen und sich der für sie gegebenen Situation anpassen. Sie suchen kein Mitleid, bitten nicht um Hilfe oder Bevorzugung. Diese Menschen, die wir »körperbehindert« nennen, bewältigen ihr tägliches Leben im Einvernehmen mit ihrem Geschick unter Aufbietung ihrer Willensstärke und in erfindungsreicher Anpassung. Sie bewältigen es in einer Haltung, die uns zweifellos weniger Behinderte beschämen muß, wenn wir uns wegen geringfügiger Kleinigkeiten beklagen oder gleich um Hilfe und Unterstützung jammern.

Denken wir einmal an die Menschen, die ihre Arme nicht mehr gebrauchen können, aber mit ihren Füßen Maschinen bedienen oder mit dem Pinsel zwischen den Zehen – oder im Mund – Bilder malen.

Denken wir an die Menschen, die keine Beine haben, aber sich geschickt mit Hilfe ihrer Arme im Rollstuhl oder mit Prothesen voranbewegen. Denken wir an die Blinden, deren Leistungen uns, die wir uns ein Leben in völliger Dunkelheit gar nicht vorstellen können, wie wahre Wunder vorkommen müssen.

Sie alle leben nicht vom Mitleid. Sie haben ihre Behinderung auszugleichen verstanden, indem sie einen Charakterzug zu schönster Entfaltung gebracht haben, der für uns alle beispielgebend sein sollte: *der Willensentschluß, aus dem Leben das Beste zu machen*.

Kapitel 47

Mit den Augen der anderen . . .

In diesem Kapitel soll eine PSYCHOLOGISCHE TECHNIK zur Sprache kommen, mit deren Hilfe Sie sich von Befangenheit befreien und sich bei Ihren Mitmenschen sympathisch machen können; zwangsläufig werden Sie auf diese Weise auch ein angenehmer Gesprächspartner. Man kann den Erfolg dieser Technik nicht hoch genug einschätzen; sie wird Ihr ganzes Leben günstig beeinflussen. *Sie besteht darin, sich in die anderen, in die Menschen Ihrer Umgebung, zu versetzen.*

Ich sollte fairerweise gleich sagen, wie schwierig es für die meisten Menschen zunächst sein wird, auf ihre Umgebung auch nur einzugehen – nicht unmöglich, aber eben schwierig. Es bedeutet, daß sie mit langgewohnten Verhaltensweisen brechen müssen. Und das ist nie einfach, aber auf jeden Fall aufregend.

Die meisten von uns sehen sich ihr Leben lang im Zentrum allen Geschehens. Das heißt ganz einfach, daß *wir ständig von unserem Standpunkt aus denken* und andere Menschen und Ereignisse auf uns, unsere Familie, Freunde und unseren Besitz beziehen. Wir brauchen uns dessen nicht zu schämen, da wir dabei nur einem Instinkt folgen, der uns angeboren ist. Es ist ein Teil des von unseren prähistorischen Vorfahren übernommenen Erbes, die gezwungen waren, die Bedrohungen und Auswirkungen der feindlichen Umwelt auf die eigene Person und den eigenen Stamm ständig im Auge zu behalten. Nun, es ist ein Urinstinkt und deswegen wohl (wie unsere Anzestoren waren) ein wenig primitiv.

Jedenfalls könnten wir uns doch einmal überlegen, was geschähe, wenn wir umgekehrt verfahren würden und uns in die Menschen unserer Umgebung versetzten. Wir würden – soweit möglich – an diese anderen Menschen denken, an ihre Bedürfnisse, Wünsche und Hoffnungen, an ihre Pläne, Interessen und allgemeine Lebenssituation. Wir würden – soweit möglich – nach eigenem Entschluß so gut wie »nicht vorhanden« sein, weil wir vom Gesichtspunkt der anderen aus dächten. – Welche Auswirkungen hätte dies?

Wir wollen einmal am Beispiel der Furcht betrachten, wie sich das auswirken könnte. Wir fürchten uns in der Regel vor einer Gefahr, die uns, unserer Familie, unseren Freunden oder unserem Besitz droht oder zu drohen scheint. Wenn wir nun aufhören, an uns selbst zu denken, hört unsere Furcht sofort auf. *Auf diese Weise schalten wir die Furcht, alle Ängste und Sorgen aus.*

Denken Sie zum Beispiel an die Angst, die Sie manchmal (und gerade bei wichtigen Anlässen) befällt, fremde Menschen treffen und mit ihnen reden zu müssen. Sie sind befangen und befürchten, daß Sie möglicherweise nicht viel Eindruck machen werden, was für Ihr Selbstwertgefühl sehr schmerzlich und für Ihre Interessen möglicherweise schädlich wäre. Aber wenn Sie sich nicht länger auf Ihre eigene Person konzentrieren, sondern sich in andere Menschen hineindenken, wird Ihre Besorgnis um Ihr Image schwinden und damit der Furcht die Grundlage entzogen. Sie sind gelassen, ruhig, entspannt, furchtlos. Ganz von selbst werden Sie einen viel besseren Eindruck hinterlassen.

Überlegen Sie sich nun noch, wie Ihre Gespräche und Unterhaltungen von Ihrer neuen Sicht mit den Augen der anderen beeinflußt würden. Sie sind also gleichsam »nicht vorhanden«, dafür um so mehr die anderen. Folglich wird sich die ganze Unterhaltung nur um Ihre Gesprächspartner, um deren Familien, deren Interessen, deren Erfolge, deren Bestrebungen, drehen. Ganz ohne Zweifel *werden Sie als idealer Gesprächspartner auffallen,* weil Sie den anderen voller Interesse zuhören.

Man könnte hier noch eine ganze Reihe weiterer Beispiele bringen. Wir sollten uns aber lieber dem wesentlichen Punkt dieser Erörterung zuwenden und uns überlegen, ob Sie nicht dieses Eingehen auf die anderen auf der ganzen Linie Ihres Verhaltens vollziehen könnten.

Versuchen Sie, aus der eigenen geistigen und gefühlsmäßigen Enge auszubrechen, anstatt sich in Ihren Sorgen, Gereiztheiten, Ängsten und Schwierigkeiten zu verbarrikadieren. Versetzen Sie sich in die anderen; denken Sie, sehen Sie von deren Standpunkt aus. Seien Sie manchmal »nicht vorhanden«.

Treten Sie vor allem dann in Erscheinung, wenn Sie anderen helfen oder etwas beitragen können, das – wie geringfügig es auch anmuten mag – in dieser Welt etwas positiv verändert. Nachdem Sie, zumindest bisweilen, »nicht vorhanden« sind, denken Sie dann auch nicht an Anerkennung und Belohnung. Und damit sind Sie in solchen großen Augenblicken mehr als sonst Teil des größeren Ganzen, das man getrost beim Namen »Unendlichkeit« nennen darf.

Kapitel 48

Wir leben, was wir sind

Das Thema dieses Kapitels ist nicht gerade neu, aber es ist aktueller denn je – und aufregend.

Ich meine die Tatsache, daß das Leben jedes Menschen das getreue Spiegelbild seines Wesens ist. Unser Leben ist ein Spiegel, der reflektiert, was wir denken, glauben und fühlen. Und *was wir denken, glauben und fühlen, ist ja das, was wir wirklich sind.*

Diese Tatsache ist von so eminenter Bedeutung, daß sie uns veranlassen sollte, bisweilen in den Beschäftigungen des Alltags innezuhalten und nicht nur das eigene Bild im Spiegel unseres Schlafzimmers, sondern auch unser Wesen im Spiegel unseres Lebens zu betrachten.

Mit fortschreitendem Alter graben sich die Erfahrungen unseres gelebten Lebens in unsere Züge ein, in denen aber auch unser Wesen zum Ausdruck kommt. Die bekannte Redewendung, man könne »in Menschen lesen wie in einem Buch«, sollte besser heißen, *man könne »Menschen wie ein Bild betrachten« und daraus augenblicklich das Wesen eines Menschen erkennen.*

Manche Skeptiker wenden allerdings ein, die äußere Erscheinung könne trügen, und damit haben sie recht, sofern wir uns nur an die physische Erscheinung halten. Viele Menschen haben bekanntermaßen ihren Charakter und ihre Persönlichkeit schneller verändert, als die Natur ihre physische Erscheinung hätte dieser Veränderung anpassen können. Daher wird jeder Unerfahrene auf dem Gebiet der Charakter-

und Persönlichkeitsanalyse leicht in die Irre gehen. Aber das passiert schließlich Unerfahrenen auf jedem anderen Gebiet auch.

Trotzdem spiegelt sich unser Wesen deutlich in unseren Zügen. Aber noch viel deutlicher, *viel untrüglicher spiegelt sich unser Wesen in unserem Leben.* Das Spiegelbild des Lebens zeigt nicht nur unsere äußere Erscheinung, sondern es enthüllt auch unser inneres Wesen – Charakter, geistigen Tiefgang und Gefühlsstärke –; es zeigt die Merkmale unserer Persönlichkeit sowie Art und Grad unserer Ausstrahlung – mehr noch: es zeigt das Bild unserer »Gesamtpersönlichkeit in Aktion«.

Das wahre Bild unserer Persönlichkeit scheint im Spiegel des Lebens auf. Und es ist, wie gesagt, nicht nur ein statisches Bild; es läßt vielmehr auch die Kräfte erkennen, die unser Leben lenken. Wir werden nicht nur die Summe all dessen, was wir gedacht, geglaubt und gefühlt haben, sondern aufgrund der Inhalte unseres Denkens, Glaubens und Fühlens handeln wir auch. Das sind die Kräfte, die unser Leben lenken und gestalten.

Wir haben es auch hier sozusagen mit einer Kette von Ursachen und Wirkungen zu tun. Was wir denken, glauben und fühlen, macht uns zu dem, was wir sind. Und was wir tun, tut das, was wir sind. Das Wesen unserer Persönlichkeit verursacht die Bedingungen und Ereignisse unseres Lebens. Anders ausgedrückt: *Was wir denken, glauben und fühlen, gestaltet unsere Persönlichkeit, unser Leben, unsere Zukunft.*

Seien Sie nicht so naiv (oder bequem), sich einzureden, Ihr Leben sei Ihnen vom Schicksal zudiktiert worden. Ihr Leben wurde, so wie es ist, entscheidend von Ihnen selbst gestaltet, und im Spiegelbild Ihres Lebens erkennen Sie, was Sie jetzt und heute sind.

Wenn Sie nicht begeistert sind von dem, was Sie im Spiegel Ihres Lebens sehen, *so liegt es nur an Ihnen, das zu ändern.* Ändern Sie Ihr Denken und Glauben. Mit Ihren neuen Einstellungen und Ihren neuen Überzeugungen ändern Sie auch Ihr Gefühlsleben und – in weiterer Folge – Ihr Handeln, Ihr Bewirken, kurz: Ihr Leben.

Kapitel 49

Leben Sie im Einklang mit Ihrem inneren Rhythmus!

Es ist viel nachgedacht worden über unseren inneren Rhythmus, und er ist auf vielerlei Weise beschrieben worden. So ist die Rede, wie Sie sicher wissen, beispielsweise von einer »inneren Uhr«, einem »eingebauten Zeitmaß«, einem »individuellen inneren Rhythmus« und, seit neuestem, auch von einem »Biorhythmus«. Ganz sicher hat jeder Mensch sein »eigenes Tempo«; er hat Zeiten der Hoch- und Tiefform der Leistungsfähigkeit, der Stimmung usw.

Die Einhaltung unseres persönlichen inneren Rhythmus gibt uns die Chance, Stabilität in unser Leben zu bringen. Ihn künstlich beschleunigen hieße, eine innere Hektik heraufzubeschwören, und ihn zu bremsen würde bedeuten, einem lethargischen Verhalten Vorschub zu leisten, ja, genaugenommen, den Verfall der Persönlichkeit zu riskieren. Sie sollen den Ihnen eigenen inneren Rhythmus weder beschleunigen noch verlangsamen. Halten Sie sich ruhig an Ihr eigenes inneres Maß.

Bedeutet es nun eine Begrenzung, wenn Sie Ihr Leben nach Ihrem eigenen inneren Rhythmus führen? Ganz sicher nicht! Stabilität kann keine Begrenzung zur Folge haben und ebensowenig Gelassenheit oder innere Ruhe.

In einer Welt, in der wir nun einmal nicht nur »das Glück gepachtet« haben, müssen wir verstehen, »in Glück oder Unglück« unser Leben in dem uns eigenen Rhythmus zu führen, in unserem eigenen Zeitmaß, wie eine Uhr, die auch im schlimmsten Unwetter weitertickt.

Auf diese Weise sorgen wir in unserem Leben für größtmögliche Stetigkeit und Beständigkeit. Die unbeirrte Einhaltung unseres Lebenskurses im Einklang mit unserem eigenen Rhythmus befähigt uns, auch wechselnden Winden zu trotzen.

Um diese Stabilität zu erreichen und den Widrigkeiten des Lebens mit fester, gleichbleibender Beharrlichkeit gewachsen zu sein, müssen wir uns zunächst darüber klarwerden, daß uns dieses innere Zeitmaß, das unseren Rhythmus bestimmt, tatsächlich eingegeben ist. *Wenn wir im Gleichtakt mit unserem inneren Rhythmus leben, werden wir inneren Frieden finden.* Um diesen Zustand zu erreichen, sollten wir uns jede erdenkliche Mühe geben.

Aber wie kann man seinen Rhythmus suchen, wie ihn finden? Das ist fast so ähnlich, als wollten wir Gott finden. Tatsächlich ist dieser Vergleich nicht ganz so unangebracht, wie man zunächst meinen könnte. Rhythmen durchpulsen das ganze Universum.

Licht und Ton wie auch Elektrizität beruhen auf periodisch, das heißt rhythmisch, ablaufenden Wellenbewegungen. Das Universum besteht aus Milliarden Galaxien von Milliarden Planeten, die sich mit unfehlbarer Präzision auf ihren Umlaufbahnen durch das Weltall bewegen – eine überzeugende Demonstration der Ordnung aller Materie und Energie im Makrokosmos, die im Mikrokosmos ihre Entsprechnung findet. *Von den größten bis zu den kleinsten Bausteinen des Universums ist alles von rhythmischer Bewegung durchpulst.*

Wenn man sich diese Tatsache vergegenwärtigt, muß es uns naheliegend erscheinen, daß auch wir Menschen, als Teil des Universums, einen inneren Rhythmus haben. Und dieses Bewußtsein wird Ihnen erleichtern, Ihren eigenen inneren Rhythmus herauszufinden. Es ist nicht einmal so leicht festzustellen, wie der Rhythmus Ihres Herzschlags oder Ihrer Atmung ist, geschweige denn, ob Sie im Rhythmus Ihres inneren, nämlich seelisch-geistigen Zeitmaßes leben.

Ebenso wie ein Motor, dessen bewegliche Teile nicht im Hinblick auf rhythmisch synchronisiertes Funktionieren gebaut wären, infolge seiner eigenen Vibration der Zerstörung geweiht ist, so werden auch Sie sich zugrunderichten, wenn Sie nicht nach Ihrem eigenen Zeitmaß leben, das Ihnen Ausgeglichenheit und innere Ruhe gewährleistet.

In diesem Zusammenhang sei hier auf die moderne (obgleich umstrittene) Lehre der Biorhythmik hingewiesen, die davon ausgeht, daß jeder Mensch einen aufgrund seines Geburtstages errechenbaren Körper-, Seelen- und Geistesrhythmus hat. Obschon ich aus eigenen Erfahrungen die Richtigkeit dieser Lehre nicht bestätigen kann (ich habe ihren praktischen Wert nie erprobt), ist deren Betonung rhythmischer Einflußfaktoren doch jedenfalls interessant und nicht einfach von der Hand zu weisen.

Fest steht, daß jeder Mensch seinen individuell maßgebenden Rhythmus hat, gegen den er nicht ungestraft verstoßen kann. Der Test ist einfach: Wenn Sie nicht auf natürliche Weise innere Ruhe bewahren können, so ist das *eine Warnung, daß Sie – körperlich, geistig und seelisch – nicht im Einklang mit Ihrem inneren Rhythmus leben.*

Nur Sie allein können Ihr Leben nach diesem wichtigen Kriterium innerer Harmonie ausrichten. Wenn es Ihnen gelingt, werden Sie eine innere Ruhe empfinden und einen Frieden kennenlernen, der jedes Verstehen übersteigt.

Kapitel 50

Die Methode der Bejahung

Ein Strauß, der seinen Kopf in den Sand steckt, bietet ein unwiderstehliches Angriffsziel für jedes blutdurchpulste Wesen. Ebenso fordern Menschen, die auf der Flucht vor der Realität den »Kopf in den Sand stecken«, die Umwelt zum Zuschlagen geradezu heraus.

An dieser Stelle möchte ich auf die in den letzten Jahren in Mode gekommene *Methode der allgemeinen Bejahung* näher eingehen. Um es gleich zu sagen: Sie kann die Gefahr mit sich bringen, daß man sich wie ein Vogel Strauß vor der Realität der eigentlichen Konfliktsituation versteckt und daß man sich dadurch Angriffen ausgesetzt sieht.

Man kann sich nicht mit der allgemeinen Bejahungsmethode beschäftigen, ohne an deren Erfinder, den französischen Apotheker und Psychotherapeuten EMILE COUÉ und seine berühmte Formel zu denken: *»Jeden Tag geht es mir in jeder Hinsicht immer besser.«* Ich kann mich erinnern, daß viele Leute darüber ganz einfach lachten. Sie haben, hoffe ich, inzwischen zu lachen aufgehört; jedenfalls besteht da kein Grund zum Lachen.

Emile Coué heilte viele Menschen, indem er sie diese einfache Bejahungsformel in jeder freien Minute Tag für Tag wiederholen ließ. Das war alles: die Formel wiederholen und an deren Inhalt glauben! Aber: Diese einfache Bejahungsformel bewirkte nachgewiesenermaßen bemerkenswerte Heilungen, und sie wird auch weiterhin vielen Menschen helfen. Wie gesagt: Kein Grund zum Lachen.

Da mehr als die Hälfte, wenn nicht gar, wie ich schon dargelegt habe, neunzig Prozent aller Krankheiten psychosomatischer Natur sind (körperliche Symptome aufgrund psychischer oder gefühlsmäßiger Störungen), ist es sehr begreiflich, daß Emile Coué eine der psychotherapeutischen Methoden anwandte, die auf die Behebung ebendieser Ursache der Krankheiten abzielte. Darüber hinaus übte seine Therapie auch einen günstigen Einfluß auf physisch bedingte, also organische Erkrankungen aus.

Es ist heutzutage *eine anerkannte Form der Therapie, das Unterbewußtsein durch bewußt eingepflanzte Zielvorstellungen positiv, in diesem Zusammenhang Heilung bewirkend, zu beeinflussen.* Wir werden dieses Thema in einem späteren Kapitel weiterverfolgen.

Hier wollen wir uns überlegen, warum Emile Coué solchen Nachdruck darauf legte, die vorsätzliche Bejahung nur in ganz allgemeiner Form zu verwenden: »Jeden Tag geht es mir in jeder Hinsicht immer besser!« Beachten Sie, wie allgemein diese Formel der Bejahung gefaßt ist.

Coué versuchte nicht etwa, die Therapie positiver Beeinflussung auf die einfachste Formel zu bringen; er strebte auch nicht eine Allzweckbehandlung an. Er legte in seiner Bejahungstherapie nur deshalb so großen Wert auf die Anwendung breitangelegter, allgemeiner, nicht genau bestimmter Formulierungen, weil er befürchtete, die verschiedenen Krankheiten und Leiden würden sich aufgrund ihrer ausdrücklichen Benennung im Unterbewußtsein seiner Patienten einpflanzen.

So erlaubte Coué seinen Patienten zum Beispiel nicht, etwa die folgende Bejahungsformel anzuwenden: »Jeden Tag geht es meinem schmerzenden Rücken in jeder Hinsicht immer besser.« Er befürchtete, daß durch die Einverleibung der Bejahungsformel im Unterbewußtsein des Patienten zugleich auch die Krankheitsdefinition »schmerzender Rücken« Eingang fände und deshalb die Aufmerksamkeit des Unterbewußtseins sich auf das Leiden selbst konzentrieren könnte, was natürlich, zutreffendenfalls, das Leiden verschlimmern oder mindestens verlängern könnte. Deshalb empfahl er allgemeine Bejahungsformeln, die niemals auf einen genau definierten Zustand Bezug nehmen sollten.

Coués Überlegungen sind natürlich durchaus logisch und psychologisch gut begründet. Das Unterbewußtsein arbeitet etwa ähnlich wie ein Computer. Man »füttert« es mit Informationen – zumal mit Vorstellungen und Gefühlen – und erteilt ihm dann in Form von Zielanweisungen bewußt Befehle. *Das so geprägte Unterbewußtsein setzt dann – zielorientiert – alles daran, die ihm eingegebenen Inhalte zu verwirklichen* (das heißt, es setzt die Impulse zu entsprechendem Handeln oder Verhalten). Es hat die Tendenz, gleichsam blind, *das zu verwirklichen, was ihm eingeprägt wurde, und es verwirklicht alles so, wie es das ihm Eingeprägte versteht.*

Coué war es, der erkannte, daß sich dem Unterbewußtsein am besten Vorstellungsbilder einprägen. Aber, so überlegte er, die Einbeziehung eines bestimmten Leidens (zum Beispiel ein »schmerzender Rücken«) in eine Bejahungsformel, die dem Unterbewußtsein eingepflanzt wird, könnte dazu führen, daß das Unterbewußtsein mißverständlicherweise auch die Bejahung des Leidens ansteuern würde, gegebenenfalls dessen weiteres Andauern. Aus diesem Grunde vermied er in seiner Bejahungsformel jede Erwähnung genau definierter Leiden, wobei er davon ausging, daß diese Leiden ebenfalls verschwinden würden, wenn es seinen Patienten »jeden Tag immer besser« ginge. Er transportierte das Bestimmte bewußt ins Allgemeine.

Unbeschadet seines großen Verdienstes um die moderne Psychotherapie und seiner Heilerfolge heißt das aber: Er glaubte, so das Negative umgehen zu können – in Vogel-Strauß-Manier!

Mir erscheint es unrealistisch, die Existenz des Negativen leugnen zu wollen, das heißt die Existenz von Unglück, Leiden und Nöten. Es hat keinen Wert, den Kopf in den Sand zu stecken. *Wir können uns vor niemandem verstecken; und wir können vor nichts fliehen.*

Ich möchte daher empfehlen, daß man anders an das Problem herangeht, als es Emile Coué mit seiner Verallgemeinerungsmethode empfahl. Ich schlage eine eher gegensätzliche VORGEHENSWEISE vor:

1. Versuchen Sie, alle Schwierigkeiten (Krankheiten oder Probleme), denen Sie sich ausgesetzt fühlen, klar und deutlich zu erkennen und *ihr Vorhandensein anzuerkennen*. Stellen Sie sich ihnen! Benennen Sie sie ganz genau.
2. Dann müssen Sie *die Schwierigkeiten annehmen* – nicht in einer Haltung der Entmutigung oder verzweifelter Hoffnungslosigkeit, sondern in realistischer Einschätzung der Lage. Es gibt keine größere Erleichterung als die Annahme der Realität; es gibt kein untauglicheres Mittel als sinnloses Fluchtdenken, als Eskapismus, wie Psychologen und Soziologen dafür sagen.
3. Nachdem Sie Ihre Schwierigkeiten genau definiert und realistisch akzeptiert haben, so daß Sie deren Behebung gezielt angehen können, müssen Sie aktiv werden, und zwar nicht in einer allgemeinen Art und Weise; Sie können direkt ins Zentrum zielen, wo die Lösung zu finden ist. *Sie handeln, indem Sie Ihrem Unterbewußtsein Vorstellungsbilder des erwünschten Zustandes und eine konkrete Zielanweisung einprägen.* Das heißt in unserem Beispiel: Sie stellen sich bildhaft vor, wie Sie – völlig schmerzlos – einen Waldlauf machen (oder Tennis spielen), und vergegenwärtigen sich so oft wie möglich die Zielanweisung: »Mein schmerzender Rücken wird jetzt geheilt!«

Der therapeutische Wert der genau definierten Bejahung ist der Wirkung der allgemein gehaltenen Bejahungsformel überlegen. Aber natürlich müssen Sie handeln, Sie müssen diese Vorstellungen Ihrem Unterbewußtsein einverleiben! Handeln Sie im vollen *Vertrauen, daß der Mensch alles, was er sich vorzustellen und woran er zu glauben vermag, auch verwirklichen kann.*

Kapitel 51

Sie müssen sich einbeziehen

Aus meiner langen Praxis als Präsident einer großen Wirtschaftsberatungsgesellschaft und einer in weiten Kreisen bekannten Werbeagentur ist mir eine TECHNIK DER IMAGESCHAFFUNG bekannt, die, bewußt eingesetzt, für Sie von großem Nutzen sein kann: Man bezieht sich dort ein, wo wir zwar noch nicht sind, aber sein möchten!

Sie geben zum Ausdruck, daß Sie sich selbst, die von Ihnen vertretene Gruppe oder Ihre Firma mit der auf dem betreffenden Gebiet führenden Persönlichkeit oder Gruppe identifizieren. Sie selbst – Ihre Gruppe oder Firma – müssen natürlich für eine Führungsrolle in Frage kommen oder eine Rolle von einiger Bedeutung auf dem betreffenden Gebiet bereits spielen, um sich die imageschaffende Technik des »Sicheinbeziehens« leisten zu können. Andernfalls schaden Sie Ihrer Glaubwürdigkeit, oder Sie machen sich schlichtweg lächerlich.

Aber es gibt viele Persönlichkeiten, Gruppen oder Unternehmen, die von der Gruppe, zu der sie berechtigterweise gehören, auch bereitwillig *anerkannt würden, wenn sie nur immer darauf achteten, ihre Zugehörigkeit zu betonen,* sich eben, wie gesagt, einzubeziehen. Wenn von der für Ihr Image vorteilhaften Persönlichkeit oder Gruppe die Rede ist, sollen Sie daher von ihr nicht in Wendungen sprechen, die die Verschiedenheit nahelegen oder betonen, sondern beherzt sagen: »Wir meinen . . .«, »Wir sind . . .« usw.

Ich möchte Ihnen diese sehr wirkungsvolle Technik an ein paar Beispielen demonstrieren, wobei ich mit Erfahrungen aus der Wirtschaft, für die Imagepflege nun einmal von vitaler Wichtigkeit ist, beginnen sollte. In den von mir geleiteten Wirtschaftsberatungs- und Werbefirmen betreuten wir zahlreiche Kunden, die zunächst nicht den Ruf hatten, führende Unternehmen ihrer jeweiligen Branche zu sein.

Wir veranlaßten, daß diese Unternehmen sich in ihren Werbetexten, Anzeigenkampagnen, Geschäftsberichten und Interviews systematisch in die jeweils nächsthöhere Kategorie »einbezogen«; der Erfolg war, daß sie bald als Spitzenunternehmen anerkannt waren, und zwar – was das Erstaunliche ist – nicht unbedingt wegen ihrer Größe, sondern beispielsweise wegen der Qualität ihrer Produkte, ihrer Serviceleistung, ihrem Management, ihrer Zukunftserwartungen.

Unter den vielen Techniken, die man anwenden kann, um »sich einzubeziehen«, bietet sich, wie gesagt, der Gebrauch des Wortes »wir« an, und zwar so, daß Sie Ihr Unternehmen in Verbindung bringen mit Firmen, die auf ihrem Gebiet führend sind. (Das ist nicht dasselbe wie das übliche Firmen-Wir!) Die öffentliche Meinung wird Sie als gleichwertig akzeptieren. Als Repräsentant einer Firma muß man sich also wie folgt ausdrükken: »Wir« – das heißt implizit: als eines der führenden Unternehmen in diesem Industriezweig – »müssen auch die Verantwortung übernehmen für ...« Oder: »Als führende Gruppe bei diesem Projekt sind wir stolz auf die Leistungen ...« Oder: »Wir sind uns darüber im klaren, daß wir unsere Eigenschaft als Branchenführer [darin sind andere miteingeschlossen] aufgrund der ausgezeichneten handwerklichen Verarbeitung unserer Produkte nicht behalten werden, wenn wir nicht auch weiterhin ...«

Wenn man diese Technik des Sicheinbeziehens anwendet, bekommt das Wort »wir« eine enorme Bedeutung. Ich war zum Beispiel Zeuge, wie Farbige, die für die Rassengleichheit eintraten, ihre beste Chance zur Bekräftigung ihrer Integration eben dadurch verspielten, daß jedes »Wir« in ihren Reden und Aufrufen »Wir Farbige« bedeutete, während es doch hätte bedeuten müssen: »Wir Bürger ...«, »Wir Eltern ...«, »Wir Steuerzahler ...«, »Wir Leute mit abgeschlossenem Studium ...«, »Wir Amerikaner«. Wenn die Farbigen sich in diese Gruppen einbezögen, zu denen sie mit Sicherheit gehören, würden sie nicht mehr die Unterschiede betonen, sondern ihre Gleichheit in den Vordergrund stellen. Gleichheit ist ja auch der Weg zur Anerkennung. *Gleichheit ist der hergestellte Zustand, einbezogen zu sein.*

Die Praxis des Sicheinbeziehens sieht so aus, daß Sie Ähnlichkeiten mit der Gruppe, mit der Sie identifiziert werden wollen, aufspüren. Dann sollten Sie das Sie oder Ihre Gruppe einbeziehende Wort »wir« verwenden und sich selbst oder Ihre Gruppe als Teil der Gruppe darstellen, zu der Sie gehören wollen.

Es unterliegt weitgehend Ihrer eigenen Kontrolle, wie andere Menschen Sie einschätzen, welches Image Sie bei ihnen durchsetzen. Imageschaffung ist eine Sache, über die man sehr gut nachdenken sollte, die genau geplant werden muß und die dauernde Bemühungen rechtfertigt. Man wird Ihnen nämlich genau auf der Ebene begegnen, die Sie durch Ihr »Image« beansprucht haben. Sie haben es also selbst in der Hand zu bestimmen, wie andere Sie behandeln – im Positiven wie im Negativen.

Sie sollten sich viel Zeit nehmen, um die wichtige Frage, wer Sie im Urteil der Umwelt sein wollen, zu entscheiden. Dann müssen Sie konsequent alles tun, um ohne allen Zweifel genau so zu sein, wie Sie sich dargestellt haben. Dabei wird es wichtig sein, daß Sie sich in diejenigen Gruppen einbeziehen, denen Sie Ihrem Image zufolge tatsächlich zugehören sollten. Wenn Sie dabei ehrlich und geschickt vorgehen, wird das Image, das Sie anstreben, eines Tages Realität sein. *Das »Image« – das Persönlichkeitsbild, das Ihre Umgebung von Ihnen hat – werden Sie dann ausfüllen: Sie werden die vorgestellte Persönlichkeit sein!*

Kapitel 52

Trotzdem lächeln!

Ich kannte eine junge Frau, die ihren Sorgen dadurch abhelfen wollte, daß sie einen Zettel an ihren Badezimmerspiegel klebte mit der Aufforderung: »Lächeln!« Ihre Sorgen wurden aber deswegen nicht geringer. Also heftete sie einen neuen Zettel an den Spiegel mit der Aufschrift: »Trotzdem lächeln!«

Probleme und Sorgen bleiben keinem Menschen erspart. Sie sind Teil unseres Lebens; und wenn wir sie auch keineswegs angenehm finden, verhindern sie andererseits, daß wir in platter Routine erstarren. Stellen Sie sich einmal vor, wie langweilig es wäre, den ganzen Tag im Schaukelstuhl zu sitzen und Schokoladeeis zu essen!

Glücklicherweise hält das Leben für jeden von uns Aufregendes bereit. Aber wir müssen mit manchem Ärger fertig werden, Probleme lösen, Hindernisse überwinden, Herausforderungen begegnen. Und all dies wirkt sich nicht nur nachteilig aus; es ist auch ein Anreiz. Wenn wir keinen Anreiz und Ansporn im Leben mehr fänden, würde es uns kaum noch interessieren.

Namhafte Psychologen geben uns den Rat, wir sollten, *um über die eigenen Probleme hinauszuwachsen, uns für eine uns am Herzen liegende Sache engagieren, ja für sie kämpfen.* Dieser Kampf solle aber immer einem guten Zweck dienen oder sich gegen Ungerechtigkeit, Armut und Krankheit richten. Einer meiner Freunde, ein inzwischen in den Ruhestand getretener Verkaufsdirektor, kämpft für die Erhaltung der natürlichen Umwelt und für den Schutz der Wildtiere mit solchem Engagement, daß er all seine freie Zeit diesem Anliegen widmet. Er ist eifrig bemüht, andere in seine Aktivitäten einzubeziehen – auch mich! Obschon ich mit seinen Bemühungen zum Schutz unserer Umwelt grundsätzlich einverstanden bin und sie unterstütze, habe ich ihm doch einmal geschrieben, daß ich mit einer seiner Veröffentlichungen nicht einverstanden sei. Prompt veröffentlichte der unermüdliche Kämpfer meinen kritischen Brief. Können Sie sich vorstellen, daß dieser Mann das Leben langweilig oder aufreibend findet? Keine Spur! Er findet Probleme aufregend, kämpft für seine Ideen – und kann »trotzdem lächeln«.

Damit Sie die Ärgernisse und die Probleme, die Ihnen das Leben beschert, durchstehen und trotzdem lächeln können, folgen Sie dem Rat erfahrener Psychologen und *gehen Sie jedes Problem frontal an,* wie wir dies bereits an anderer Stelle dieses Buches (Kapitel 35 und 39) erörtert haben. Psychische Erkrankungen entstehen durch nichts so leicht wie durch die erdrükkende Anhäufung ungelöster Probleme. Um Beängstigungen, die sich mit der Anhäufung von Problemen fast zwangsläufig einstellen, zu vermeiden, sollten Sie sich jedem Problem, sobald es auftaucht, sofort stellen und sich mit ihm auseinandersetzen, bis Sie eine zufriedenstellende Lösung gefunden haben. (Erinnern Sie sich: Eine »zufriedenstellende Lösung« genügt; es muß nicht die einzigmögliche, die beste, die perfekte Lösung sein!) Wenn Sie versuchen, einem Problem auszuweichen, verbrauchen Sie dabei ebensoviel Energie, wie Sie aufwenden müßten, um das Problem anzugehen und zu lösen. Folgen Sie dem Rat der Psychologen und nehmen Sie beherzt den Kampf mit Ihren Problemen auf.

Aus dieser Haltung heraus können Sie, auch wenn Sie Probleme haben, immer noch lächeln. Das liefert Ihnen den SCHLÜSSEL ZU DEM GEHEIMNIS, wie Sie das Leben trotz der täglichen Ration an Ärger und Sorgen genießen können. Wenn alles bestens läuft, kann jeder lächeln; Sie sollten fähig sein, noch zu lächeln, wenn alles schiefgeht.

Denken Sie auch in diesem Zusammenhang an die bereits herausgestellte Tatsache: Verletzend ist nicht so sehr das, was

Ihnen objektiv widerfährt, sondern welche Gefühle dieses Geschehen in Ihnen auslöst. Diese jedoch – Ihre Gefühle – können Sie unter Kontrolle halten, wie das William James darlegte: *indem man so handelt, wie man sich zu fühlen wünscht.*

Wenn Sie sich also glücklicher fühlen wollen – lächeln Sie! Selbst wenn Sie keinen Grund zum Lächeln haben – lächeln Sie trotzdem!

Kapitel 53

Guter Wille ist Ihre Erfolgsversicherung

Sie lassen Ihr Leben und Ihre Gesundheit versichern, Ihr Einkommen, Ihren Besitz, mehr oder weniger alles, was Ihnen wertvoll erscheint und dessen Verlust für Sie und Ihre Familie ein Unglück wäre. Sie sind umsichtig genug, derartige Vorsichtsmaßnahmen für notwendig zu halten.

Aber sind Sie auch vorsichtig genug, um eine Erfolgsversicherung abzuschließen? Und zahlen Sie regelmäßig Ihre Prämienbeiträge zu dieser Versicherung? Nennen wir Ihren Beitrag guten Willen und das, was Sie erwerben, Wohlwollen oder (in Anlehnung an wirtschaftliche Kriterien) Goodwill.

Rechnen Sie künftig mit dem GOODWILL. *Er könnte einer Ihrer wertvollsten Aktivposten werden.* Zusätzlich zu seinen übrigen Vorzügen ist ja auch sein Geldwert nicht gering zu veranschlagen. Beim Verkauf oder Zusammenschluß von Unternehmen wird bekanntlich dieser Faktor als ideeller Firmenwert auf Heller und Pfennig zu Buch geschlagen. In manchen Fällen geht er in die Millionen.

Es gibt Unternehmen, deren größter Aktivposten tatsächlich in ebendiesem Goodwill besteht. Viele Gesellschaften haben schon für riesige Summen die Besitzer gewechselt, nur weil der Erwerber am Goodwill interessiert war, am Ruf und Ansehen eines Unternehmens, am großen Firmennamen oder an den berühmten Marken firmeneigener Produkte.

Einzelpersonen können für sich natürlich ebenfalls einen Goodwill erwerben, der einen großen ideellen und auch materiell verwertbaren Wert darstellen kann. Sie brauchen ihn glücklicherweise nicht im Kaufweg zu erwerben; *Sie können ihn sich selbst schaffen durch das, was Sie sagen, was Sie schreiben oder tun.* Und eben darin besteht Ihre ERFOLGSVERSICHERUNG!

Halten Sie die Wörtchen »sagen, schreiben, tun« fest! Denn auf sie bezieht sich ein einfaches Drei-Punkte-Programm, mit dessen Hilfe Sie Ihre Erfolgsversicherung aufbauen können. Ein Programm, das soviel mit Erfolg (oder Mißerfolg) zu tun hat und *das – wenn Sie sich nach ihm richten – Ihren Erfolg sicherstellen wird,* sollte, denke ich, Sie interessieren.

1. Wenn Sie mit anderen Menschen geschäftlich zusammenarbeiten, sollten Sie niemals irgend etwas sagen, schreiben oder tun, bevor Sie sich nicht mit gutem Willen Ihrerseits die einfache Frage gestellt haben: Wird das, was ich sagen, schreiben oder tun will, Wohlwollen hervorrufen, oder wird es Verärgerung auslösen?
2. Wenn Sie davon überzeugt sind, daß das, was Sie sagen, schreiben oder tun wollen, Wohlwollen hervorrufen wird (und wenn auch die anderen notwendigen Erfolgsfaktoren gegeben sind), dann tun Sie es.
3. Wenn Sie jedoch nach sorgfältiger Prüfung zu dem Ergebnis kommen, daß das, was Sie sagen, schreiben oder tun wollen, Verärgerung auslösen wird – gleichgültig, wie klug, zweckmäßig oder sogar gerechtfertigt Ihnen Ihre geplante Aktion vorkommt –, dann tun Sie es nicht.

Es fällt natürlich ziemlich schwer, sich eine als klug, zweckmäßig oder gerechtfertigt erachtete Aktion oder Reaktion zu versagen. Man widersteht nicht leicht dem Wunsch, anderen (selbstverständlich immer unnötigerweise) die eigene Überlegenheit zu beweisen. Und es ist schwierig, so vieles, was unserem eigenen Ich großen Spaß machen würde, zu unterlassen, nur weil es das Selbstwertgefühl eines anderen Menschen verletzen könnte. Aber es ist noch viel schwieriger, den Schaden wieder zu beseitigen, den man früher oder später infolge der Verärgerung des Brüskierten selbst zu tragen hat.

Es ist eine unheilvolle Eigentümlichkeit einer jeden Kränkung, daß sie anfänglich meist eher harmlos erscheint. An eine

Kränkung erinnert man sich jedoch lange. Immer wieder wird sie vergegenwärtigt und auf diese Art schließlich fest im Gefühl verankert. *Kein Wunder, wenn sich dann die erlittene Kränkung zu einer Gefühlshaltung feindseligen Übelwollens auswächst.*

Machen Sie es sich also zur festen Regel: Vermeiden Sie Kränkungen, die Ihnen nur Ärger und das Übelwollen anderer Menschen einbringen können. Soviel ist die Befriedigung Ihres Ego auf keinen Fall wert.

Sehen wir uns einmal die GOODWILL-ERFOLGSVERSICHERUNG näher an. Sie müssen in Ihre Beziehungen mit anderen Menschen viel guten Willen investieren, wodurch Sie sich deren Wohlwollen sichern. Das erfordert Nachdenken, Anstrengung und kostet auch ein bißchen Geld. Das Wohlwollen anderer Menschen fällt ebensowenig vom Himmel wie der Goodwill einer Firma. Es ist das direkte *Ergebnis von etwas, das Sie sagen, schreiben oder tun, um den »Goodwill Ihrer Person« ganz gezielt für sich zu schaffen.* Es kommt nur selten vor, daß er von selbst entsteht. Ihre Erfolgsversicherung muß daher ebenso sorgfältig geplant werden, wie Sie ja auch Ihre übrigen Versicherungen nicht planlos, sondern gezielt etablieren.

Um sich das Wohlwollen der anderen Menschen zu verdienen, sind einige VORLEISTUNGEN notwendig. Sie müssen den anderen etwas geben, irgend *etwas Besonderes, das sie zwar weder fordern noch erwarten, das sie sich aber trotzdem wünschen.*

Es ist wichtig, daß Sie es ihnen aus eigenem Antrieb und mit schöner Selbstverständlichkeit geben. Außerdem muß klar sein, daß Sie für Ihre »Goodwill-Aktion« keinerlei Gegenleistung erwarten. Sie streben ja auch nichts anderes an, als sich das Wohlwollen des Empfängers Ihrer Vorleistung zu sichern.

Das ist ein wichtiger Schlüssel zum Erfolg! Natürlich muß dieses Besondere, das Sie geben, etwas sein, das die anderen sich tatsächlich wünschen; sonst kann es Ihnen leicht passieren, daß das angestrebte Wohlwollen ausbleibt oder daß der Bedachte möglicherweise sogar negativ reagiert.

Wie können Sie nun aber *sichergehen, daß Sie etwas geben, das sich ein jeder Mensch wünscht?* Die Antwort ist einfach: Sie brauchen sich nur wieder an die (in Kapitel 20 erörterten) drei Spruchbänder zu erinnern, die jedermann unsichtbar auf seiner Brust trägt:

- Ich möchte wichtig sein!
- Ich möchte anerkannt werden!
- Ich möchte bewundert werden!

Wenn das, was Sie sagen, schreiben oder tun, anderen Menschen das ganz besondere Gefühl wohlverdienter Anerkennung vermittelt, wenn diese aufgrund Ihrer aufrichtigen Bewunderung eine ganz besondere Befriedigung erfahren und damit in Form echter Wertschätzung ein Geschenk erhalten, das obendrein von ihnen weder verlangt noch erwartet werden konnte, dann können Sie *sicher sein, daß Sie den Goodwill, den Sie bei Ihren Partnern haben, den ideellen Wert Ihrer Persönlichkeit beträchtlich erhöhen konnten – und daß Sie auf diese Weise Ihre Erfolgsversicherung erhöht haben.*

Und was können Sie im einzelnen tun? Welche Möglichkeiten gibt es konkret, sich Goodwill zu schaffen? Die Antworten auf diese Fragen finden sich in vielen Kapiteln dieses Buches verstreut; besonders ausführlich wurde auf dieses Thema auch in dem Buch *»Lebenserfolg«* eingegangen, so daß wir uns an dieser Stelle nicht durch Wiederholungen brauchen aufhalten zu lassen.

Eine andere Frage, die sich hier aufdrängt, ist die: Wieviel Zeit, Anstrengung und Geld sollten Sie für den Goodwill Ihrer Persönlichkeit *aufwenden, damit Ihre Erfolgsversicherung angemessen ist?* Diese Frage muß individuell verschieden beantwortet werden. Da ja niemand Ihre eigene Situation (die sich von der aller anderen erheblich unterscheidet) so gut kennt wie Sie, werden Sie selbst am besten beurteilen können, wie diese Frage in Ihrem Fall zu beantworten ist. Mit diesem Buch kann ich Ihnen ohnehin nur Anstöße geben – Anstöße zu eigenem Denken und Handeln Ihrerseits – und hoffen, Sie zu motivieren, daß Sie das tun; denn niemand wird Ihnen das abnehmen können.

Mit gutem Willen verdienen Sie sich das Wohlwollen Ihrer Umgebung. Denken Sie also darüber nach, wie Sie im Rahmen Ihrer persönlichen Beziehungen mehr Goodwill für sich schaffen können. *Ihr Goodwill ist Ihre Erfolgsversicherung.*

Kapitel 54

Vermeiden Sie Gefühlsentladungen!

Sie können sich eine sehr praktische Einrichtung anschaffen, die wir NULLCOMPUTER nennen könnten. Das ist etwa die zutreffende Bezeichnung für einen Computer, den Sie mit allen möglichen Problemen füttern können und der diese *ohne jegliche Folgen für Sie verarbeitet.* Sie brauchen nur Ihre Sorgen und Ängste, Ihren Ärger und all das Unerfreuliche, das Sie nicht aus der Welt räumen können, Ihrem Nullcomputer einzugeben und es ihm zu überlassen, die Sie bedrängenden Probleme Ihres Gefühlslebens zu bewältigen, während Ihr Kopf frei wird für schöpferisches Denken und Sie sich lohnenderen Aufgaben widmen können.

Für manche Menschen wirkt sich die Erinnerung an die in der Vergangenheit unterlaufenen Fehler wie eine Lähmung aus. Wir können aber die Vergangenheit nicht rückgängig machen, nicht noch einmal leben. *Warum sollten wir also die zusätzliche Bürde des Erinnerns an später als Fehlverhalten Erkanntes, an Schmerzliches, an Schuldhaftes tragen?* Geben Sie sie Ihrem Nullcomputer ein. Lassen Sie solche belastenden Erinnerungen los. Überlassen Sie es Ihrem Nullcomputer, mit Ihrer Reue und Ihrem Bedauern – die nichts mehr ändern können – fertig zu werden.

Viele Menschen leben in Angst und Sorgen vor der Zukunft. Wir können aber nicht einmal über den heutigen Tag hinaussehen. Warum sollten wir uns also mit von uns eingebildeten Ereignissen von morgen belasten, die noch nicht einmal eingetreten sind, die vielleicht niemals eintreten werden und auf die man jedenfalls nicht reagieren kann, bevor sie Tatsache sind? Geben Sie Ihre Sorgen dem Nullcomputer ein. Dort sind sie gut aufgehoben und bleiben »unter Verschluß«.

Jeder Tag bringt neue Sorgen. Wir haben *Schwierigkeiten genug mit den Aufgaben, die uns das Heute stellt, ohne daß wir noch die Last der Reue über die Vergangenheit und die der Angst vor der Zukunft hinzufügen.* Übergeben Sie darum sowohl Ihre Reue als auch Ihre Sorgen unwiderruflich Ihrem Nullcomputer, und sie werden Sie nicht länger stören; denn er wird sie – ohne für Sie nachteilige Folgen – bearbeiten; er erledigt sie, indem er – nichts tut!

Alles, was Sie stört, verärgert, beunruhigt oder belastet und was Sie nicht ändern können, nicht ändern dürfen oder wollen, sollten Sie mit einem Gefühl der Erleichterung darüber, daß Sie diese Plage endlich los sind, Ihrem Nullcomputer eingeben. Vergessen Sie nicht: Solche Plagen verschwinden nicht von selbst. *Sie müssen etwas tun, damit Sie von ihnen befreit werden.* Die für Sie einfachste Art und Weise, diese Plagen durch einen entscheidenden Akt der Selbstbefreiung loszuwerden, besteht darin, daß Sie sie in den Nullcomputer stecken.

Einer meiner Bekannten behauptete, er habe nie jemanden getroffen, den er trotz aller seiner Mängel nicht doch noch habe leiden können. Im Gegensatz zu ihm habe ich, ich muß es gestehen, Leute getroffen, die ich aus guten Gründen nicht leiden mochte. Es stört mich aber nicht im geringsten, daß sie gleichzeitig mit mir auf demselben Planeten weiterleben. Ich habe meine Erinnerungen an sie eben meinem Nullcomputer übergeben – auf Nimmerwiedersehn!

Ich kannte einen Mann, der mit einer ewig unzufriedenen Frau verheiratet war. Ihre ständigen Nörgeleien und Beschwerden konnten ihn nur deswegen nicht aus seinem Gleichgewicht bringen, weil er sich seines Nullcomputers zu bedienen verstand. Und ich kannte auch eine Frau, die mit den Wutanfällen ihres hitzköpfigen Mannes – die viele andere Frauen tragisch genommen hätten – nur deshalb fertig wurde, weil sie die Verarbeitung seiner Wutanfälle einfach ihrem Nullcomputer überließ. Da sein Zorn kein Echo fand und er seine Ausfälle nur in einem emotionellen Vakuum landen konnte, lernte auch er mit der Zeit, die verschiedenen Ursachen seiner Reizbarkeit in seinen eigenen Nullcomputer zu schicken.

Ihnen ist natürlich klar: Der »Nullcomputer« ist einfach eine Phantasieschöpfung, die uns hilft, das zu erreichen, was Psychologen und Psychiater mit dem Wort KATHARSIS umschreiben: *das Sichbefreien von seelischen Konflikten und inneren Spannungen, das bewußte Loslassen unerwünschter Gefühle und Gedanken durch Abreaktion – die allerdings der Nullcomputer ganz im stillen besorgt!*

Die Vorstellung eines solchen Nullcomputers ermöglicht es auch, unerwünschte Denk- und Gefühlsinhalte, welcher Art immer, »abzuschalten«. Es ist eine bewährte Methode, deren bewußte Auswucherung und unterbewußte Einnistung zu unterbinden.

Unsere – potentielle – Fähigkeit, Reaktionen auf unerwünschte Gedanken und Gefühle unterbinden zu können, verweist auf einen Zustand der Vollkommenheit, den wir zeitlebens anstreben sollten. Bevor wir soweit sind, sollten wir uns zumindest Mühe geben, nicht in jeder problematischen Situation übertrieben zu reagieren.

ÜBERTRIEBENE REAKTION verursacht ernste Schwierigkeiten, und zwar immer und sehr schnell! Ernste Konfliktsituationen können aber nicht mehr durch die im Alltag nützliche, ziemlich lustige Phantasieeinrichtung des Nullcomputers beseitigt werden. Solchen Konfliktsituationen muß man mit Ruhe und Intelligenz entgegentreten. Dabei gilt es vor allem, jede übertriebene Reaktion zu vermeiden.

Vor übertriebenen Reaktionen warnen nicht nur Psychiater, Psychologen und alle Experten, die sich mit Erziehung und Persönlichkeitsbildung beschäftigen; es gibt auch eine Menge volkstümlicher Wendungen, die in die gleiche Richtung zielen. Denken wir nur an Sprichwörter wie zum Beispiel: »Man braucht nicht die Scheune anzuzünden, wenn man ein paar Ratten töten will«, oder: »Nicht mit Kanonen auf Spatzen schießen!« Oder, in zeitgemäßer Fassung, für junge Menschen: »Verwüstet eure Uni nicht, nur um den Rektor zu ärgern!«

- *Übertriebene Reaktion aus Wut:* Solche Gefühlsentladungen werden Ihnen selbst mehr schaden als dem Menschen, auf den Sie wütend sind und den Sie sich durch Ihren Ausbruch ganz sicher zum Feind machen werden. Wenn Sie aus Wut übertrieben reagieren, wirkt das, als ob Sie Öl in die schwelende Glut schütteten. Damit schüren Sie die animose Gefühlshaltung Ihres Gegners zur Feuersbrunst offenen Hasses. Eine Versöhnung wird dann sehr schwierig werden, wenn nicht unmöglich; und Ihr Gefühlsaufruhr wird weiter in Ihnen selbst wüten und Ihre Vitalität und Kraft diminuieren, selbst wenn die Zielperson Ihrer Angriffe Sie längst als undisziplinierten, inferioren Hitzkopf abgetan hat.
- *Übertriebene Reaktion aus Schmerz:* Sie vergrößert nur die Wunde, die unserem Gefühl zugefügt wurde. Ein vielfach verzweigtes Netzwerk schmerzhafter Erinnerungsmuster prägt sich uns ein und erweist unsere Psyche auch weiterhin als so empfindlich, daß sogar spätere, nicht unbedingt ähnlich geartete Erlebnisse den früheren Schmerz wieder voll aufleben lassen. Seelischer Schmerz ist die Reaktion auf einen unwiederbringlichen Verlust. Übertriebene Reaktion aus Schmerz kann jedoch den Verlust nicht ersetzen und führt nur zu einer Vertiefung des Schmerzes. So verständlich der Gefühlsaufruhr eines tiefgetroffenen Trauernden ist, muß klargestellt sein: er vermag weder zu stärken noch zu trösten.
- *Übertriebene Reaktion aus Freude:* Wenn Sie schon Ihrem Gefühlsleben freien Lauf lassen und sich in übertriebenen Gefühlsentladungen ergehen – nun gut, dann am besten aus Freude. Es ist, zumindest auf den ersten Blick, eine jedenfalls glückliche Erfahrung. Freude büßt auch in ihrer Übertreibung ihren positiven Charakter nicht ein (im Gegensatz zu dem negativen Einfluß und den schädlichen Folgen der übertriebenen Reaktion aus Wut und Schmerz) – wie der philosophische Ratschlag uns bedeutet: »Trinke

den Becher der Freude bis zur Neige!« Dessenungeachtet ist es weiser, auch die übertriebene Reaktion aus Freude zu vermeiden. Wir sollten dem Rat RUDYARD KIPLINGS folgen: »Nimm Triumph- und Unglücksgehaben gelassen hin und behandle die beiden Täuscher genau gleich«. Nur so können wir unser lebenswichtiges Gleichgewicht erhalten. Weise Männer haben schon seit jeher gelehrt, daß das Pendel des Lebens hin- und zurückschwingt. Und die Psychologen ergänzen, daß unsere Reaktionen es sind, die die Extrempunkte des zwischen Glück und Unglück hin- und herschwingenden Pendels bestimmen. Die gedachte graphische Linie unserer Freude-Schmerz-Lebenskurve würde bewegte Schwingungsbilder zeigen. Aber wir können die allzu drastischen Ausschläge nach oben und unten vermeiden, wenn wir uns übertriebene Reaktionen versagen.

Wir sollten uns vor jeder Art extremen Verhaltens hüten und statt dessen das für uns lebenswichtige Gleichgewicht zu erlangen suchen; *denn nur in Ruhe und Heiterkeit werden wir Frieden für Seele und Gemüt finden.*

Kapitel 55

Bleiben Sie sich selbst gegenüber unnachgiebig!

Die Künder verantwortungsloser Nachgiebigkeit in jeder Hinsicht, die Verfechter einer die Grenzen jeglicher Toleranz überschreitenden Duldsamkeit gegenüber ihren eigenen und den Fehlern ihrer Adepten haben uns lange genug mit schönen Worten zu imponieren versucht. Es wird allmählich *Zeit, daß man die Vorzüge der Disziplin neu herausstellt – körperlicher, geistiger und moralischer Disziplin.*

Denken wir zunächst einmal über KÖRPERLICHE DISZIPLIN nach. Ich kann mir keine einzige nennenswerte körperliche Leistung vorstellen, die sich ohne Disziplin erreichen ließe. Sie können jeden Leistungssportler oder, vielleicht noch besser, jeden Wettkampfsieger fragen: Nur konsequenteste Disziplin führt zu der körperlichen Hochform, der Ausdauer, der technischen Perfektion und der vollkommenen Körperbeherrschung, die für einen Sieg im Leistungssport von heute unerläßlich sind.

Und wenn Sie (wie ich) nun nicht den Ehrgeiz haben, sportliche Siege zu erringen? Dann überlegen Sie sich, welchen Grad körperlicher Leistungsfähigkeit Sie um Ihrer Gesundheit und Vitalität willen erlangen oder beibehalten möchten. Sie haben die Wahl. Sie können eine körperliche Leistungsfähigkeit haben, die sich für Ihr Alter sehen lassen kann (wobei natürlich nicht ganz gleichgültig ist, ob Sie früh oder spät in Ihrem Leben mit dem Training körperlicher Ertüchtigung begonnen haben). Oder Sie können – infolge Vernachlässigung körperlicher Ertüchtigung – körperlich völlig untüchtig sein.

Vielleicht schwebt Ihnen auch als Ideal ein Zustand körperlicher Leistungsfähigkeit zwischen den vorgenannten Extremen vor.

Die Frage der körperlichen Disziplin ist natürlich wesentlich auch eine Sache der geistigen Disziplin. Die Voraussetzungen für körperliche Leistungsfähigkeit sind einfach und leicht zu erfassen: *Sie sollten das tun, was Sie tun müssen, und das unterlassen, was Sie nicht tun dürfen.* Das ist das Wesen jeglicher Disziplin. Disziplin macht nicht immer Spaß; sie ist manchmal unbequem und dann und wann schlichtweg einschränkend. Aber sie macht sich bezahlt. Demgegenüber führt die Vernachlässigung körperlicher Ertüchtigung zu vorzeitiger Vergreisung. Übrigens braucht nicht nur der Körper, sondern auch das Hirn Bewegung!

Nun fällt uns körperliche Disziplin zweifellos entschieden leichter als GEISTIGE DISZIPLIN. *Es ist ungleich schwieriger, unser Denken und Fühlen unter Kontrolle zu halten als unseren Körper.* Das erklärt sich aus unserer biologischen Entwicklungsgeschichte. Das menschliche Gehirn entwickelte sich erst viel später als der menschliche Körper. Tatsächlich sind wir auch heute noch weit von der Vollendung unserer geistig-seelischen Gaben entfernt (die täglichen Nachrichten sind ein deutlicher Beweis dafür).

Das Ausmaß geistiger Permissivität, also des freien, eben permissiven Gewährenlassens, ist riesengroß: Wir lassen unseren Gedanken freien Lauf; ziellos schweifen sie umher, reichlich unkontrolliert und undiszipliniert. Die Inhalte unseres Denkens aber prägen sich unserem Unterbewußtsein ein, das diese dann, gleichsam autonom, unserer bewußten Kontrolle entzogen, zu verwirklichen sucht. Wir sollten diesen Tatbestand nicht als durch SIGMUND FREUD erledigt betrachten. Welchen Nutzen können wir doch aus einem aufgrund konkreter Zielanweisungen konstruktiv arbeitenden Unterbewußtsein ziehen!

Ohne Zweifel können wir sehr viel für unsere geistige Disziplin tun – und wir haben allen Grund dazu. Wie verhält es sich zum Beispiel mit Ihrer Konzentrationsfähigkeit? Können

Sie sich auf einen einzigen, einfachen Gedanken fünfzehn Sekunden lang konzentrieren, ohne daß ein anderer Gedanke sich störend einmischt? Schaffen Sie das auch dreißig Sekunden lang – oder eine Minute? Versuchen Sie es einmal!

Ohne die – nur durch geistige Disziplin ermöglichte – kontrollierte Konzentration erreichen wir nur einen kleinen Bruchteil dessen, was wir erreichen könnten. Kontrollierte Konzentration ist jedem Menschen möglich. Sie ist allerdings ein Ergebnis geistiger Disziplin; sie erfordert Einübung, Training.

Wichtiger noch ist unsere disziplinierte Kontrolle in bezug auf alles, was wir denken. *Denn, was wir denken, bestimmt ganz wesentlich, was wir sind und vor allem, was aus uns wird.* »Wie ein Mensch denkt, so ist er«, sagt die Bibel. Und BUDDHA lehrte: »Alles, was wir sind, ist das Ergebnis dessen, was wir gedacht haben.«

In allen großen Religionen, in allen bedeutenden Philosophien gibt es ein beherrschendes Postulat, das auch in der Lebensführung großer Menschen sichtbar wird: *Jeder Mensch ist oder wird die Verkörperung dessen, was er denkt; er wird es um so schneller, je stärker und tiefer er auch glaubt, was er denkt!*

In der Bibel findet sich der Satz: »Alle Dinge sind möglich dem, der da glaubt.« Das ist eine kühn anmutende Feststellung; aber wir brauchen nur uns »wunderbar« erscheinenden Vorgängen auf den Grund zu gehen, und wir werden immer wieder die eine Ursache für alle »wunderbaren« Bewirkungen finden: tiefen Glauben.

Wenn man das Leben bedeutender Männer und Frauen der Geschichte studiert, entdeckt man, daß sie ihre großen Leistungen nur auf der Grundlage eines unerschütterlichen Glaubens an ihre eigenen Fähigkeiten und an ihren Erfolg vollbringen konnten.

Psychologen haben den *Beweis dafür erbracht, daß der Mensch alles erreichen kann, was er sich vorzustellen und woran er zu glauben vermag.* Bei WILLIAM JAMES heißt es: »Glaube erzeugt die Tatsachen.« Und weiter: »Über das

Gelingen oder das Scheitern Ihrer Pläne entscheidet ein wichtiger Faktor: die Intensität, mit der Sie daran glauben. Ohne Glauben gibt es keinen Erfolg. Das ist eine fundamentale Wahrheit.«

Glaube ist das Produkt disziplinierten Denkens. Und nur diszipliniertes Denken kann diesen Glauben zu einem alles beherrschenden Willen konzentrieren, der stark genug ist, daß der von diesem Willen Beseelte sein Ziel erreicht. William James läßt diesbezüglich nicht den geringsten Zweifel aufkommen: »Wenn dir nur genug am Angestrebten liegt, wirst du es erreichen. Willst du reich werden, so wirst du reich werden; wenn du gelehrt werden willst, wirst du gelehrt werden; willst du ein guter Mensch werden, wirst du auch einer. Nur mußt du das Angestrebte tatsächlich wollen.« Und an anderer Stelle sagt der große Psychologe: »Nur muß der Mensch, was er anstrebt, wirklich wollen; er muß, was er will, ausschließlich anstreben und darf nicht gleichzeitig hundert andere Ziele ebenfalls erreichen wollen, die mit seinem Hauptziel unvereinbar sind.«

Wir brauchen also eine *geistige Schärfeneinstellung, die sich nur durch geistige Disziplin erreichen läßt.*

Der Psychologe Walter Scott stellte fest: »Erfolg oder Versagen ist viel eher die Folge unserer geistigen Einstellung als unserer geistigen Fähigkeiten.« Die geistige Einstellung aber ist weitgehend ein Ergebnis geistiger Disziplin.

Wünschen Sie also Erfolg, so stellen Sie sich den Erfolg lebhaft und bildlich vor. *Damit werden Sie die Riesenkraft eines vom Glauben an die Verwirklichung getragenen Wunsches in Bewegung setzen.* Wenn eine Vorstellung oder eine geistige Einstellung stark genug verankert werden kann, vermag sie tatsächlich selbst äußere Bedingungen zu verändern. Aber es erfordert geistige Disziplin, wenn eine Vorstellung oder eine geistige Einstellung stark genug verankert werden soll.

Den größten Schaden haben die Wortführer schrankenloser Permissivität vermutlich auf moralischem Gebiet angerichtet. Ihre Erklärungen sind durchsichtig und ihre Ratschläge verführerisch: Fühlt euch frei! Tut, was euch gefällt!

Schaltet ab und vergeßt, was ihr nicht tun wollt! Werft jede Schranke über Bord, die eure Lust beeinträchtigt! Mißachtet jedes Gesetz, das euch im Wege ist! Macht euch frei!

Permissivität kann schon frei machen – etwa einen Lastzug, der, mit Dynamit beladen, zu Tal rast, ohne Bremsen! Und noch etwas vermag Permissivität zu bewirken. Körperliche, geistige und moralische Nachgiebigkeit wird die Menschen auf die Dauer zu Sklaven ihrer vermeintlichen Freiheit und zu Schwächlingen machen! Kann es einen einzigen Menschen geben, dem dies als Ziel vorschwebt – im Sinne dessen, was er sein möchte?

Kapitel 56

Ein Globus aus Kristall

Jedem großen Mann einer jeden für sich großen Nation – etwa jedem Regierungschef der auf unserer Erde etablierten Staaten – würde ich gern einen Globus schenken: einen Globus unserer Erde, nur daß da weder Staaten noch Kontinente ersichtlich wären, noch Land, noch Meer. Ich stelle mir einen durchsichtigen Globus aus Kristall vor – eine Kristallkugel –, der neben der roten Sprechfunktaste auf dem Schreibtisch des großen Mannes, des in seinem Land gebietenden und in diesem (und anderen Ländern) hausenden Gewaltigen der Macht, seinen Platz finden müßte.

Der gläserne Globus würde manchmal die Blicke des großen Mannes auf sich ziehen, während dessen Finger die Ruftaste suchen.

Vielleicht betrachtet er ihn dann minutenlang gedankenverloren, und nach und nach zeichnen sich Bilder in der Kristallkugel ab, die einander ablösen: Babys in ihren Wiegen, warm und rosig vom Schlaf; ein Junge, der sein noch winziges Schwesterchen in einem kleinen roten Wagen zieht; eine Gruppe fröhlich lachender blutjunger Menschen; und die schon ein wenig »älteren« Heranwachsenden, die nicht mehr lachen, weil »das Leben so traurig ist«; Braut und Bräutigam vor dem Altar; Männer und Frauen – wie sie in ihrer Arbeit aufgehen, aber auch müde sind; Männer und Frauen – wie sie auf das Wiedersehen mit dem geliebten Partner warten; ein altes Ehepaar, Seite an Seite und Hand in Hand – wie es sich stumm noch viele gemeinsame Tage wünscht . . .

Solche und ähnliche Bilder könnten jedem großen Mann einer jeden für sich großen Nation, jedem Regierungschef, aus dem Kristallglobus entgegentreten. Gleich darauf ist der Zauber vorbei, und das Kristall glänzt klar und durchsichtig wie eh und je – ein leerer Globus jetzt ... ohne die Bilder der ihn belebenden Menschen, ohne das Bild der Kontinente, der Staaten, ohne das Bild von Land und Meer ...

Doch vielleicht fänden dann die Finger des großen Mannes endlich die Ruftaste.

Kapitel 57

Eine Schmetterlingsgeschichte

Ich stand auf einer frischgemähten Wiese und sah einem Schmetterling zu, wie er, so kam es mir vor, aufgeregt umherflog und ruhelos hin und her flatterte. Er schien etwas zu suchen und fand es nicht.

Erst gestern hatte er vielleicht die Blume entdeckt: eine ganz besonders schöne Blume, die ihm ausnehmend gefallen hatte.

Aber heute morgen hatte ein Mann, der sich um Gras, um künftiges Futter kümmert, die Wiese gemäht. Um die Blume hatte er sich nicht kümmern können. Sie welkte nun abgeschnitten und verborgen unter dem geschnittenen Gras in der Mittagssonne.

Armer Schmetterling, der ruhelos und bis zur Erschöpfung umherflatternd ein Ziel sucht, das es längst nicht mehr gibt! Aber nun: *Wie oft befinden wir selbst uns in der Schmetterlingssituation!* Gestern noch haben wir voller Eifer, Lust und Liebe ein Ziel verfolgt, das es heute schon nicht mehr gibt und unser zielgerichtetes Streben von gestern heute schon ganz sinnlos erscheinen läßt.

Aber verfolgen wir unseren Vergleich bis zu Ende: Der Schmetterling sucht unablässig weiter nach dem Ziel seiner Wünsche. Er kann nicht anders, er gehorcht seiner Natur. Und am Ende findet er viele andere und noch schönere Blumen.

Und so müssen auch wir immer neue und schönere, das heißt größere Ziele suchen. In der Schmetterlingswelt gibt es Blumen im Überfluß. In unserem Leben gibt es etwa im gleichen Überfluß immer wieder neue Ziele. Heute mag alles hinfällig sein, was wir gestern noch anstrebten – die »Wiese« unserer Wünsche von gestern wie weggemäht. Doch das Leben will, daß wir immer aufs neue suchen und streben. Am Ende erkennen wir, daß wir nur wachsen und uns nur verändern können, wenn unser verlorenes Gestern von uns abfällt und wir voller Zuversicht und neuer Hoffnung der Zukunft zugewandt bleiben.

Mit dieser zuversichtlichen Geistes- und Gefühlshaltung *treten wir täglich ins Licht eines neuen, verheißungsvollen Tages.*

Kapitel 58

Sich ducken ist keine Lösung

Wenn wir es hochtrabend ausdrücken wollten, müßten wir sagen, daß dieses Kapitel von einem BESTIMMTEN CHARAKTERZUG handelt. Der Begriff Charakter hat jedoch etwas geradezu fatal Feststehendes und beinahe unabänderlich Scheinendes an sich. Deshalb tun wir besser daran, wenn wir das Problem vom Verhalten her – und den Möglichkeiten unterschiedlichen Verhaltens, das unserer Entscheidung unterliegt – angehen.

Zunächst ist klar: Man kann im Leben diese oder jene Richtung einschlagen. Die Wahl der Richtung ist wichtig. *Am besten schlägt man seine eigene Richtung ein.* Das mag bisweilen der Richtung, aus der die Stürme des Lebens kommen, klar entgegengesetzt sein.

Dann müssen wir uns eben hineinstemmen in die Stürme des Lebens. Wir müssen der Gefahr die Stirn bieten. Wir können uns nicht nach der Richtung der wechselnden Winde richten.

Es gibt Opportunisten, die sagen, daß man wenn möglich jeden Windwechsel mitmachen solle, so könne man im Sturm nicht zerbrechen. Stürmen solle man freie Bahn lassen und sich selbst lieber ducken, sich, wenn nötig, flach auf den Boden legen und die gefährlichen Gewalten über sich hinwegbrausen lassen. Wenn man den Befürwortern dieser Lebenseinstellung zuhört, könnte man glauben, daß man sich, wenn wieder Ruhe eingekehrt ist, einfach aufrappelt, seine Kleider abbürstet und zufrieden feststellt: Ich bin unverletzt geblieben.

Sind Sie – wenn Sie sich so verhalten hätten – tatsächlich unverletzt geblieben? Das ist eine Täuschung. Denn *selbst wenn Sie körperlich heil und ohne materiellen Verlust davongekommen sind, hat doch Ihr Charakter etwas abbekommen!* Und Ihr UNTERBEWUSSTSEIN hat sich eingeprägt, wie man sich duckt, daß man sich duckt und unter jedem Schlag zu ducken hat, ja sogar flach auf dem Boden zu liegen hat – in der Hoffnung, daß die Gefahr vorübergeht und allenfalls einen anderen trifft.

Bleiben wir beim Thema und bei Ihnen (in einem Buch, das dem Thema Persönlichkeitsbildung gewidmet ist, muß auch Unbequemes gesagt werden): Als Sie sich zum erstenmal duckten, fällten Sie bereits eine Art Urteil über sich selbst, das versiegelt in Ihrem Unterbewußtsein bewahrt wird: daß Sie ein Feigling seien! Beim nächsten Mal und beim übernächsten Mal wußten Sie schon, wie Sie sich angesichts der geringsten Gefahr verhalten würden: geduckt! *Und mit der Zeit gewöhnt man sich daran, bei jeder Gefahr zu Boden zu gehen!*

Aber ist es denn so schlimm, wenn wir uns – vorsichtshalber – schützen, wenn wir zu Boden gehen und den Sturm über uns hinwegbrausen lassen? Können wir nicht wieder aufrecht stehen, wenn die Gefahr vorbei ist? Nein, das können wir eben nicht so richtig; denn *unser Charakter wird gebeugt bleiben.*

Es bleibt ein dumpfes Gefühl innerer Unsicherheit und ängstlicher Erwartung des nächsten Sturms, vor dem man sich wegducken muß. Und das zeichnet Sie. Man kann es Ihren Augen, Ihrer Haltung, Ihren Bewegungen ablesen. Es bleibt Ihren Mitmenschen nicht verborgen, und Sie werden danach beurteilt und behandelt werden.

Ein alter chinesischer Spruch lautet: »Einem fallenden Zaun gibt jeder den Todesstoß.« Und das ist wahr. Mit einem fallenden Menschen geht die Umwelt nicht gnädiger um: ihr »Todesstoß« heißt Verachtung.

Es gibt noch andere gewichtige Gründe, warum ein solches Sichducken keine Lösung ist. Wir haben das in Kapitel 38 dieses Buches bereits besprochen unter dem Titel: *»Gehen Sie auf die Gefahr zu!«* Das muß tatsächlich die Parole eines jeden Menschen sein, der eine Persönlichkeit mit Führungseigenschaften sein will. Eine Führerpersönlichkeit muß die Menschen, die sich ihr anvertraut haben, schützen. Der Führende – ganz gleich, welche konkrete Funktion er innehat (politischer, wirtschaftlicher, sozialer Art usw.) – muß sich immer vor die von ihm geführten Leute stellen und auf die Gefahr zugehen. Nur solange er dazu imstande ist, bleibt er die unbezweifelte Führerpersönlichkeit.

Nur in der aufrechten Haltung fühlt sich ein aufrechter Charakter wohl. (Vielleicht lesen Sie nochmals Kapitel 1 dieses Buches.) Und *deshalb sind für eine Persönlichkeit von Format Standfestigkeit, Entschlossenheit und Unerschrockenheit angesichts einer Gefahr unentbehrliche Qualitäten.*

Hier wird, wohlverstanden, nicht einem bornierten, dummdreisten oder tollkühnen Verhalten das Wort geredet. Es genügt, wenn Sie der Parole dieses Kapitels »Sich ducken ist keine Lösung« beipflichten und diese in Ihrem Leben beherzigen.

Kapitel 59

Dieses Leben oder – vielleicht – ein anderes?

Sir CHRISTOPHER WREN lebte im siebzehnten und achtzehnten Jahrhundert (1632–1723). Genaugenommen lebte er schon im siebzehnten Jahrhundert zweimal!

Sein erstes Leben umfaßte seine Kindheit, seine Ausbildung, seine Tätigkeit als Professor der Astronomie am Gresham College in London, später in Oxford. Dieses erste Leben dauerte gute dreißig Jahre. Dann wurde ihm klar, daß er damit »fertig« war und ständige Wiederholung ihm nichts Wünschenswertes mehr bringen würde.

Er begann daher ein neues und vollkommen anderes Leben. Anstatt als Astronom den entfernten Himmel zu betrachten, wollte er nun den Himmel auf die Erde herunterholen: er wurde Baumeister und baute Kirchen!

Sir Christopher Wren wurde in seinem »zweiten« Leben der fruchtbarste Baumeister des englischen Klassizismus. Als »Königlicher Generalarchitekt« (seit dem Jahr 1668) und ein Besessener seiner Idee baute er zweiundfünfzig Stadtkirchen und Kathedralen von erlesener Schönheit. Sein Meisterwerk und ein bleibendes Denkmal seiner Größe ist die in ihren Ausmaßen kolossale, großartige Paulskirche in London.

Genau betrachtet wechselte Sir Christopher Wren nur den Beruf. Aber ich ziehe die Vorstellung vor, daß er ein neues, ein zweites Leben lebte, in dem er sein eigentliches Anliegen verwirklichte.

Ein solches Schicksal ist keineswegs so ungewöhnlich, wie es den Anschein hat. Viele Menschen haben ein »zweites« Leben gelebt. Heutzutage hört man mehr denn je und zu Recht den Rat: Bleiben Sie nicht am Gewohnten hängen! Dieser Rat könnte auch Ihnen ein »zweites« Leben hinzugewinnen.

Es gab einen Mann, der nicht weniger als vier verschiedene Leben gelebt hat! Sein Name ist ALBERT SCHWEITZER (1875–1965). Als Doktor der Philosophie war er nicht nur als Lehrer tätig, sondern verfaßte auch mehrere wissenschaftliche Werke. Dieses sein erfülltes Leben hätte manchen Menschen für immer genügt – nicht ihm.

Er suchte ein neues Leben in der Religion. Also studierte er Theologie, promovierte in diesem Fach, wurde Hilfsprediger an der Nikolaikirche in Straßburg und führte diese Tätigkeit wie auch den Unterricht in Philosophie noch fort, als er sich bereits einem völlig anderen Lebensziel verschrieben hatte.

Albert Schweitzer liebte die Musik. Nach erfolgreichem Abschluß des Musikstudiums überraschte er die Welt mit Orgelkonzerten. Als Interpret der Orgelwerke insbesondere JOHANN SEBASTIAN BACHS war er einer der größten Konzertorganisten seiner Zeit.

Doch Ruhm und Anerkennung, die ihm im Laufe seiner musikalischen Karriere zuteil wurden, konnten in ALBERT SCHWEITZER nicht den brennenden Wunsch überdecken, den Armen und Kranken des afrikanischen Urwaldes zu helfen. Er studierte also auch noch Medizin und absolvierte die fachärztliche Ausbildung in Chirurgie.

Er gab sein glanzvolles Leben als bedeutender und gefeierter Konzertorganist auf, um in Lambarene (in Gabun) im feuchtheißen tropischen Klima Afrikas noch einmal ein völlig neues Leben zu beginnen. Die kleine Gruppe Menschen, die mit ihm zusammen in Lambarene ankam, legte inmitten des dichten Urwaldes eine Lichtung an und erbaute, ständig bedroht von wilden Tieren und wenig freundlichen Eingeborenen, dort das später berühmt gewordene Tropenspital des Missionsarztes.

Dort nun lebte Albert Schweitzer das Leben, das er für das erstrebenswerteste hielt. Und dort offenbarte sich ihm auch die Wahrheit des Bibelwortes: »Geben ist seliger denn Nehmen.«

Die meisten Menschen leben nur ein einziges Leben, und vielen fällt es schwer genug, aus dem einen geschenkten, verheißungsvollen einen Erfolg zu machen. Mit Sicherheit ist es allerdings besser, wenn Sie fortfahren, das zu tun, was Sie am besten können und was Ihnen und anderen Menschen am meisten nützt. Veränderung nur um der Veränderung willen führt leicht zu nicht wieder gutzumachenden Fehlern und großen Enttäuschungen.

Es wäre jedoch völlig falsch, wenn Sie die Ihnen verbleibenden Jahre in Langeweile und Mittelmäßigkeit verbrächten, *obwohl Sie die Möglichkeit einer Veränderung und neuen Entfaltung Ihrer Fähigkeiten in sich verspüren.* In diesem Fall sollten Sie tatsächlich ganz von vorn beginnen und ein neues Leben wagen.

Denken Sie daran: Nichts zwingt uns, am Gewohnten hängenzubleiben!

Kapitel 60

Gute Laune ist wie ein sonniger Tag

Mit guter Laune und heiterer Wesensart können Sie das sogenannte Schicksal besiegen. *Schlechte Laune und ein pessimistisch-fatalistisch gestimmtes Wesen machen Sie zum ewigen Verlierer.* Sie machen so Ihr eigenes Leben und das Ihrer Mitmenschen zur Hölle.

Eine pessimistische Geistes- und Gefühlshaltung, die ihren geradezu typischen Ausdruck in schlechter Laune finden, haben immer etwas Zerstörerisches an sich. Nicht umsonst haben viele große Denker ernstlich vor schlechter Laune gewarnt. Dafür gibt es zahlreiche Beispiele.

Schlechte Laune, im Extrem bis zur Bitterkeit getrieben, beeinträchtigt Sie selbst weit mehr als diejenigen, denen Sie übelwollen. So warnte der englische Sozialpolitiker SYDNEY CHARLES BUXTON: »Schlechte Laune trägt ihre Strafe in sich selbst. Nur Weniges ist bitterer, als verbittert zu sein. Der Mensch wird von seiner eigenen Bitterkeit mehr vergiftet als sein Opfer.«

Der englische Bischof RICHARD CUMBERLAND bekennt: »Von allen Übeln, die wie ein Fluch auf der Menschheit lasten, ist der in Bitterkeit erstarrte menschliche Charakter zweifellos das schlimmste.« Einem Bischof sollten »alle Übel, die wie ein Fluch auf der Menschheit lasten«, hinlänglich bekannt sein. Es ist ja seine höchste Aufgabe, als Seelenhirte über das Böse in allen seinen Erscheinungsformen nachzudenken und den Menschen Erleichterung und Trost aus den Quellen der Religion zu vermitteln.

Andere bedeutende religiöse Denker pflichten ihm bei. Thomas Clayton, ein irischer Geistlicher, zum Beispiel formulierte unverblümt: »Wenn die Religion nichts für Ihren Charakter getan hat, hat sie auch nichts für Ihre Seele getan.« Und ferner gab er den Rat: »Wenn ein Mensch einen streitsüchtigen Charakter hat, soll man ihm aus dem Weg gehen.« Das kann man auch drastischer so ausdrücken: »Fordere ein Stinktier nicht dazu heraus, dich anzuspritzen!«

Wenn Sie – bewußt und gewollt – einsam sein möchten, wenn Sie möchten, daß man Sie umgeht, meidet, verleugnet, dann leisten Sie sich Ihre schlechte Laune. Ihr sofortiger »Erfolg« in punkto Einsamkeit ist garantiert!

Aber Einsamkeit wird auch das einzige sein, das Ihnen dadurch beschert wird. Ihre schlechte Laune wird Ihnen weder im Geschäftsleben noch im Privatleben die Wege ebnen. Der englische Staatsmann und Schriftsteller Philip D. Stanhope, Earl of Chesterfield, sagte: »Ein Mann, der seine Stimmungen nicht beherrscht, sollte nicht Geschäftsmann werden.« Und der französische Moralist Charles Cherbuliez ermahnt uns: »Menschen mit großer Lebenserfahrung haben gelernt, ihre Selbstbeherrschung nicht zu verlieren.«

Was würden Sie darum geben, das Geheimnis des Glücks zu erfahren? Denken Sie nicht weiter darüber nach; denn es handelt sich ja weder um ein Rezept, das Sie kaufen können, noch um ein Geheimnis. Schon im siebzehnten Jahrhundert stellte François de La Rochefoucauld fest: »Glück und Elend des Menschen sind eine Frage seiner Gefühlsstimmung.«

Die gleiche Feststellung machte der englische Philosoph Anthony Ashley-Cooper, Earl of Shaftesbury: »Allein aufgrund seiner Gefühlsstimmung kann ein Mensch sich vollkommen unglücklich fühlen, mögen seine Lebensumstände noch so günstig sein.« Friedrich Nietzsche stellte fest: »Der Zugewinn an Weisheit kann genau gemessen werden am Abnehmen schlechter Laune.« Und Laotse hielt Freundlichkeit für die hervorstechendste Eigenschaft bedeutender Menschen.

Können wir uns mit der Hoffnung trösten, daß wir, wenn wir gegenwärtig nicht die Überlegenheit und Willenskraft haben, unsere schlechte Laune und die ihr erfließenden nachteiligen Folgen zu überwinden, vielleicht mit zunehmendem Alter angenehmere Menschen werden? »Niemals!« meint WASHINGTON IRVING, der unvergeßliche Verfasser von *»Bracebridge Hall oder die Charaktere«*: »Ein übellauniger Charakter wird im Alter niemals liebenswürdig; eine scharfe Zunge ist das einzige geschliffene Werkzeug, das infolge ständigen Gebrauchs immer noch besser wird.«

Wein wird mit dem Alter reif und milde. Wenn wir das gleiche von Menschen erwarten – besonders von Menschen, die es sich leisten, in der Vollkraft ihrer Jahre verdrießlich oder gar verbittert zu sein –, müssen wir uns auf eine Enttäuschung gefaßt machen: *Das Alter kehrt unsere Persönlichkeitsmerkmale nicht ins Gegenteil um – es intensiviert und erhärtet sie.* Das gilt ganz besonders für Übellaunigkeit, Reizbarkeit und die – diesen Alltagsäußerungen meist zugrunde liegende – Gefühlshaltung der Verbitterung.

Handelt es sich »bloß« um schlechte Laune (ohne den Tiefgang einer echten seelisch-geistigen Störung), so muß Übellaunigkeit als eine schlechte Gewohnheit angesehen und als solche behandelt und geheilt werden.

Das Ausleben schlechter Laune ist eine infantile Verhaltensweise, die oft von Jugendlichen und Erwachsenen übernommen wird. Dem Kind dient das unkontrollierte Ausleben seiner Stimmungen als Druckmittel zur Erreichung seiner Ziele; später wird dann dieses Verhalten beibehalten – nicht so sehr, um weiterhin Wünsche durchzusetzen – dazu ist diese Methode für Erwachsene wenig geeignet –, sondern weil sie *zur Gewohnheit oder zum emotionalen Verhaltensmuster geworden ist.*

Unbeherrschtes, übellauniges Verhalten, begleitet von zunehmender Reizbarkeit und Angerührtheit, kann durch Alkoholkonsum noch angeheizt werden. Wenn Sie also zu schlechter Laune, Überempfindlichkeit und Reizbarkeit neigen, bilden Sie sich nicht ein, daß ein paar Glas Bier, Wein oder Schnaps Sie zum »liebenswerten Kumpel« machen!

Übellaunigkeit ist aber nur die eine Seite der Medaille. Die andere Seite ist gute Laune – und darin liegt soviel Gutes, wie in schlechter Laune Schlechtes liegt. Halten wir uns also wieder an die Ansicht weiser Männer und denken wir über ihre Einsichten nach. Ermutigend klingt, was uns Sir ARTHUR HELPS zu sagen hat: *»Über die Hälfte aller Schwierigkeiten könnte durch das tägliche Ausleben guter Laune verringert oder ganz aus der Welt geschafft werden.«* Man muß sich einmal vorstellen, Sir Arthur hätte hundert Jahre später gelebt und wäre Zeuge der haßerfüllten und von Verbitterung strotzenden Reden bei den Vereinten Nationen geworden!

Sind Sie krank? In Trauer? Haben Sie ein Gebrechen? Oder kennen Sie jemanden, der in dieser Lage ist? Dann glauben Sie dem englischen Essayisten JOSEPH ADDISON: *»Ein heiteres Wesen erleichtert Krankheit und Leid und macht Gebrechen erträglich.«*

Verehrte Dame, die Sie dieses Buch lesen und vielleicht schon etwas älter als die ganz jungen sind, Hand aufs Herz: Wieviel Gesichtscreme verwenden Sie? Offen gestanden: Ich halte Falten für bewundernswert – besonders, wenn sie Ausdruck eines fröhlichen, lebhaften und geistvollen Mienenspiels sind. Da es mir aber bisher nicht gelungen ist (ich habe es auch nie versucht), irgendeinen Kosmetikfabrikanten von meiner Ansicht zu überzeugen, hole ich mir Unterstützung bei dem Verfasser und Herausgeber der einstmals berühmt-berüchtigten Wochenzeitschrift *»Tatler«* (Plauderer) Sir RICHARD STEELE, der sich schon Anfang des achtzehnten Jahrhunderts zur Meinung bekannte: *»Gute Laune und ein heiteres Gemüt überdauern den Reiz eines hübschen Gesichts und machen die Spuren seines Verfalls unsichtbar.«* Da haben Sie also ein optimales Schönheitsrezept.

Ich möchte dieses Kapitel nicht beschließen, ohne Ihnen noch einen heiteren Gedanken von WASHINGTON IRVING mitzugeben: *»Gute Laune ist wie ein sonniger Tag. Sie überstrahlt alles!«*

Wenn es doch endlich aufgrund dieser Strahlung ein wenig heller würde!

Kapitel 61

Wenn alles andere versagt . . .

Es gibt ein SICHERES HEILMITTEL gegen alles, das Sie vielleicht bedrückt: eine »Arznei«, die zuverlässig hilft. Sie wird Ihnen sogar dann helfen, wenn alles andere versagt – ja, vor allem dann! Und dieses Heilmittel steht immer zu Ihrer Verfügung. Es hat vielen Millionen »Patienten« geholfen. Sie sollten es zumindest ausprobieren!

Wenn alles andere versagt . . . *versuchen Sie es mit harter Arbeit!* Vergessen Sie jetzt einen Augenblick lang sich selbst. Sprechen wir von anderen. Beginnen wir mit Mißerfolg. Nicht mit irgendeinem beliebigen Mißerfolg, sondern mit dem – Ihnen aufgrund dieses Buches schon bekannten – Mißerfolg ALVA THOMAS EDISONS.

Er hatte mehr Mißerfolge als irgendein anderer Mensch, einfach weil er sich an mehr Neues heranwagte als irgendein anderer. Seine in achtzehnstündiger Tagesarbeit gesammelten Erfahrungen lehrten ihn, sich ungeachtet aller Fehlschläge auf von ihm als realisierbar erachtete Vorhaben zu konzentrieren, so daß er schließlich auch mehr Erfolg hatte als irgendein anderer. Er war so erfolgreich, daß er eintausenddreiundneunzig Erfindungen patentieren lassen konnte. Von ihm stammt der oft zitierte Ausspruch, daß »Genie zu einem Prozent aus Inspiration und zu neunundneunzig Prozent aus Transpiration« bestehe.

Er arbeitete zehn Jahre lang an der Erfindung des Nickel-Eisen-Akkumulators. Er und seine Mitarbeiter untersuchten und klassifizierten siebzehntausend Pflanzenarten, bevor sie die Pflanze fanden, aus der sie Latex in nennenswerten Mengen gewinnen konnten.

Wären Sie bereit, achtzehn Stunden am Tag zu arbeiten und siebzehntausendmal zu scheitern, ehe Sie ein einziges Mal Erfolg hätten? Vielleicht scheitern Sie nicht oft genug – oder arbeiten Sie nicht genug, um so oft zu scheitern? Haben Sie die besagten neunundneunzig Prozent Ausdauer?

Aber natürlich können Sie Ihre Sorgen in Schweiß ertränken! *In der Tat ist zielstrebige Arbeit ein sicheres Heilmittel gegen Sorgen.* Arbeit befreit von Sorgen. Wenn Sie hart genug arbeiten,

- werden Sie sich ausschließlich auf die vor Ihnen liegende Arbeit konzentrieren und deshalb weder Zeit noch Interesse für Sorgen haben;
- werden Sie zu Bett gehen und schlafen und zu müde sein, um wach zu bleiben und Sorgen zu wälzen;
- werden Sie Ihre Probleme lösen und darum bald keine Sorgen mehr haben.

Sind Sie mutlos? *Wenn alles andere versagt, versuchen Sie, hart zu arbeiten!*

Untätigkeit des Körpers und des Geistes schafft ein Vakuum, in das unfehlbar Mutlosigkeit einfließt.

Ein Mann saß untätig herum, sorgenvoll. Er hatte Probleme. Je mehr er sich sorgte, desto mutloser wurde er. Selbstmord schien ihm die einzige ihm noch verbleibende »Lösung« zu sein. Er wollte allerdings nicht, daß seine Familie und seine Freunde erführen, daß er vor seinen Problemen Reißaus nahm. So entschloß er sich, eine Herzattacke zu provozieren und so lange um den Häuserblock zu rennen, in dem er wohnte, bis er tot umfallen würde. In dieser Absicht fing er an zu laufen ... und lief ... und lief. Und je länger er lief, desto müder wurde er. Schließlich war er so erschöpft, daß außer seiner Erschöpfung nichts mehr zählte. Sein einziger Wunsch war, sich ins Bett zu legen – und das tat er. Er schlief zwölf Stunden lang. Als er aufwachte, fühlte er sich stark, ja großartig, bereit, mit jedem Problem fertig zu werden, das ihn noch am Tag zuvor beinahe erdrückt hätte ...

Nehmen wir an, Sie seien krank. Sie haben Schmerzen. Die Krankheitssymptome sind ziemlich eindeutig. Sie sind wirklich krank. Es handelt sich nicht etwa um Einbildung, selbst wenn Ihr Arzt keine organische Ursache finden kann. Das bedeutet lediglich, daß Ihre Krankheit eine psychogene Ursache hat (also keine körperliche, vielmehr eine seelisch bedingte Ursache). Über fünfzig Prozent aller Krankheiten sind psychosomatische Leiden (manche Ärzte behaupten sogar neunzig Prozent). Aber trotz der psychosomatischen Natur ist Ihre Krankheit nicht minder schwer. Sie erfordert nur eine andere als die übliche schulmedizinische Behandlung. Ihr Arzt kann Sie behandeln, wenn Ihre Erkrankung nicht einen Spezialisten erfordert. Es liegt jedoch auf der Hand, daß man seelisch bedingte Krankheiten auch selber heilen kann.

Eines der bewährten Heilmittel ist die Konzentration auf die Arbeit.

Dieses Allheilmittel gegen fast alles, was uns quält, ist auch hochwirksam gegen – Armut. Das ist aufgrund eindrucksvoller Zeugnisse und zahlloser Tatsachenbeweise belegt.

Der arme ANDREW CARNEGIE ist ein überzeugendes Beispiel. Wie denn – Andrew Carnegie war arm? War er nicht der größte Stahlmagnat der Welt? Ja, gewiß – und er machte so viele Millionen, daß er sein Geld nicht schnell genug ausgeben konnte, obwohl er zahlreichen nordamerikanischen Städten öffentliche Bibliotheken stiftete. Aber zu Beginn seiner Laufbahn verdiente Carnegie vier Dollar im Monat!

Arbeit war Carnegies »Zaubermittel«, genauer: ehrliche, zielstrebige, harte Arbeit. Sein erwiesener Wahlspruch war: Ehrlichkeit, Fleiß, Konzentration! Wenn wir die Armut beseitigen wollen, können wir nicht umhin, den Wahlspruch dieses Mannes zu beherzigen, der am Anfang seiner Laufbahn für vier Dollar im Monat arbeitete und aufgrund seiner unermüdlichen Arbeit einer der reichsten Männer der Welt wurde.

JOHN D. ROCKEFELLER, der später ebenfalls einer der reichsten Männer der Welt wurde, arbeitete zunächst für sechs Dollar pro Woche. HENRY FORDS Anfangsgehalt betrug zweieinhalb Dollar pro Woche. Die Vermögen dieser Multimillionäre sind – wie fast alle großen Vermögen – das Ergebnis zielstrebiger Arbeit. (Das behaupte ich nicht leichthin, sondern aufgrund genauer Kenntnis ihres Lebensweges.)

Ich habe mein Leben dem Studium des Erfolgs gewidmet, nicht nur des finanziellen Erfolgs, sondern des Erfolgs von Menschen, die es unter allen möglichen und oft denkbar ungünstigen Bedingungen geschafft haben, ihr Lebensziel zu erreichen. Die Quintessenz meiner Studien und meiner Erfahrungen läuft *darauf hinaus, daß der einzig sichere Weg zum Erfolg zielstrebige Arbeit ist.*

Ich schreibe dies, obgleich ich natürlich weiß, daß der Trend heutzutage dahin geht, immer mehr Geld für immer weniger Arbeit zu verdienen. Ich bin gewiß für Modernisierung, Mechanisierung, Automation und Computertechnik. Aber diese Errungenschaften der Wirtschaft und moderner Technologie sollten vor allem dazu dienen, mehr und bessere Produkte und Dienstleistungen zu billigeren Preisen verfügbar zu machen, von denen mehr oder möglichst alle Menschen profitieren können. *Zur Erreichung dieses Ziels ist mehr Arbeit erforderlich – nicht weniger!* Und diese Arbeit wird von unserer und den folgenden Generationen geleistet werden müssen!

Wenn – wie dies heute zutrifft – über die Hälfte der Weltbevölkerung nicht genug zu essen hat, wenn die Mehrheit der Weltbevölkerung an keiner der Annehmlichkeiten teilhat, die ein nur sehr geringer Prozentsatz von Wohlhabenden für selbstverständlich hält, dann haben wir zweifellos noch große Aufgaben vor uns, und wir werden hart arbeiten müssen, selbst wenn wir uns dabei der modernsten technologischen Errungenschaften bedienen können. Wir sollten mit dieser Arbeit sofort beginnen – nicht allein zum Wohle der Menschheit, sondern auch zu unserem eigenen Vorteil! Eines Tages (den Prognosen der Zukunftsforscher zufolge schon sehr bald) wird dieser Trend nach immer besserer Bezahlung für immer weniger Arbeit die Wirtschaft des Westens – der USA und Europas – ernstlich gefährden. Wenn wir infolge unserer hohen Löhne und Preise am Weltmarkt nicht mehr wettbewerbsfähig sind, wird es für unsere Wirtschaft bald an Aufträgen und daher auch an Arbeitsplätzen mangeln – wie es sich in den westlichen Industrienationen ja jetzt schon allenthalben und zum Teil drastisch abzuzeichnen beginnt. Bereits bieten manche Länder bessere Produkte zu niedrigeren Preisen an. Andererseits baut die Großindustrie des Westens immer mehr Fabriken im Ausland, um von den dort bedeutend billigeren Arbeitskräften zu profitieren.

Da diesen Tatsachen gegenüber manche Leute immer noch glauben, einen Ersatz für Arbeit entdeckt zu haben, möchte ich dieses Kapitel mit einem meinen Erfahrungen abgeleiteten interessanten Gedanken beenden, der auf Tatsachen beruht:

Die meisten Führungspersönlichkeiten von heute arbeiten zwölf bis vierzehn Stunden pro Tag! Das wird sich künftig kaum ändern. Wenn alles andere versagt . . . wird Arbeit helfen.

Kapitel 62

Der Garant für jeden Aufschwung

Dieses Kapitel handelt von einer Haltung, die mit einem einzigen, geradezu magischen Wort gekennzeichnet werden kann. Diese Haltung befreit die Menschen von Mutlosigkeit, Enttäuschung und Sorgen. Und sie vermag auch Sie von Sorge und Verzweiflung zu befreien. Das Phänomen, das solche Wunder vollbringt, ist HOFFNUNG. *Hoffnung heißt das magische Wort!*

Sie gewinnen Einfluß auf Menschen, wenn Sie ihnen helfen. Und Sie können ihnen helfen, indem Sie ihnen Hoffnung geben. Sie verlieren Ihren Einfluß auf Menschen – und Ihre Fähigkeit, ihnen zu helfen –, wenn Sie ihnen ihre Hoffnung nehmen.

Eine immense Kraft geht von der Hoffnung aus! Aber die meisten Menschen sind sich dieser Kraft kaum bewußt; zumindest machen nur wenige von ihr bewußt Gebrauch.

Stellen wir zunächst klar, was unter Hoffnung zu verstehen ist: *Hoffnung ist die zukunftsgerichtete Haltung der Erwartung eines Erwünschten oder eines Angestrebten.* Sie ist die zuversichtliche Einstellung auf einen positiven Ausgang unseres Handelns und Bewirkens. Die Hoffnung bestimmt entscheidend unsere Bereitschaft zu einem konkreten Handeln mit.

Hoffnungslosigkeit oder auch schon der Mangel an Hoffnung hingegen untergräbt sehr viele Anstrengungen, die fruchtbar sein könnten; ja es kann soweit gehen, daß wir in unserem Handeln gelähmt sind. Die verhängnisvollen Auswirkungen einer Geistes- und Gefühlshaltung bar jeder Hoffnung können nicht ernst genug genommen werden.

Sehr oft führt Hoffnungslosigkeit geradewegs zur Selbstzerstörung durch Alkohol- und Drogenkonsum. Wenn ein Mensch das Gefühl hat, daß es keine Hoffnung mehr für ihn und seine Zukunft gibt, versucht er, der als unerträglich empfundenen Last der Gegenwart sowie der hoffnungslosen Zukunft zu entgehen, indem er aus der Realität in die Betäubung flieht.

Das beweist, wie wichtig es ist, sich die Hoffnung auf Wünschenswertes im Leben zu erhalten. *Hoffnung ist nicht nur die zuversichtliche Erwartung einer besseren, lebenswerteren Zukunft, sondern auch eine Erleichterung unserer Gegenwartsbürde.*

Da Menschen, die sich in einer, wie man sagt, hoffnungslosen Situation befinden, sich am geringsten Hoffnungsschimmer anklammern, liegt es auf der Hand, daß gerade solche Menschen, indem ihnen Hoffnungen gemacht werden, leicht manipuliert werden können. Tatsächlich ist die Verheißung einer besseren Zukunft durch die MANIPULIERTE WECKUNG VON HOFFNUNGEN für die Beherrschung von Gruppen ebenso wichtig wie für die Beherrschung von Individuen. Die Manipulation setzt bei der Steuerung des Denkens, des Fühlens und Handelns der Gruppen an und *läßt sich besonders leicht bei denjenigen bewerkstelligen, die sich minderprivilegiert, materiell oder nach anderen Kriterien benachteiligt und in ihren Rechten verkürzt vorkommen.*

Der für solche Gruppen bezeichnende Mangel an Hoffnung auf eine Verbesserung ihrer Lebenssituation kann von ehrgeizigen Leuten, die eine Führungsposition innerhalb der Gruppe anstreben, leicht ausgenutzt werden. Zunächst wird die Hoffnungslosigkeit der Situation systematisch dramatisiert und die Ungerechtigkeit dieses Zustandes angeprangert, was natürlich heftige Emotionen weckt; sodann werden diese Emotionen in feindseligen Haß gegen die tatsächlichen oder vermeintlichen Verursacher der Hoffnungslosigkeit freigesetzt. Schließlich liefert die durch die emotionsgeladenen Versicherungen der

Anführer geweckte Hoffnung die Motivation zum Handeln ... So kommt es zu Massenveranstaltungen, Demonstrationen, Streiks, Unruhen und in Brandstiftung, Vandalismus und Totschlag ausartenden Exzessen – je nach Mentalität der Gruppe und, vor allem, ihrer Anführer.

Die ermutigende Macht der Hoffnung ist tatsächlich so groß, daß man sie zur Manipulation von Menschen benutzen kann. Mit diesen Ausführungen will ich übrigens keineswegs andeuten, daß es bedenklich sei, den »Hoffnungslosen« Hoffnung zu machen; ich wende mich lediglich gegen demagogische Methoden der Manipulation von Menschen und, selbstverständlich, gegen jede Art gewalttätiger Ausschreitungen, woher immer sie kommen und wie immer versucht wird, sie zu »rechtfertigen«.

Hoffnung ist eine der größten Segnungen der Menschheit. Ohne Hoffnung – Hoffnung heute, morgen, jederzeit, in jeder Lage, in jeder Hinsicht – könnte, glaube ich, die Menschheit nicht existieren. Mit Sicherheit würde sie sich nicht weiterentwickeln!

Der seelische Tiefgang des Phänomens Hoffnung ist nicht abzuschätzen; denn Hoffnung ist ein wesentlicher Bestandteil aller Wünsche – von der erwarteten Gehaltserhöhung bis zum Verlangen der Seele nach ewiger Vereinigung mit Gott. Hoffnung begleitet alles Handeln. Hoffnung ist in allem. Es gibt sogar Menschen, die sagen: Hoffnung ist alles!

Wer anderen Menschen Hoffnung zu geben vermag, erleichtert die Last ihrer Sorgen und ermutigt sie in ihrem Daseinskampf. Das allein wäre schon Grund genug, Hoffnung zu wecken. Doch *wer andere in ihrer Hoffnung bestärkt, motiviert sie auch zur Aktivität, zur Verwirklichung des Erhofften.* Hoffnung reißt die Menschen aus der Passivität heraus und führt sie zum Erfolg.

Bestärken Sie darum jeden Menschen, mit dem Sie zusammenkommen, in der Hoffnung, die er braucht – nicht um eigennütziger Zwecke willen, sondern um seine Begeisterung zu wecken, seine Tatkraft zu fördern und ihn zum Erfolg anzuspornen.

Hoffnung ist der Garant eines jeden Aufschwungs. Das gilt auch für die Entwicklung, Entfaltung und Zusammenarbeit von Nationen – wie umgekehrt die von der Hoffnungslosigkeit in den internationalen Beziehungen ausgehende Gefahr nicht unterschätzt werden sollte.

Nationen sind letztlich menschliche Großgruppierungen – Zusammenfassungen von Individuen und Gruppen –, und sie reagieren auf Hoffnung oder Hoffnungslosigkeit sehr menschlich, nämlich genau wie Menschen. Wenn wir beispielsweise mit einer anderen Nation Freundschaft schließen wollen, müssen wir dieser Nation Hoffnung machen, daß sie ihre Ziele aufgrund ihrer Freundschaft mit uns besser verwirklichen kann.

Was geschieht mit einer Nation, die sich in ihren Hoffnungen getäuscht sieht? Sie reagiert wie ein Individuum: Sie ist frustriert! Und Frustration ist einer der Hauptgründe für Aggression. Wir haben das unter dem Titel »Ändern Sie verhängnisvolle Gefühlshaltungen« ausführlich in Kapitel 12 besprochen. Wenn wir Aggression abbauen wollen – seitens Nationen wie auch seitens Gruppen oder Individuen – *dann dürfen wir anderen keinen Anlaß geben, sich frustriert zu fühlen, sondern müssen sie mit Hoffnung erfüllen.*

Sie sollten sofort damit anfangen. Setzen Sie in Ihrem eigenen Leben, in Ihrer Umgebung die immense Kraft der Hoffnung bewußt ein!

Kapitel 63

Stillstand oder Fortschritt?

Das Leben, das uns wunderbarerweise geschenkt wurde, stellt uns vor viele Entscheidungen, von denen einige den weiteren Verlauf unseres Daseins bestimmen. Eine dieser zukunftsweisenden Entscheidungen müssen wir angesichts der Alternative treffen: Stillstand oder Fortschritt?

Seit jeher gilt die Volkswahrheit: *»Die Welt macht denen Platz, die für den Fortschritt sorgen.«* Wir müssen also trachten, mit den Neuerungen unserer Zeit Schritt zu halten, ja selbst Neuerer zu sein, oder wir müssen den anderen den Platz räumen. Wenn wir uns nicht vorwärtsbewegen, müssen wir nicht nur denen Platz machen, die da mitziehen, sondern wir fallen immer weiter zurück und werden schließlich vergessen!

Man braucht sich nur den Prozeß der Entwicklungsgeschichte zu vergegenwärtigen, um zu sehen, daß *der Drang nach ständiger Weiterentwicklung eine Voraussetzung zum Überleben ist.* Alle Lebewesen – ob Pflanze, ob Tier – müssen sich einerseits an ihre Umgebung anpassen und sich andererseits im Kampf ums Dasein höherentwickeln, um neben konkurrierenden Arten bestehen zu können oder um sie möglichst noch zu übertreffen. Andernfalls werden sie verdrängt oder im Wettbewerb mit fortschrittlicheren Arten ausgerottet. Die Natur fordert Fortschritt.

Aber verweilen wir nicht länger bei dieser Entwicklung, die sich in Millionen und aber Millionen Jahren abspielte; konzentrieren wir uns vielmehr auf unsere Zeit und die jüngste Vergangenheit unserer überschaubaren Kulturgeschichte. Die

Großen des Geistes sind sich über eine Tatsache völlig einig: *daß die Notwendigkeit des Fortschritts ein Naturgesetz ist.*

»Das wahre Gesetz ist Fortschritt und Entwicklung«, schrieb WILLIAM GILMORE SIMMS. Und weiter: »Sobald die Zivilisation auf ihrem Eroberungszug innehält, wird sie untergehen.« »Fortschritt ist das Gesetz des Lebens«, heißt es bei ROBERT BROWNING. Und JOHANN WOLFGANG VON GOETHE kam zu der Erkenntnis: *»Die Natur duldet keinen Stillstand. Fürs Bleiben hat sie keinen Begriff, und ihren Fluch hat sie ans Stillstehen gehängt.«*

Das Verbindende an diesen Äußerungen berühmter Denker sehr unterschiedlicher Prägung beruht auf der von ihnen vertretenen Auffassung, daß Fortschritt ein Naturgesetz ist. Und niemand hätte wohl besser als Goethe sagen können, was uns droht, wenn wir »stillstehen«, wenn wir uns nicht weiter-, nicht höherentwickeln, wie es das Entwicklungsgesetz der Natur will.

So zwingt uns die Natur, daß wir entweder selbst Fortschritte machen oder den Platz jenen überlassen müssen, die es tun. Und mit unserem Abtreten erleben wir dann eben, nach Goethes Worten, »den Fluch der Natur«.

Gehen wir die Frage einmal aus Ihrer ganz persönlichen Sicht an. Was haben Sie an erfolgreichen Menschen, die Sie kannten, am meisten geschätzt? Sind diese Menschen nicht gerade deshalb erfolgreich gewesen, weil sie Neuerer waren, weil sie den anderen stets voraus waren? Mit »Erfolg« hat man immer bestimmte Vorstellungen verbunden; Fortschrittlichkeit gehört dazu. Wenn Sie also beachtet werden möchten, befördert, gewählt, wenn Sie weiterkommen möchten, dann *seien Sie allen Neuerungen, allen Weiterentwicklungen gegenüber aufgeschlossen.* Es muß Ihr Ruf sein, daß Sie ein Schrittmacher des Fortschritts sind!

Aber was heißt Fortschritt, was heißt Fortschrittlichkeit? In der amerikanischen Marine pflegt man zu sagen, daß das Schiff eines Kapitäns, der erst dann in See stechen will, wenn sein Schiff in perfektem Zustand ist, das Dock niemals verlassen wird! Fortschrittlichkeit ist nicht mit Perfektionismus gleichzusetzen. Fortschritt ist Bewegung nach vorn, Weiterentwicklung. Sie müssen nicht absolut perfekt sein; Sie müssen – wie das Wort sagt – fortschreiten, voranschreiten!

Der Weg des Fortschritts führt empor über Stufen, die aus dem Stoff Ihrer Ideen sind. Natürlich könnte es Ihnen dabei passieren, daß Sie hinfallen! Sie wären nicht der erste, der auf dem Weg zum Erfolg ausrutscht. Aber: Nur die Versager stehen nicht wieder auf. Die Fortschrittlichen fallen zwangsläufig immer nach vorn, und beim Aufstehen bemerken sie, daß sie eine Stufe hinaufgefallen sind!

Nach vorne fallen! Das ist ein gutes Leitmotiv und eine bewährte Erfolgsmethode für Fortschrittliche. Wagen Sie es nur; es lohnt sich!

Kapitel 64

Bleiben Sie im Auge des Hurrikans!

Ein Hurrikan besteht aus einem System von Wirbelstürmen, die in einem riesigen Kreis von vielen Kilometern Durchmesser rotieren. Die Windstärke erreicht dabei manchmal fast zweihundert Kilometer pro Stunde (in den Strahlströmungen in acht bis zwölf Kilometern Höhe kommen Geschwindigkeiten bis zu fünfhundert Stundenkilometern vor). Große Schäden und Zerstörungen sind die Folge. Die gleichzeitig einsetzenden sintflutartigen Regenfälle, Blitz und Donner machen jeden Hurrikan zu einem beklemmenden Erlebnis.

Wenn Sie sich allerdings im Zentrum des Orkans, im sogenannten »Auge« des Hurrikans befinden, ist es ganz still! Und darauf will ich hier hinaus.

Von Zeit zu Zeit werden Sie persönliche Wirbelstürme erleben, die ein natürlicher und offensichtlich notwendiger Bestandteil eines jeden Lebens sind. Bisweilen werden diese persönlichen Stürme die Gewalt eines Hurrikans annehmen, die Sie unter Umständen körperlich, geistig und seelisch zerstören könnte – es sei denn, Sie fänden das windstille Zentrum Ihres Wirbelsturms, das Auge Ihres persönlichen Hurrikans, und verharrten dort in der Gewißheit, daß es in jedem persönlichen Desaster immer einen Ort des Friedens gibt, wenn Sie ihn nur suchen.

Vertrauen Sie ruhig darauf, daß die Natur für jedes Unglück eine Zuflucht bereithält, die Ihre Hoffnungen nicht enttäuscht. Verfallen Sie also nicht gleich in Panik, wenn es einmal um sie herum orkanartig stürmt und tobt. Verharren Sie still im

Zentrum. Fliehen Sie nicht an die Peripherie des Hurrikans; denn gerade dort am Rande wütet ja der schrecklichste Sturm, gerade dort ist die Zerstörung am größten.

Am Rande eines jeden Unglücks sind Sie den größten Gefahren und dem größten Schmerz ausgeliefert. Suchen Sie das Zentrum auf – *das Zentrum Ihres persönlichen Problems und das Zentrum Ihrer großen inneren Kraft.* Natürlich erfordert es einigen Mut, sich in das Zentrum des Wirbelsturms – oder eines persönlichen Problems – zu begeben. Doch in der Windstille wächst Ihnen von innen her ein großes Vertrauen zu, und Sie können in Ruhe Ihr Problem mit neuen Augen sehen und viel eher bewältigen als in Panik.

Kapitel 65

Wie wichtig ist es für Sie?

Es gibt eine alte Fabel von einem Hund, der sich damit brüstete, besonders schnell laufen zu können. Eines Tages jagte dieser Hund ein Kaninchen, fing es aber nicht. Die anderen Hunde machten sich über ihn lustig, er aber erklärte: »Bedenkt, das Kaninchen lief um sein Leben, wogegen ich es nur aus Spaß an der Jagd verfolgte!«

Diese Fabel enthält eines der wichtigsten Erfolgsrezepte. Erfolg hängt davon ab, wie entschlossen man um eine Sache kämpft. Und das wiederum hängt davon ab, wie wichtig einem diese Sache ist!

In meinem Buch *»Wohlstandsbildung«* habe ich (in Kapitel 58) das Interview beschrieben, das einmal der Ölmilliardär J. Paul Getty der Presse gab. Dabei wurde er gefragt, wie er denn die Erfolgsmethode zusammenfasse, mit der man so reich werde wie er. Der Mann, dessen Vermögen auf über eineinhalb Milliarden Dollar geschätzt wird, antwortete: *»Sich mehr anstrengen!«*

Woher nehmen Sie aber den Schwung, um sich mehr anzustrengen? Diesen Schwung gibt Ihnen Ihr Wünschen! Und die Intensität Ihres Wünschens hängt davon ab, welche Wichtigkeit, welchen Wert Sie einer Sache beimessen.

In der eingangs erzählten Fabel fing der Hund das fliehende Kaninchen nicht, weil er es nur aus Spaß jagte. Das Kaninchen zu fangen, war für den Hund nicht wichtig genug. Für das Kaninchen hingegen war es lebenswichtig, nicht gefangen zu werden! Kein Wunder, daß es sich mehr anstrengte als der

Hund. Das Kaninchen nahm die Sache zwangsläufig sehr ernst – todernst. Es lief um sein Leben und hatte nur den einen Wunsch, sein Leben zu retten.

Und darin liegt der tiefere Sinn der Fabel: Jeder Erfolg beginnt mit einem Wunsch. Schätzen Sie die Macht des Wünschens richtig ein? Wissen Sie, daß Ihnen Ihr Wünschen, wenn es intensiv genug ist, fast alles im Leben verschaffen kann, was Ihnen erstrebenswert erscheint?

Der (bereits zitierte) WILLIAM JAMES, Psychologe und Philosoph und einer der großen Denker unserer Zeit, schrieb: »Wenn dir nur genug am Angestrebten liegt, wirst du es erreichen. Willst du reich werden, so wirst du reich werden; wenn du gelehrt werden willst, wirst du gelehrt werden; willst du ein guter Mensch werden, wirst du auch einer. Nur mußt du das Angestrebte tatsächlich wünschen.«

Um zu werden, was Sie im Leben sein wollen, und zu bekommen, was Sie sich wünschen, müssen Sie es stark genug wollen. *Darin liegt das Geheimnis und der Schlüssel für die Erreichung Ihrer Ziele.* Es muß Ihnen »genug am Angestrebten liegen«. Sie müssen es »tatsächlich wünschen«! Sie müssen von dem Wunsch erfüllt sein. Und es muß ein glühender Wunsch sein, der sich Ihrem Unterbewußtsein unauslöschlich einbrennt, der Ihr Denken und Handeln beherrscht.

Denken Sie an die Fabel vom Kaninchen: *Lebenswichtig muß der Wunsch für Sie sein! Haben Sie einen solchen Wunsch?*

Kapitel 66

Briefe an das Christkind

Wochenlang, bis zum letzten Tag vor Weihnachten, schreiben Kinder mit ungelenker Schrift inbrünstige Briefe an das Christkind: »Liebes Christkind, bitte bring mir ...« Es sind zahllose Briefe mit allen möglichen Wünschen – getragen von der Hoffnung, das Christkind werde sie erfüllen. Die Briefe der ganz Kleinen enthalten nur Gekritzel; aber ihre kleinen Schreiber wissen, was sie meinen, und sie vertrauen darauf, daß das Christkind alles lesen kann.

In den meisten Briefen kommt irgendwo das Wort »bitte« vor. In manchen heißt es einfach: »Ich wünsche mir ...«; andere enthalten – ohne Bitte, ohne Umschweife – die Forderung, die das Christkind zu erfüllen hat: »Bring mir die große Eisenbahn!«

Die Kinder haben ihre Art zu bitten von den Eltern gelernt. Ihre Briefe spiegeln die Persönlichkeit und die Einstellung ihrer Eltern wider. Das ist eine Tatsache, die freilich manche Eltern nicht gern wahrhaben wollen!

Doch wie immer nun der Ausdruck sein mag: in allen Briefen an das Christkind bitten die Kinder um etwas, das sie sich wünschen. Und dagegen ist kaum etwas einzuwenden. Es gehört nun einmal zu Weihnachten, nicht nur für die Kinder, sondern auch für deren Eltern. Das gläubige Vertrauen der Kinder wirkt wohltuend auf sie zurück.

Was ist also an der Sache nicht in Ordnung? Ich möchte es nett sagen: Vielleicht würde sich das Christkind sehr freuen, wenn es einmal von einem der beschenkten Kinder einen Brief des Inhalts bekäme: »Liebes Christkind, ich danke dir.« Und nicht nur das Christkind würde sich freuen ...

Unter uns, die wir seit geraumer Zeit nicht mehr ans Christkind glauben, kann man es aber auch anders sagen: Vor Weihnachten werden Tausende von Wunschbriefen verfaßt; nur wenige Kinder schreiben jedoch Dankbriefe, wenn sie ihre Geschenke bekommen haben.

Wir können den Kindern nicht den geringsten Vorwurf machen. Sie lernen nur, was man sie lehrt. Auch das ist, obwohl manche Eltern es nicht wahrhaben wollen, eine Tatsache.

Aber wir sollten einmal in Ruhe darüber nachdenken, was für Gewohnheiten wir Erwachsene geschaffen haben. Tagtäglich werden in aller Welt tausendmal mehr Wunsch- als Dankbriefe geschrieben (und wenn es ausgedrückte Wünsche und Bitten sind, ist das ja noch gut). DANK UND ANERKENNUNG erstatten wir selten (und das ist nicht nur nicht gut, sondern schädlich). Wenn es auch abgedroschen klingt, so ist es doch wahr: »Was Hänschen nicht lernt, lernt Hans nimmermehr!«

Andererseits heißt das: *Wir können mit der Anwendung bewährter Erfolgsmethoden zur Persönlichkeitsbildung nicht früh genug beginnen.*

Während ich dies schreibe, fällt mir etwas ein: Vor vier Tagen bat ich einen Geschäftsfreund, mir einen persönlichen Gefallen zu tun – für ihn eine zeitraubende Unannehmlichkeit, für mich eine dringende und wichtige Sache –, und ich betonte die Dringlichkeit derart, daß ich schon am nächsten Morgen die von mir erbetenen Unterlagen erhielt. Ich ging sofort an deren Auswertung, wandte mich dann anderen Dingen zu und – muß mir jetzt zu meiner Bestürzung bewußt werden, daß ich bis jetzt versäumt habe, mich für die uneigennützige Hilfe meines Wohltäters zu bedanken! »Was Hänschen nicht lernt ...«

Ich wünschte, ich hätte gelernt, Dankbriefe an das Christkind zu schreiben. – *Haben Sie es gelernt?*

Kapitel 67

Huhn oder Adler?

Ein in den Bergen aufgewachsener Junge fand eines Tages in einem Baum hoch oben auf einer Felsnase einen Adlerhorst. In dem Nest befand sich ein einziges Ei.

Der Junge nahm es mit nach Hause und schob es einer Henne unter, die im Hühnerstall seines Vaters gerade beim Brüten war. Die Henne brütete das Adlerei zusammen mit ihren eigenen Eiern aus, und das Adlerjunge spielte mit den Küken und hielt sich wohl auch selbst für ein junges Huhn. Da es glaubte, ein Hühnchen zu sein, lebte es auch wie die Hühner und verhielt sich wie sie. Es versuchte nicht zu fliegen, sondern blieb mit den Gespielen im eingezäunten Hühnerhof.

Aber als das Tier größer und stärker wurde, begann sich im Herzen des jungen Adlers etwas zu rühren, das ihm das Gefühl gab, kein Huhn zu sein, ja er wußte auf einmal, daß er kein Huhn war, das sein Leben eingesperrt in einem schmutzigen Hühnerhof verbringen muß, weil er ungeheure Kraft in sich verspürte und Fähigkeiten in sich entdeckte, die er vorher nicht in sich vermutet hatte.

Er fühlte den Drang zu fliegen. Und weil er glaubte, fliegen zu können, konnte er es auch.

Er breitete seine mächtigen Schwingen aus und begann zu steigen. Er schwebte höher und höher, bis er auf dem Gipfel eines hohen Berges seine neue luftige Heimat fand. Er lebte nun auf den höchsten Zinnen und kreiste hoch oben in klarer Luft – der Adler als das stolze Symbol von Mut und Freiheit, das er für uns ist.

Die STÄRKSTEN KRÄFTE DER NATUR sind die unsichtbaren: Hitze, Schall, Elektrizität, Schwerkraft, Kernkraft – und so sind auch die mächtigsten Fähigkeiten des Menschen unsichtbar: *Denken, Glauben, Lieben, Wünschen.* Man kann sie nicht sehen, aber man spürt ihre erstaunliche Wirkung.

Gehen wir dem Sinn der eingangs erzählten Geschichte auf den Grund: Der Adler verhielt sich so lange wie ein Huhn, als er sich für ein Huhn hielt. Seiner Überzeugung nach war er tatsächlich ein Huhn. Aber von dem Zeitpunkt an, da der Adler zu glauben begann, daß er größere Fähigkeiten und Kraft besäße als ein Huhn, wuchsen seine Kräfte und Fähigkeiten – entsprechend seinem Glauben!

So können auch Sie Ihre Fähigkeiten und Kräfte in dem Maße mobilisieren, in dem Sie Ihren Glauben an sich selbst steigern.

Schon in der Bibel steht: »Der Glaube kann Berge versetzen.« Und der Glaube an uns selbst ist nicht nur ausschlaggebend für unseren Erfolg; *wir werden tatsächlich das, was wir zu sein glauben!*

Die Bibel sagt: »Wie ein Mensch in seinem Herzen denkt, so ist er.« Und BUDDHA lehrte: »Alles, was wir sind, ist das Ergebnis unserer Gedanken.«

In meinem Buch *»Wohlstandsbildung«* habe ich über NAPOLEON HILL berichtet, der das Leben von fünfhundert amerikanischen Millionären studiert und analysiert hat. (Die deutschen Ausgaben seiner in mehr als zwanzig Millionen Exemplaren verkauften Erfolgsbücher sind unter den Titeln *»Erfolg durch positives Denken«* und *»Denke nach und werde reich«* im Ariston Verlag erschienen.) Hill stellte ins Zentrum all seiner Erfolgsratschläge eine LEBENSWAHRHEIT, die lautet: *»Was immer der Mensch sich vorzustellen und zu glauben vermag, das kann er auch verwirklichen.«*

Gehen Sie von den für die Gestaltung Ihres Lebens entscheidenden Grundprinzipien aus:

1. Sie erreichen alles, was Sie glauben, erreichen zu können.
2. Sie sind das Ergebnis Ihrer Überzeugungen.

Die größten Denker der Vergangenheit, die Philosophen,

Psychologen und Erfolgsexperten unserer Zeit vertreten diesen Standpunkt. Sie können sich nicht alle getäuscht haben!

WILLIAM JAMES (den ich einmal mehr zitieren muß) lehrte: *»Der Glaube erzeugt die Tatsachen.«* RALPH WALDO EMERSON aber erkannte, daß der Mangel an Glauben weder durch Intelligenz noch durch Bildung oder Schulung ausgeglichen werden kann. Und der heute weltberühmte Lebenslehrer positiven Denkens JOSEPH MURPHY wiederum sagte: »Denken Sie sich erfolgreich, stellen Sie sich Ihren Erfolg und sich selbst am Ziel vor, und Sie werden jene immense Kraft in Bewegung setzen, die Ihr Leben gestaltet. Es besteht kein Zweifel: *Die Inhalte Ihres Denkens und Glaubens werden in Ihrem Leben sichtbar; sie gestalten Ihre Zukunft.«*

Die Biographien berühmter Persönlichkeiten wie auch unsere eigene Lebenserfahrung lassen keinen Zweifel daran: Außergewöhnliches vollbringen nur die Menschen, die den Mut haben zu glauben, daß etwas in ihnen größer ist als ihre Lebensumstände.

Wie hoch trägt Sie Ihr Glaube? Sind Sie Huhn oder Adler?

Kapitel 68

Der Gottesbeweis der Goldfische

Ein geistvoller Humorist verglich die Menschheit mit einer Ameisenkolonie, die auf einem brennenden Baumstamm einen großen Fluß stromabwärts schwimmt. Während der Holzstamm sich dem vernichtenden Wasserfall nähert, streiten sich die Ameisen darüber, wer Kapitän sein darf.

In der Literatur ist das menschliche Leben häufig mit einer Kerze verglichen worden. Sie wird bei der Geburt des Menschen angezündet und verbreitet dann ihr schwaches Licht auf die nahe Umgebung, flackert unsicher bei jedem Luftzug, und jeder plötzliche Windstoß könnte sie vorzeitig ausblasen. Schließlich muß sie auf jeden Fall verlöschen, wenn das Wachs verzehrt ist.

Natürlich läßt dieser Vergleich Fragen offen. Zwei wichtige Fragen bleiben unbeantwortet: *Wer zündete die Kerze an und warum?* Andere Überlegungen drängen sich auf. Ein kluger Mann hat einmal einen Astronomen gefragt, wie er denn an seinem Teleskop den Lauf der Gestirne im Universum verfolgen könne, ohne je Gott zu begegnen.

Um Atheist zu sein, müßte man sich Wirkungen ohne Ursache vorstellen können, Bewegung ohne Kraft, einen Kreis ohne Mittelpunkt, Zeit ohne Ewigkeit. Um Atheist zu sein, müßte man sich die Zwei der Eins vorangesetzt vorstellen können. Aktion ohne Energie, Gedanken ohne den Denker, Gegenstände der Dingwelt, die aus nichts bestehen.

Um Atheist zu sein, muß man glauben, daß die Schöpfung existiert, aber der Schöpfer nicht. Versuchen Sie, diese Vorstellung angesichts der Unendlichkeit des Universums aufrechtzuerhalten!

Solche Überzeugungen sind für jeden Menschen, der in der Erscheinungswelt tiefere Zusammenhänge erkennt und der Realität des unendlichen Geistes kosmischer Dimension gewahr wird, unhaltbar.

Aber sie waren Gegenstand einer ernsten Auseinandersetzung zwischen zwei – nun ja – Goldfischen, die im kristallklaren Wasser ihres Aquariums umherschwammen. Völlig erschöpft beendete schließlich einer der beiden den Streit mit der treffenden Frage: *»Wenn es also keinen Gott gibt, wer erneuert dann das Wasser im Aquarium?«*

Kapitel 69

Die Grenzen des Kürbis

Auf einer Kirchweih stellte ein Bauer einen Kürbis zur Schau, der in Form und Größe einem etwa zehn Liter fassenden Wasserkrug glich. Das Ausmaß, vor allem aber die ungewöhnliche Form des Kürbis gab Anlaß zu allen möglichen Kommentaren, und natürlich fragte man den Bauern auch, wie er diese Form erzielt habe. »Als der Kürbis nicht dicker als mein Daumen war«, sagte er, »steckte ich ihn in einen Glaskrug und ließ ihn einfach wachsen. Als er den Krug ganz ausfüllte, hörte er auf zu wachsen.«

Was die Wände des Krugs für den Kürbis und seine Wachstumsgrenzen bedeuteten, bedeuten für uns die Pläne, die wir machen. Unsere Pläne gestalten – und begrenzen zugleich – unser Leben. *Wir können niemals größer sein als unsere Pläne.*

Der bekannte Erfolgsberater und Bestsellerautor David J. Schwartz ermahnt uns: »Grenzen Sie Ihre Lebensziele nicht ein, beschränken Sie sich nicht. *Machen Sie keine kleinen Pläne! Denken Sie groß!*«

Dulden Sie nicht, daß andere Menschen – in welcher Absicht auch immer – Ihren Zielen Grenzen setzen. Die Grenzen Ihrer Pläne stecken Sie selbst ab. Ihre Pläne werden Ihr Leben formen – und begrenzen –, nicht das der anderen, die Ihnen Ratschläge geben, die vielleicht für sie richtig sind – für die Grenzen des Wachstums ihres eigenen Kürbis, nicht des Ihren!

Es ist weitaus vorzuziehen, ein Mensch mit geringeren Fähigkeiten, aber großen Plänen zu sein, als ein Mensch mit größeren Fähigkeiten und kleinen Plänen. Noch schlimmer ist natürlich, wenn ein Mensch überhaupt keine Pläne hat – und solche Menschen gibt es mehr, als wir gemeinhin annehmen!

Wenn Sie eine Führungsposition (in der Wirtschaft, Politik – wo immer) anstreben, muß Ihnen klar sein: Eine Führerpersönlichkeit muß ein Ziel haben, muß den Gefolgsleuten (Mitarbeitern, Mitstreitern, Weggefährten usw.) dieses Ziel und zugleich einen vernünftigen Plan zur Erreichung des Ziels zeigen können, und zwar so, daß diese begeistert sind.

Das Wichtigste für die anderen ist Ihr Plan, wie das aufgezeigte Ziel zu erreichen ist. Ohne einen solchen Plan bleibt das Ziel in den Augen der anderen verschwommen und der Erfolg Ihres Vorgehens in Frage gestellt. Wenn aber der Erfolg in Frage gestellt bleibt, können Sie keine Begeisterung wecken. Und wenn Sie keine Begeisterung wecken können – wer braucht Sie dann in einer Führungsposition?

Wenn Sie eine Führungsposition anstreben, müssen Sie sich diesen Anforderungen stellen; sie sind nicht beugbar. Darum kommt niemand herum.

Das Wichtigste für Sie selbst ist Ihr Ziel. Setzen Sie es hoch an. Dann wird auch Ihr Plan, es zu erreichen, groß sein müssen. Die Größe Ihres Plans wird weitgehend über Ihre Zukunft entscheiden.

Kapitel 70

Druck erzeugt Widerstand

Die Sachverständigen auf dem Gebiet der Menschenführung wissen: Druck erzeugt Widerstand. Und dieses Wissen ist selbstverständlich nicht auf die Experten beschränkt. Dessenungeachtet sind die Menschen zahllos, die das entweder nicht wissen oder nicht wissen wollen, die an ihre Ziele gelangen wollen, indem sie Druck auf Menschen ausüben, von deren Zusammenarbeit ihr Erfolg abhängt. Aber Druck erzeugt unausweichlich Gegendruck. Das gilt in der Physik wie auch in der Psychologie, in Politik und Wirtschaft – überall, wo menschliche Beziehungen im Spiel sind.

Wenn Sie im Besitz überwältigender Macht sind, können Sie natürlich anderen Menschen Ihren Willen aufzwingen. Doch Sie werden das eines Tages bereuen (wenn Sie lange genug leben)! Gegen Despoten laufen die Uhren der Zeit immer schneller.

Wer Druck ausübt, reizt zu Widerstand. Und je unverkennbarer und gewalttätiger der Druck ist, desto offener und feindseliger fällt der Widerstand aus. *Druck und Gewalt sind grundsätzlich nicht nur abscheuliche, sondern auch untaugliche Mittel. Sie können die »gerechteste Sache der Welt« kompromittieren.*

Die Bürgerrechtsbewegung in den Vereinigten Staaten von Amerika, die ein zweifellos berechtigtes Anliegen der rassischen Minderheiten vertrat, hat deswegen Jahre verloren, um ihr eigentliches – ein wünschenswertes – Ziel zu erreichen. Und wie war das möglich? Sehr einfach: Das lange enttäuschte

Verlangen nach Anerkennung machte sich in von einigen wenigen ehrgeizigen Führern angeheizten Demonstrationen und wilden Ausschreitungen Luft. Der Masse der Benachteiligten aber dienten die Tumulte als Ventil für ihre begründete Empörung. Das alles ist leicht zu begreifen. Gleichwohl handelt es sich um untaugliche Mittel, einer fraglos gerechten Sache zum Erfolg verhelfen zu wollen. Das hat denn auch der Bewegung weit mehr geschadet als genützt. Diese Ereignisse riefen einen Widerstand auf den Plan, der, wenn auch unter der Oberfläche, noch Jahre weiterschwelen wird.

Man braucht solche Ausschreitungen nur am persönlichen Privatleben zu demonstrieren, und alles wird klar. Sie können zum Beispiel in einer friedlichen Wohngegend nicht Steine in anderer Leute Fenster werfen und dann an der Tür klingeln und beteuern: »Ich wollte Ihnen nur zeigen, was für ein guter Nachbar ich sein könnte!«

Wenn die Menschen sich nur darüber im klaren wären, daß Druck immer Widerstand erzeugt und daß es demgegenüber bewährte Erfolgsmethoden gibt, mit denen viel gerechter und erfolgreicher Differenzen beseitigt werden können – zwischen Menschen, zwischen Gruppen, sogar zwischen Nationen!

Wir scheinen jedoch niemals aus der Geschichte zu lernen. Wir Amerikaner hätten die Lektion der Geschichte schon um die Jahrhundertwende im »kleinen Krieg« auf den Philippinen beherzigen können: Man glaubte, die Filipinos mit ein paar Soldaten »zur Räson« bringen zu können, doch unter dem Druck wuchs deren Widerstand; man schickte zwanzigtausend, dann dreißigtausend Mann. Der Widerstand zeigte sich ihnen gewachsen. Je mehr Filipinos getötet wurden, desto mehr stürzten sich in den Kampf. WILLIAM McKINLEY (1843–1901), der fünfundzwanzigste US-Präsident, setzte sich über die Kritiker dieses Krieges hinweg und schickte vierzigtausend, dann noch mehr, immer mehr; schließlich kämpften dort, um den Widerstand der Filipinos zu brechen, hunderttausend Mann.

Jede Ähnlichkeit zwischen diesem »kleinen Krieg« und dem Vietnamkrieg ist rein . . . historisch!

Die Geschichte erteilt uns eindeutige Lektionen; nur müssen wir sie anscheinend immer wieder von neuem lernen.

Nicht weniger eindeutig erteilt uns das tägliche Leben die Lektion: Druck erzeugt Widerstand. Jeder Verkäufer weiß es oder sollte es wissen, und jeder Käufer wird es bestätigen. Jeder Chef, jeder Vater, jeder Lehrer, jeder Ehepartner weiß es oder sollte bald darauf kommen!

Es handelt sich dabei um ein so grundlegendes psychologisches Prinzip, daß man glauben sollte, es müsse nicht immer wieder von neuem herausgestellt werden. Aber nachdem ich die heutige Zeitung gelesen habe, sehe ich mich genötigt, nochmals zu warnen: Druck erzeugt Widerstand!

Kapitel 71

Warum das Leben einengen?

Es gibt eine Philosophie, die lehrt, daß wir unsere Bedürfnisse beseitigen können, indem wir deren Ursachen beseitigen. Soll ich zum Beispiel das Bedürfnis, Schuhe zu tragen, beseitigen, indem ich mir die Füße abschneide?

Aber ich möchte besagte Philosophie nicht anhand extremer Beispiele ad absurdum führen. Möglicherweise spricht einiges auch für sie. Sollten wir zum Beispiel die Mäßigung unserer Ansprüche und die Einschränkung unseres Erwerbsstrebens ins Auge fassen? Als junger Mann las ich ein Büchlein mit dem Titel *»Die Tyrannei der Dinge«*. Auf der Basis des sogenannten gesunden Menschenverstandes wandte sich der Verfasser schon damals gegen das, was heute gern »Konsumterror« genannt wird. Nun, ich habe die Lehren nicht beherzigt, und ich bezweifle, daß ich es hätte tun sollen.

Vergegenwärtigen wir uns zunächst, wie einfach unser Leben wäre, wenn wir auf alles, was den Rahmen des Notwendigsten übersteigt, verzichten würden. Wir müßten uns allerdings dazu erziehen, unsere Wünsche zu mißachten. *Doch wäre ein solches Leben, selbst wenn es einfacher wäre (was nicht feststeht), auch schöner?* Übrigens wäre noch zu präzisieren, was unter dem »Notwendigsten« zu verstehen ist. Vieles, was vor nicht allzu langer Zeit noch als Luxus galt, wird heute von Millionen Menschen als notwendig erachtet.

Die großen Religionen und auch manche Schulen der Philosophie haben den Verzicht auf materielle Güter empfohlen. So manche Große des Geistes haben ihre vollkommene Freiheit von der Tyrannei sogar der letzten Habseligkeiten bewiesen.

Natürlich kann es hier nicht darum gehen, religiöse oder philosophische Lehren zu widerlegen, deren Einfluß die Stürme der Zeiten überdauert hat. Es kann aber auch nicht erwartet werden, daß alle Menschen ihr Leben der vollkommenen Vergeistigung oder ausschließlich religiöser Verinnerlichung widmen.

Wenn Henry David Thoreau (der schon erwähnte Dichter, der sich in sein selbstgezimmertes Blockhaus am Waldensee zurückzog, schreibt: »Man braucht kein Geld, um ein Bedürfnis der Seele zu befriedigen«, kann niemand ihm widersprechen. *Diese Philosophie selbstgenügsamer Anspruchslosigkeit engt aber das Leben unnötig ein.* Sie ist gut und richtig für die Menschen, die das suchen, die äußerste Genügsamkeit bewußt als Mittel zur Erlangung seelisch-geistiger Kraft anstreben. Oder sie mag denen, die nicht die notwendige Anstrengung aufbringen, sich mit mehr als dem Notwendigsten zu versorgen, und ihr Leben lieber untätig verbringen, zur Rechtfertigung dienen. Es werden ihrer (beider Kategorien) nur wenige Menschen sein.

Alle anderen aber möchte ich fragen: Was hält uns davon ab, teilzuhaben an der verschwenderischen Fülle, die die Natur – oder, wenn Sie wollen, Gott – so großzügig für diejenigen bereithält, die den Wunsch und die Fähigkeit haben, sich dieser Fülle zu bedienen? Wozu hätten wir sonst Wünsche? Wozu hätten wir unsere Fähigkeiten? Wozu gäbe es den Überfluß?

Wenn das Leben als das unbegreifliche und großartige Phänomen, das es ist, vor uns eine Überfülle von Gaben ausbreitet, sollen wir uns dann abwenden und die Gaben der Natur verschmähen? Liegt dieser Vorsorge der Natur nicht ein Zweck zugrunde? Warum sind diese Dinge verfügbar, wenn wir keinen Gebrauch davon machen dürfen? Doch halten wir uns an Beispiele, die meist besser sind als abstrakte Überlegungen:

Ist das arme kleine Mädchen, das sehnsüchtig die Puppe im Schaufenster betrachtet, *in irgendeiner Weise besser dadurch, daß es die Puppe nicht haben kann?* Wird etwa sein Charakter dadurch veredelt, daß es ohne Puppe auskommen muß? Wäre es nicht besser, wenn die Puppe ihm gehörte und es sie umarmen könnte, um so die mütterliche Liebe zum Ausdruck zu bringen, die nur kleine Mädchen ihren Puppen schenken können? Ist das kleine Mädchen glücklicher, wenn es verzichten muß?

Sind die ausgehungerten Millionen Menschen in Indien oder in anderen Entwicklungsländern in irgendeiner Weise besser, charaktervoller oder glücklicher als die Bevölkerung der westlichen Welt? Ist es – trotz der vielen sittlichen, seelischen und anderen Mängel unserer Wohlstandsgesellschaft – nicht doch *vertretbar und wünschenswert, daß wir alles Gute und Schöne, das uns das Leben bietet, als Segnungen annehmen?* Sollten wir nicht versuchen, das Gute zu vervielfachen und es mit den weniger Glücklichen zu teilen? Oder sollten wir uns stattdessen zur Selbstgenügsamkeit erziehen?

Besser ist meiner Ansicht nach, zu der ich mich gern offen bekenne, wenn wir den Überfluß preisen und mehren. Nur das ermöglicht uns, ihn mit notleidenden Menschen zu teilen. Im übrigen hindert Wohlhabenheit in keiner Weise, als guter Christ oder sonst religiös bewußter Mensch zu leben.

Wenn wir das Problem nun eher unter rein ökonomischen Gesichtspunkten betrachten, so würde, wie uns jeder Wirtschaftsexperte erklären wird, ein konsequenter Verzicht auf Wohlstand und Konsum des Westens keinem notleidenden Land der dritten Welt auf die Beine helfen. Im Gegenteil: Nur eine lebensfähige Wirtschaft – die schließlich Konsum zur Voraussetzung hat – kann aus den von ihr erwirtschafteten Mitteln langfristig arme Länder stützen und vor der Verelendung bewahren.

Warum also nicht eine Philosophie des Überflusses? Warum nicht die volle Nutzung der Weltressourcen? Warum nicht die Zielsetzung, die ganze Menschheit am Überfluß teilhaben zu lassen. *Das wäre ein Fundament für den Frieden und eine bessere Zukunft aller Menschen.*

Kapitel 72

Das Brandmal der Unwissenheit: Gewalt!

In seinem *»Essay on man«* hinterließ uns der englische Dichter Alexander Pope (1688–1744) eine Abhandlung über menschliche Verhaltensweisen, die wir auch im Hinblick auf Situationen des modernen Lebens noch mit Gewinn lesen können. Pope schrieb: *»Niemals gab es eine Bewegung, Sekte oder Partei, in der nicht die Unwissendsten am meisten zur Gewalt neigten.«*

Diese Erkenntnis ist also, wie wir sehen, keineswegs neu und gehört zu den Dingen, die wir »instinktiv wissen«. Individuen oder Gruppen, die sich im privaten oder öffentlichen Bereich zur Gewalttätigkeit hinreißen lassen, sind ipso facto gebrandmarkt als die Unwissendsten unter ihresgleichen. Eigentlich sollte man von einer solchen Erkenntis eine abschreckende Wirkung erwarten; aber die Unwissendsten sind ja nun auch wieder die letzten, die ihr Leben nach Erkenntnissen ausrichten.

Das Übel muß zweifellos von seiner Kehrseite her bekämpft werden: Ein Mehr an Erziehung und Bildung könnte sicher dazu beitragen, eine der Hauptursachen der Gewalt zu beseitigen. Das sollte uns ermahnen und *motivieren, Erziehung und Bildung auf allen Ebenen unserer Gesellschaft nach Kräften zu fördern und auf breitestmöglicher Basis wirksam werden zu lassen.*

Wir dürfen allerdings nicht übersehen, daß Bildung die Zuflucht zur Gewalttätigkeit nicht ausschließt; nur bedient sich in solchen Fällen der gebildete Anführer zur Gewaltanwendung regelmäßig seiner Gefolgsleute. Ein Anführer, der zur Verwirklichung seiner Ziele den Weg der Gewalt wählt, wird für die von ihm ausgedachten Gewaltaktionen nach Möglichkeit stets die Unwissendsten seiner Anhänger einsetzen. Bei fast allen größeren Revolutionen oder überhaupt gewalttätigen Ausschreitungen der Geschichte waren die Anführer gebildete Leute, die sich für die schmutzige Arbeit der Gewaltanwendung einer unwissenden, fanatisierten Menge bedienten.

Bildung und Erziehung nehmen weltweit allenthalben zu und erreichen inzwischen nahezu alle Völker (obwohl es in den Entwicklungsländern der dritten Welt immer noch beängstigend viele Analphabeten gibt). Wir müssen alles tun, um beizutragen, daß sich die Einsicht durchsetzt, daß Gewaltanwendung zum Zwecke welcher Problemlösung auch immer ungeeignet ist. Probleme im Leben zu lösen ist eine unserer wesentlichen Aufgaben, wie wir im Laufe unseres Lebens immer deutlicher erkennen. *Gewaltanwendung war und ist niemals ein taugliches Mittel der Lösung von Problemen und Konflikten.* Wenn einmal die Mehrheit der Menschen eines Volkes diese Überzeugung hat und vertritt, wird sie auch ihre Regierung zur Abstandnahme von Gewalt und Terror zwingen können!

Wie in diesem Buch dargelegt wurde, gibt es bessere Methoden, Probleme zu lösen – ob es sich nun um persönliche Probleme, Gruppenprobleme, nationale oder internationale Probleme handelt. Halten Sie sich an diese bewährten Erfolgsmethoden und sagen Sie sich ein für allemal von jeglicher Anwendung von Gewalt oder auch nur Drohung mit Gewalt los. *Es ist diese Einstellung nicht nur eine Frage der Würde einer Persönlichkeit, sondern auch ihres Erfolges.*

In Kapitel 70 (»Druck erzeugt Widerstand«) habe ich dargelegt, daß DRUCKAUSÜBUNG, welcher Art auch immer, das Gegenteil des erhofften Ergebnisses zur Folge hat. Anstelle von Anpassung, Ergebung oder Rückzug erzeugt Druck in Wirklichkeit Widerstand. (Selbst einstweilige Siege eines Gewalttäters sind nur von kurzer Dauer.) Und dieser Widerstand entspricht in seiner Stärke genau der Intensität des ausgeübten Drucks.

Da Gewalt eine extreme Form von Druckausübung ist, erzeugt Gewalt, ja sogar schon bloße Gewaltandrohung erbitterten Widerstand und – in nicht weniger extremer Form – Feindseligkeit und Gegengewalt. Gewalt und Gegengewalt haben zudem die Tendenz, sich zu steigern. *So erzeugt Gewalt zunehmende Gewalt.* Und wenn einmal die Unwissendsten mit Gewalt in Gottes Schöpfung hausen . . . nun, die Folgen kennen Sie aus der Geschichte.

Da aber, wie Alexander Pope sagte, die »Unwissendsten am meisten zur Gewalt neigen«, müssen wir einerseits die Unwissenheit beseitigen und andererseits mit allen uns zur Verfügung stehenden Mitteln *deutlich machen, daß die Anwendung oder Androhung von Gewalt ein Eingeständnis der Unwissenheit ist.*

Mögen diejenigen, die ihre Unwissenheit zugeben wollen, vortreten!

Kapitel 73

Ein unscheinbares Zauberwort

Es gibt ein kleines Zauberwort. Es hat die Kraft, alles Schlechte, das Ihnen zustößt, zum Guten zu wenden. Es kommt nur darauf an, daß Sie dieses kleine Zauberwort einsetzen.

Es steht Ihnen immer zur Verfügung und gibt Ihnen die Kraft zum Anlauf, Schlechtes zum Guten zu wenden, Nachteiliges in Vorteilhaftes zu verwandeln, Mißerfolg in Erfolg. *Das kleine Zauberwort, das Ihre Lage zu ändern vermag, heißt . . . »aber«!*

Sie glauben nicht, daß ein so gewöhnliches, unscheinbares Wörtchen kleine und bisweilen sogar große Wunder zu vollbringen vermag? Sie haben recht! Natürlich ist nicht das Wort die Kraft, sondern die Einstellung, die hinter jedem »Aber« steht. Doch es ist auch umgekehrt: *Mit jedem »Aber . . .« kommt Ihnen auch die Kraft!*

Nehmen wir an, Sie hätten Ihren Arbeitsplatz verloren. Sie sagen sich: »Ich habe meinen Job verloren – ja, aber . . . Aber das gibt mir die Möglichkeit, meine Zeit ausschließlich darauf zu verwenden, eine bessere Stellung zu finden, eine, die meinen Fähigkeiten mehr entspricht. Ich hätte niemals den Mut gefunden, von mir aus zu kündigen, und hätte mein Leben im gleichen Trott weitergelebt . . . Aber jetzt bin ich frei und kann ungestört eine Stellung suchen, die mir mehr Befriedigung verschafft und auch einträglicher ist.«

Beachten Sie an diesem Beispiel, daß das kleine Wort »aber« den ÜBERGANG VOM NEGATIVEN ZUM POSITIVEN, vom Schlechten zum Guten kennzeichnet. Es beschwört die Kraft zum positiven Neuanlaufen, und mit jedem »Aber« kommt auch die Kraft!

Nehmen wir an, Sie hätten einen nahestehenden, Ihnen sehr lieben Menschen verloren (ich spreche aus eigener Erfahrung; aber es könnte doch sein, daß auch Sie diese schmerzliche Erfahrung eines Tages machen müssen). Sie sagen sich: »Es ist ein Schicksalsschlag, an dem ich zerbrechen könnte – ja, aber ... *Aber ich akzeptiere, daß es so ist und nicht anders sein kann.* Ich füge mich dem Unabänderlichen. Ich passe mein Leben der von mir akzeptierten Realität an. Ich werde mich einer Aufgabe verschreiben, die sehr viel größer ist als ich und wichtiger als alles, was ich bisher getan habe.«

Beachten Sie auch hier, daß das kleine Wort »aber« den Übergang vom Negativen zum Positiven bedeutet: von der schmerzlichen Leiderfahrung aufgrund eines tragischen Geschicks zur Annahme dieses Geschicks und zu über sich selbst hinauswachsendem Handeln.

Nehmen wir an, Ihr Lebensziel, um dessentwillen Sie studiert, gearbeitet und Opfer gebracht haben, wäre plötzlich Ihrem Zugriff entzogen (ein Sportlehrer, der sein Bein, ein Sänger, der die Stimme verloren hat) und niemals mehr zu verwirklichen. Sie sagen sich: »Das ist mir verschlossen – ja, aber ... *Aber es ist ein Gesetz des Lebens: Wenn das Schicksal eine Tür schließt, öffnet der Glaube eine andere.* Ich werde die offene Tür suchen und ein anderes, noch größeres Ziel finden!«

Das kleine Zauberwort »aber« wendet das Negative ins Positive, ein Schlechtes in ein Gutes. Man könnte unzählige Beispiele anführen. Doch kommen wir jetzt zu der konkreten Technik, wie man dieses »Aber« gezielt einsetzen kann. Prägen Sie diese Ihrem Unterbewußtsein bildhaft ein (wie – das können Sie an einem noch folgenden Beispiel ersehen. Eine Verlustsituation muß geradezu einen bedingten Reflex bei Ihnen auslösen, der automatisch das Zauberwort »aber« auf den Plan ruft, das den Übergang vom Negativen zum Positiven bewirkt und Schlechtes zum Guten wendet.

Es handelt sich um eine BEWÄHRTE ERFOLGSMETHODE, die durch die folgenden Phasen gekennzeichnet werden kann:

1. Wann immer sich irgend etwas Negatives ereignet, *nennen Sie es beim Namen* (versuchen Sie niemals, sich über den Verlust hinwegzutäuschen) und formulieren Sie dieses Negative – entweder laut oder in Gedanken. Der Sinn dieses Vorgehens liegt in der deutlichen Bewußtmachung des Verlustes und Ihrer Lage, so daß Sie genau wissen, welchen Zustand Sie zu ändern wünschen.
2. Wenn Sie den erlittenen Verlust und Ihre dadurch eingetretene Lage, die Sie zu ändern wünschen, in Gedanken oder wörtlich definiert haben, *konzentrieren Sie sich auf das Wort »aber«.* Widmen Sie Ihre ganze Aufmerksamkeit diesem »Aber« – es wird Sie inspirieren!
3. Fassen Sie dann ausdrücklich den Entschluß, daß Sie Ihre infolge des Verlustes eingetretene Lage in die bestmögliche Situation verwandeln werden – und *fangen Sie sofort an zu handeln.* (Diese Vorgehensweise entspricht übrigens den in Kapitel 45 empfohlenen Methoden der Leidüberwindung; vielleicht lesen Sie sie nochmals durch).

Zur Demonstration des Vorgehens ein weiteres BEISPIEL: Nehmen wir an, Sie hätten infolge eines unüberlegten Geschäftes eine beträchtliche Geldsumme verloren – sagen wir zehntausend Mark.

- Gestehen Sie sich den Verlust und die dadurch eingetretene Lage ein und formulieren Sie sie möglichst konkret: »Ich habe zehntausend Mark verloren und bin genau wieder dort, wo ich vor vier Jahren war . . .«
- Machen Sie sich dann die verwandelnde Kraft des Zauberworts »aber« zunutze und sagen Sie sich: »Ich habe zehntausend Mark verloren und bin genau wieder dort, wo ich vor vier Jahren war – *ja, aber . . .«* Konzentrieren Sie sich auf Ihr »Aber«.
- Lassen Sie dann Ihrem »Aber« die ausdrückliche Erklärung folgen, daß Sie aus Ihrer beeinträchtigten Lage das Beste machen werden – und wie. »Ich habe gelernt, daß Geldanlagen in Gesellschaften, die fünfzig Prozent Rendite (Dividenden, Gewinn, Zinsen) versprechen (wie die IOS), zu gefährlich sind. Ich werde mehr Geld verdienen, indem ich

jeden Monat fünfhundert Mark auf ein Sparkonto einzahle und das Geld, sobald ich fünftausend habe, in Aktien eines seriösen Unternehmens anlege; und ich werde sofort damit anfangen.«

So oder ähnlich, jedoch möglichst konkret sollten Sie formulieren. Nach dem Eingestehen des Negativen finden Sie über das Zauberwort positiven Neuanlaufens »aber« zu neuen Möglichkeiten – und fangen sofort damit an!

»Aber« ist das revolutionäre Zauberwort, das Ihr Leben revolutionieren kann.

Kapitel 74

Stellen Sie sich auf die Füße!

Menschen, die sich eines Tages den Anforderungen des Lebens nicht mehr gewachsen fühlen, sind zutiefst zu bedauern. Das deprimierende Gefühl, daß die eigenen Kräfte nicht ausreichen, um die Verpflichtungen und Probleme des täglichen Lebens zu bewältigen, ist immer eine sehr schmerzliche Erfahrung.

Anders als andere schmerzliche Empfindungen, die plötzlich auftreten und bald vorübergehen, ist die DEPRESSION INFOLGE ÜBERFORDERUNG ein dauerhaftes Leiden, das aus eigener Kraft wächst und unerträglich werden kann. Nicht selten ist Wahnsinn oder sogar Selbstmord die Folge.

Wie steht es mit Ihnen? Lassen Sie es sich gefallen, überfordert zu werden? *Das Leben auferlegt keinem Menschen Lasten, die er nicht tragen kann.* Wie groß auch die Ihren sein mögen, Sie haben die Kraft, sie zu tragen! Sie sollten nicht wie ein in Panik geratener Schwimmer, der nicht bemerkt, daß er im seichten Wasser schwimmt, den Kopf verlieren; so könnten Sie untergehen, obwohl Sie sich doch nur auf die Füße zu stellen brauchten!

Schon das Wissen darum, daß der Mensch von Natur aus seinen Aufgaben gewachsen ist (wenn nötig kann er unsagbare Strapazen aushalten), kann die Panik beseitigen. Man stellt sich auf die Füße und hat den Kopf über den Wassern, in denen man vor ein paar Augenblicken noch zu ertrinken glaubte.

Erstens also sollten Sie, wie gesagt, wissen, daß Sie – ganz gleich, wie groß Ihre Bürde auch sein mag – die Kraft haben, diese zu tragen. Der Mensch verfügt über innere Kräfte, die ihn befähigen, jeder Aufgabe gewachsen zu sein.

Zweitens sollten Sie Ballast abwerfen. Beschränken Sie sich auf Probleme, die Sie betreffen oder an denen Sie durch Ihr Handeln etwas ändern können. Lassen Sie sich nicht auf Probleme ein, die Sie nicht verstehen, geschweige denn beeinflussen können. *Beschränken Sie sich auf ein vernünftiges Maß an persönlicher Anteilnahme* – und kümmern Sie sich nicht um den Rest. Niemand hat Sie zum Manager der Menschheit oder des Universums ernannt!

Sie werden allerdings Menschen begegnen, die versuchen, Ihnen ohne Rücksicht auf Sie ihre Probleme aufzuladen. Handeln Sie, wie ich es Ihnen in Kapitel 19 dieses Buches empfohlen habe: Drehen Sie Ihren Schubkarren um! Beschränken Sie sich fast ausschließlich darauf, Ihre eigenen Probleme zu lösen, und seien Sie wählerisch bei der Übernahme zusätzlicher Lasten.

Jeder Tag hat seine Bürde. Die Last der Probleme von gestern und der vorweggenommenen Probleme von morgen bringt, aufgetürmt auf die Last des heutigen Tages, selbst den Stärksten zu Fall. *Leben Sie heute! Besser noch: Leben Sie in der gegebenen Stunde, in der gegebenen Minute!* Beschäftigen Sie sich jeweils nur mit einem Problem. Schließen Sie das Unangenehme der Vergangenheit und das Beängstigende der Zukunft, ja sogar des Tages, aus, schließen Sie alles aus – bis auf das Problem, dem Sie sich gerade widmen. Und Sie werden dieses Problem nicht als Belastung empfinden, sondern als Anregung, es zu lösen, und das Leben als das, was es wirklich ist: ein fortwährendes, faszinierendes Abenteuer der Problembewältigung!

Gehen Sie nach dem bewährten Prinzip »Teile und herrsche!« vor, wie ich es Ihnen in Kapitel 2 dieses Buches empfohlen habe. Auf diese Weise lassen sich selbst schwierige Probleme bewältigen: *durch die Aufgliederung in Teilprobleme und die Lösung derselben eins nach dem anderen,* wobei Sie mit dem leichtesten beginnen, dessen Lösung Ihnen mit Sicherheit gelingt.

Werfen Sie Ihr Problem-Vergrößerungsglas weg! Hören Sie auf, Maulwurfshügel zu einem Siebengebirge aufzubauschen! Machen Sie sich frei von allen Problemen – zugunsten der Lösung des einen, das Sie nach der in diesem Kapitel angeregten »Gewissenserforschung« noch immer bedrückt.

Sie werden es bewältigen. *Gehen Sie es entschlossen an!*

Kapitel 75

Wie Ihnen Flügel wachsen

Wenn Sie glauben, daß Sie schwer an einer Last zu tragen haben, denken Sie an die folgende schöne und ermutigende Geschichte, die FRIEDRICH SCHILLER zugeschrieben wird (er soll sie Kindern erzählt haben):

»Vor undenklich langer Zeit hatten die Vögel noch keine Flügel. Sie krochen auf der Erde umher. Eines Tages warf Gott ihnen Flügel zu. Er hieß sie, die Flügel aufzuheben und auf ihrem Rücken zu tragen. Zunächst erschien das den Vögeln sehr beschwerlich. Sie wollten diese schweren, sperrigen Flügel nicht tragen. Aber weil sie Gott liebten, gehorchten sie. Sie lasen die Flügel auf und trugen sie auf ihrem Rücken.

Und, man höre und staune, die Flügel wuchsen an! Was die kleinen Vögel zuerst bloß für eine lästige Bürde gehalten hatten, setzte sie in die Lage zu fliegen.«

Jeder von uns hat schon die Erfahrung gemacht, *daß Lasten, die wir freiwillig tragen, uns nicht niederdrücken, sondern – im Gegenteil – erheben.* Den Lasten des Lebens kann man nicht ausweichen, da sie selbst Teil des Lebens sind. Wieviel Freude wir der kurzen Spanne Leben, die uns vergönnt ist, abgewinnen, hängt weitgehend von der Art und Weise ab, in der wir die uns auferlegten Lasten zu akzeptieren und zu tragen verstehen.

Wir könnten eine Menge von jenen mutigen Seelen lernen, die, wie es im Laufe der Geschichte immer wieder vorgekommen ist, in Sklaverei oder Fron gezwungen wurden und Belastungen aushalten mußten, die nach menschlichem Ermessen über ihre Kräfte gingen. Wir könnten an die Sklaven denken, die die Ruder antiker Galeeren bewegten, wenn kein Wind die Segel spannte, oder an die Negersklaven, die an den Ufern des Mississippi an Seilen die Boote zogen, bevor Dampfschiffe unsere Wasserstraßen befuhren; und es könnten uns die Wolgaschiffer mit ihren ergreifenden Liedern einfallen: Diese Menschen brachten es fertig, unter ihren Lasten noch zu singen. Ja, sie sangen! Wir begegnen in ihren Gesängen einer Form der Annahme des ihnen auferlegten Schicksals, die uns Respekt und Ehrfurcht abnötigt.

Welche Lasten Ihnen das Leben auch auferlegt oder welche Lasten Sie freiwillig für einen anderen Menschen tragen – *nehmen Sie sie an, akzeptieren Sie sie:* Es ist die einzige Möglichkeit, sich für die Freuden des Lebens offenzuhalten.

Es ist eine psychologische Tatsache, und schon die Menschen des Altertums kannten sie (lange bevor es Psychologen gab): Wenn der Mensch in die Last der Stunde mit nach vorn gerichtetem Blick und einem Lied auf den Lippen (oder im Herzen) einwilligt, dann wird sie wie durch ein Wunder der Natur viel leichter – soviel leichter, daß er sich sogar noch erhoben fühlt!

Wie die kleinen Vögel ihre schweren Flügel zuerst als Last auf ihrem Rücken tragen mußten, bevor sie mit ihnen fliegen lernen konnten, so sind vielleicht auch Ihnen Lasten auferlegt worden, *damit Sie lernen können, sich vom Boden Ihres Lebens abzuheben und an Höhe Ihres Daseins und Größe der Persönlichkeit zu gewinnen.*

Ein anderer deutscher Dichter, CÄSAR FLAISCHLEN, hat um die Jahrhundertwende zu den tröstenden Worten gefunden:

Und wenn es kommt
und wenn's dich faßt
und über dir zusammenschlägt,
Streit und Neid und Hast und Last ...
vergiß nicht,
daß du Flügel hast!

Sind das etwa nur schöne Märchen? Sie werden es nicht wissen, solange Sie sich nicht hochzuschwingen versuchen.

Kapitel 76

Lassen Sie es ruhig regnen!

In einer Erzählung des amerikanischen Dichters HENRY W. LONGFELLOW findet sich der Satz: »Schließlich ist das Beste, das man tun kann, wenn es regnet, daß man es eben regnen läßt.«

Genau das sollten wir tun – weil wir nicht das Geringste daran ändern können. Und es gibt im Leben sehr *viele Situationen, an denen wir ebensowenig wie am Wetter etwas ändern können.*

Vielleicht ist EINE DER WICHTIGSTEN EMPFEHLUNGEN, die ich Ihnen auf Ihren weiteren Lebensweg mitgeben kann, die Konsequenz aus dem eingangs dieses Kapitels zitierten Dichterwort, die sich auch wie ein goldener Faden durch dieses Buch hindurchzieht: *Es ist die psychologische und philosophische Notwendigkeit, zu akzeptieren, was nicht zu ändern ist.*

Wir begegnen in unserem Leben vielen Situationen und Ereignissen, die wir nicht nur nicht ändern, sondern nicht einmal verstehen können. Wir sind oft zutiefst betroffen und möchten uns gegen die »Willkür des Schicksals«, die uns – scheint es bisweilen – zu seinen hilflosen Spielbällen macht, auflehnen. Jeder tiefgetroffene Mensch hat diese Tendenz.

Doch das Universum, von dem wir ein – wenn auch nur so winziger – Teil sind, gehorcht ewig gültigen Gesetzen, und das Wissen um diese höhere, vollkommene Harmonie vermag uns in dem Glauben zu bestärken, daß unser Leben samt seinen unabänderlichen, leidvollen Wechselfällen seinen Sinn hat. Indem wir in das Unabänderliche einwilligen, können wir über unsere Schwierigkeiten, Konflikte und selbst die tragischen Lebenssituationen tiefster Leiderfahrung hinauswachsen.

Nur indem wir uns ins Unvermeidliche fügen, bewahren wir unser seelisch-geistiges Gleichgewicht und schaffen uns einen inneren Hort persönlichen Friedens in einer Welt, in der wir werden, was wir denken und glauben. Nur mit dieser Einstellung wachsen wir zu einer Persönlichkeit, die sogar einen Schiffbruch überlebt und für die Überfülle an Gutem und Schönem, die das Leben uns ebenfalls bietet, offenbleibt.

Kapitel 77

Die Persönlichkeit als Ergebnis des Denkens und Glaubens

Der Kreis schließt sich. Ich begann dieses Buch mit einem Vorspanntext, der Sie – ohne Angabe der Quellen – mit Lebensweisheiten konfrontierte, deren älteste zweitausend und deren jüngste nur ein paar Jahre alt ist. An das eine oder andere Zitat werden Sie sich vielleicht nach der Lektüre dieses Buches erinnern; dessenungeachtet möchte ich hier meiner Pflicht und Schuldigkeit nachkommen, Ihnen die Künder dieser Lebenswahrheiten – die den Inhalt dieses Buches entscheidend geprägt haben und die für die Entwicklung und Entfaltung Ihrer Persönlichkeit von größter Wichtigkeit sind – ausdrücklich zu nennen.

Den Anfang macht ein berühmtes Wort der BIBEL: *»Wie ein Mensch denkt, so ist er.«*

Von MARK AUREL, dem großen Kaiser und weisen Philosophen des alten Rom, stammt die Mahnung: *»Wir sind das Ergebnis unserer Gedanken.«*

WILLIAM JAMES, der in diesem Buch wiederholt zitierte große Psychologe und Philosoph, faßte seine Lebenserfahrung in der Erkenntnis zusammen: *»Der Glaube erzeugt die Tatsachen.«*

JOSEPH MURPHY, der große Lebenslehrer positiven Denkens, der Millionen Menschen durch sein Schrifttum begeistert und vielen geholfen hat, stellte ins Zentrum seines gesamten Werkes die fundamentale Erkenntnis: *»Die Inhalte Ihres Denkens und Glaubens gestalten Ihre Persönlichkeit, Ihr Leben, Ihre Zukunft.«*

Mit ähnlich lautenden Aussagen anderer großer Denker könnte man zahllose Seiten bedrucken. Diese Notwendigkeit erübrigt sich aber, denke ich, am Ende dieses Buches. Ich möchte Sie vielmehr ganz schlicht fragen: Wollen Sie sich diese Lebensweisheiten nicht zunutze machen? Kann sich jemand, der die Persönlichkeit werden will, die er sein möchte, über diese Wahrheiten hinwegsetzen? Sollte sie nicht jeder Mensch – zu seinem eigenen Vorteil – beherzigen?

Die in diesem Buch meines *»Schlüsselwerks bewährter Erfolgsmethoden«* enthaltenen Erfolgsregeln sind auf der Grundlage dieser Erkenntnisse erwachsen und werden Ihnen, wenn Sie die empfohlenen Regeln anwenden, dazu verhelfen, tatsächlich die Persönlichkeit zu werden, die Sie sein möchten. Ich meine durchaus nicht, daß Sie nun eine jede der in diesem Buch empfohlenen bewährten Erfolgsmethoden anwenden müssen. Sie werden Ihnen in diesem Buch zur Verfügung gestellt, und Sie selbst wählen für sich diejenigen aus, die Ihrer Eigenart und Vorliebe entsprechen, wobei ich allerdings davon ausgehe, daß in diesem Buch deutlich genug herausgestellt wurde, *welche Prinzipien von grundlegender Bedeutung sind und deshalb auf keinen Fall vernachlässigt werden sollten.*

Entsprechend der Konzeption dieses Buches bringt jedes Kapitel eine neue Thematik oder zumindest einen neuen Aspekt eines bereits erörterten Phänomens des menschlichen Lebens zur Sprache. Bewußt wechselt die Thematik von Kapitel zu Kapitel und kann in der Aussage durchaus für sich selbst gelesen werden. Sie können daher dieses Buch vorwärts oder rückwärts lesen oder auch in der Mitte beginnen, wenn Sie es nochmals lesen. Dies kann ich Ihnen nur empfehlen; das Buch sollte Sie, wenn möglich, eine Zeitlang begleiten. Nur dann kann die Vielzahl von Denkanstößen, deren Weiterführung Ihnen überlassen bleibt, ihre fruchtbare Wirkung zeitigen.

Denken Sie aber immer daran: *»Wie ein Mensch denkt, so ist er!«*